U0810427

创造成功
经典系列 · 商业篇

在家创业应有的姿势

如何在自家的桌子上成功经营一家企业

[英] 科林 · 巴罗（Colin Barrow） 著
詹玲玲 译

第三版

STARTING A BUSINESS FROM HOME

Your Guide to Planning Your Home Start-up, Reaching a Market and Creating a Profit

中信出版集团 | 北京

图书在版编目（CIP）数据

在家创业应有的姿势：如何在自家的桌子上成功经营一家企业：第3版 /（英）科林·巴罗著；詹玲玲译. -- 北京：中信出版社，2019.6

（创造成功经典系列. 商业篇）

书名原文：Starting a Business from Home: Your Guide to Planning Your Home Start-up, Reaching a Market and Creating a Profit (3rd Edition) (Business Success)

ISBN 978-7-5217-0377-1

Ⅰ. ①在… Ⅱ. ①科… ②詹… Ⅲ. ①企业管理 Ⅳ. ①F272

中国版本图书馆CIP数据核字（2019）第067195号

Starting a Business From Home: Your Guide to Planning Your Home Start-up, Reaching a Market and Creating a Profit by Colin Barrow

Copyright © Colin Barrow, 2008, 2011, 2017

This translation of Starting a Business From Home 3rd edition is published by arrangement with Kogan Page.

Simplified Chinese translation copyright © 2019 by CITIC Press Corporation

ALL RIGHTS RESERVED

本书仅限中国大陆地区发行销售

在家创业应有的姿势——如何在自家的桌子上成功经营一家企业（第3版）

（创造成功经典系列·商业篇）

著　　者：[英]科林·巴罗

译　　者：詹玲玲

出版发行：中信出版集团股份有限公司

（北京市朝阳区惠新东街甲4号富盛大厦2座　邮编　100029）

承 印 者：北京通州皇家印刷厂

开　　本：880mm × 1230mm　1/32　　印　　张：12.5　　字　　数：220千字

版　　次：2019年6月第1版　　印　　次：2019年6月第1次印刷

京权图字：01–2019–1574　　广告经营许可证：京朝工商广字第8087号

书　　号：ISBN 978–7–5217–0377–1

定　　价：62.00元

版权所有·侵权必究

如有印刷、装订问题，本公司负责调换。

服务热线：400-600-8099

投稿邮箱：author@citicpub.com

目　录

引　言　/001

在家创业的优势和劣势　/006

第一章　寻找合适的商机　/015

产品或者服务　/017

经典商业模式　/019

收购公司　/028

第二章　挑选合适的行业　/033

你是否具备创业所需的一切条件　/036

这个行业是否适合你　/042

第三章　市场调研　/045

了解客户　/047

细分市场　/054

分析竞争对手　/056

开展自助市场调研　/060

第四章 企业所有制和资格问题 /071
决定所有制结构 /073
为你的企业命名 /077
知识产权问题 /080

第五章 在家办公 /089
确定你的空间需求 /091
查看规章制度 /098
采购办公设备 /101
寻找供应商 /104
为必需品投保 /106
规划你的日常生活 /107

第六章 保持沟通渠道畅通 /117
电话系统 /119
收发室事宜 /126
电脑：重要的工具 /128
安全和备份系统 /131

第七章 把产品和服务推向市场 /139
决定你的产品种类或服务范围 /141
促销和广告 /144
定 价 /161

分销和销售 /164

人员、有形展示和流程 /172

营销法律 /175

第八章 建设和使用网站 /181

网站基础知识 /184

让客户看到 /191

使用提交服务 /193

为展位支付费用 /193

跟踪流量 /194

移动起来 /195

设计网站 /196

第九章 做 账 /201

记 账 /203

企业会计报表 /211

看懂账簿数据 /221

计算税费 /231

第十章 筹集资金 /237

预估资金需求量 /239

利用自己的资源 /241

借 款 /245

获得投资者的资金 /256
使用免费资金 /264

第十一章 准备制作商业计划书 /269
为什么你需要一份商业计划书 /272
商业计划书的内容 /273
展示商业计划书的技巧 /277

第十二章 招聘员工 /283
招聘与选拔 /285
管理员工 /293
雇用员工的法律问题 /298
其他司法管辖区的劳动法 /301

第十三章 提升盈利能力 /303
优化资源 /307
提高利润率 /311
提高销量 /317

第十四章 在海外创业 /327
选择一个营商环境好的国家 /331
研究国际市场 /336
资金事宜 /339

附录一 家庭企业获得帮助和建议的渠道 /349

英 国 /351

海外机构 /355

附录二 成熟的家庭企业目录 /359

客户总是来你家 /362

客户在某些时候会来你家 /365

在线与客户见面 /368

出门销售——在家提供服务的商业模式 /371

附录三 家庭企业信息资源 /375

引 言

自 2008 年本书第一版问世以来，世界金融市场经历了一段几近崩溃的时期，按许多标准来看，这是自 1929 年华尔街金融危机以来金融市场最不景气的几年。英国组建了自 1940 年温斯顿 · 丘吉尔（Winston Churchill）领导的战时联合政府以来的首个成功的联合政府，战时联合政府曾带领英国度过战争年代；英国在 2016 年启动脱欧进程；唐纳德 · 特朗普（Donald Trump）当选美国总统，成为继艾森豪威尔（Eisenhower）总统之后首位在竞选前没有担任过任何政府公职的总统，而艾森豪威尔是第二次世界大战期间欧洲盟军的最高统帅、五星上将。

然而，跃跃欲试的创业者并没有被这些宏观的经济波动吓到。英国在 2010 年只有 350 万家活跃的企业，到 2016 年增加到了 550 万家。[①] 世界各地的统计数据同样令人印象深刻。发达国家有 1.75 亿人正在经营着自己的企业，这大约是 20 年前创业人数的两倍。全球创业观察组织（Global Entrepreneurship Monitor，简称 GEM，网址：www.gemconsortium.org）通过美国巴布森学院（Babson College）牵头的全球创业观察研究项目收集数据，对全球 60 个经济体的创业者和同样重要的潜在创业者进行了统计。

---

① 数据来源：www.fsb.org.uk/media-centre/small-business-statistics。

当你刚开始收集创业想法并制订初步计划时，创业似乎是一项艰巨的任务。许多想成为企业家的人浅尝辄止，认为自己根本没有能力，认为自己的商业理念一点儿都不吸引人，或者觉得筹集资金之路充满挑战且成本昂贵，总之一切都太冒险了。

当然，与你交谈的大多数人都会对你提出的产品或服务泼尽冷水。你的朋友和亲人出于责任感，甚至可能是出于自身利益，自然会敦促你谨慎行事，他们更喜欢拿着稳定的薪水生活，而不愿寄希望于创业，像买彩票那样靠运气生活。毕竟，大家都知道，大多数创业者都失败了，而这种失败通常会给创始人、家人、合作伙伴和任何有勇无谋地提供帮助或以任何方式参与其中的人带来痛苦和贫困。

你需要知道的第一个有用的事实是：大部分新企业都前途堪忧的传言仅仅是以讹传讹，且毫无根据可言。一项针对在特定年份成立的所有 81.4 万家美国公司进行的长达 8 年的详尽研究表明，只有 18% 的公司最终倒闭了，这些创业者因他们的资金支持者撤资，或因产品缺乏市场需求，或因激烈的竞争压力而被淘汰出局［布鲁斯·A. 基尔霍夫（Bruce A Kirchhoff），1994 年，《企业家精神与动态资本主义》（*Entrepreneurship and Dynamic Capitalism*），普雷格出版社（Praeger Publishers），韦斯特波特（Westport），康涅狄格州（CT）］。确实，大约有 28% 的企业创始人因各种原因自愿关闭公司，这些创始人要么认为自己不适合当老板，要么认为此类行业不适合自己。

但是，在基尔霍夫庞大而有代表性的研究中的大多数企业依然存活了下来，并且很多企业繁荣发展。做好一定程度的准备，付出相当多的努力，再加上一点点运气，你就可以开始创业，甚至可以像本书中的案例所描述的那样成为百万富翁。

在家创业似乎是一件孤独的事情，而孤独感也是人们最常用来警示未来企业家所面临的问题之一。矛盾的是，与从事其他职业或行业的人相比，自己创业的人可能更多。确实，企业家比医生、调研者、飞行员或者工程师都多。所以，即便你感觉到孤独，甚至被人轻视，也要相信现实情况大不相同。

你可能会惊讶地发现，有很多人和组织热衷于帮助你创立和运营你的企业。附录一中有这些组织的名录，其中政府部门也赫然在列。这些机构也并非全然没有私心。政府需要你，因为在任何一个经济体中，新企业都创造了大多数新的工作机会。麻省理工学院（MIT）的戴维·伯奇（David Birch）早在1979年就指出了这个事实［《工作产生的过程》（*The Job Generation Process*），麻省理工学院，剑桥市（Cambridge），马萨诸塞州（MA）］，此后又有许多其他研究证实了这一事实。当然，你也需要为公司的盈利纳税，并代表政府部门成为增值税或者营业税的无偿收税员。

新企业也是创新的主要来源，大约60%具有商业价值的发明都诞生于新企业。因此，寻求高回报的风险投资公司需要源源不断的新企业的支持，甚至保守的借贷银行也把那些有创造力的新企业当成有价值的目标。虽然家庭银行提供的大部分服务是免费的，但它们依旧依靠商业客户赚取利润。

在家创业的优势和劣势

在家创业相比其他创业方式，有许多独特的优势。当然，也有一些劣势，但这些劣势被优势远远抵消了。

优 势

在家创业的创业者相比那些直接有专门经营场所的创业者，有许多明显的优势。美国小型企业管理局（the US Small Business Administration）的一项关于新企业存活率的调查（www.sba.gov/advo/research/business.html>Redefining Business Success）显示，在家创业能显著提高创业的成功率。其他稍小一点的调查机构的数据显示，在家创业的公司在经营极其关键的前 4 年里存活下来的可能性要比其他公司高出 2/3，并能由此建立稳固的根基。

在家创业的公司比起其他初创公司具有更多优势，具体如下。

成本更低

围着任何一个城镇转一转，你都能看见人们正在翻修办公室，搬运新家具，装修店铺，竖立并粉刷广告牌；电话公司正在排队安装新线路；网络服务供应商正在焦急地跟新客户签约。当然，使用专门的经营场所还要支付租金和其他费用，你肯定能想象出来这是一种什么样的场景。

在家创业至少可以节省 3.5 万英镑的启动成本，而普通公司在还没接到第一笔订单前就要投入这笔资金。你家里或者附近很可能已经有你创业所需的一切资源。奇妙盛开公司[①]就是在家里的餐桌上制订计划，打包它的第一批订单并做账的。你可以把车库、阁楼、备用卧室或花园里的棚子从储存室改造为专属办公空间，用来处理一系列与企业相关的任务，这样可以帮你远离正常家庭生活的喧嚣。你的电脑不管多陈旧，应该都可以胜任工作，除非你的创业方向是前沿设计行业或者互联网行业。

花费更合理

对许多人来说，创业有一半的乐趣在于一开始就花一大笔钱在新物件上面，虽然这是一种奇怪的现象。你终于有借口买一台新的彩色打印机、一辆能装比现在多一倍货物的卡车或一套全新的办公室设施，而不用因为花钱买这些东西而心里感到愧疚。毕竟，这是对新企业的投资，而不是奢侈的挥霍。在家创业的好处在于你没有借口去购置有经营场所的公司才需要的物品，况且你也没有那么多空间。

当你的企业逐渐成形时，你可以更加明智地使用资金，这是在创业初期不用花费太多钱的额外好处。无数创业者投入大笔资金打造了数千个令人印象深刻的办公室，最后却发现没有人有任何理由来参观它们。其实，他们希望能吸引的供应商和客户仅仅只看公司信笺或者公司网页。实际上，研究一下当地的酒店，你

① 奇妙盛开公司（Blooming Marvellous），英国大型孕妇装专卖零售商。——译者注

就能找到一家拥有低调的大厅或者咖啡休息室的酒店，满足客户想要一个舒适的交谈场所的这种需求。初创公司如同新生儿一样变化很快，因此，最好的办法是初期先物尽其用，然后观察企业的走向再做定夺。

时间更充裕

金钱可以买到许多东西，但是买不到时间。无论办公场所离你家多近，你每天仍要花费至少 4 个小时往返两处。我敢肯定，如果你的商店、餐馆或办公室距离你家只有几英里远，那么你肯定不会认同这个观点。怎么可能 1 英里的路需要走 1 个小时呢？其实，有一条永恒的法则：办公场所和你家的距离越近，你往返两处的次数就越频繁。因此，如果两地相距 20 英里，你一天只往返一次，那么你要走 40 英里；如果两地的距离只有 5 英里，你就会每天中午回家吃饭，再返回去办公，或者每周多回家几次去拿遗忘的东西。如此一来，不管两地的距离多近，那么你每周往返的平均时间都是差不多的。

在家办公也有助于解决其他所有占用你时间的事情。例如，如果家人生病了需要照顾，你就既可以工作又可以照顾家人，不用两处奔波或者上班迟到，反正你在家。同样，如果你需要加班赶工期，那么你可以拿出 1 个小时和家人共进晚餐，然后继续投入到工作中去。

压力更小

每日往返于家和办公室是一件很有压力的事情。在任何一个充满活力和成功的经济区域，道路施工、事故、延误和交通拥堵几乎都是常态。很少有人有这样的运气，能够生活在一个没有车或者停车不用愁的地方。即便你可以找到这样一个如天堂般的地方，估计它也不适合作为创业之地。在人口稀少的地方，客户、供应商和可供雇用的人员也同样稀少。即便你是老板，你也不得不第一个到达办公室，最后一个离开。尽管这样通常也有一点好处，即只要稍微仔细地计划一下，你就可以避开最糟糕的交通状况。但不管通勤有什么好处，只有在家办公才可以帮你节省大量时间，让一天变得更加高效。

要想拥有一个满意的家，就必须同时兼顾各种因素——取得工作和生活的良好平衡是另一个压力来源，而在家创业的人不容易遭受这种压力之苦。毕竟，所有事情都集中在一个地方，当问题出现时，你可以立即处理它们。从处理工作事务转换到做家务、做饭或者维修，可以让生活变得多样化，从而最大限度地减少无聊感。你也可以在你状态最佳时开展工作。在阳光明媚的早上做园艺，比在下雨的傍晚忧心忡忡地开车回家要有趣得多。而且，如果网络罢工了，你也许很庆幸能借机休息一下。

效率更高

更小的压力 + 更多的时间 = 更高的效率。这个等式适用于任何公司，但是最适用于在家创业的公司。如果你能在一天中找到额外的时间来做让自己真正感觉舒服的事情，那么你每一天都可以完成更多工作，这就是这个等式的原理。你做的工作越有价值，你的效率就越高，相应地，你就能创造更多的收入。

这不是一件复杂的事情。如果你每个小时可以挣 20 英镑，那么每多出 1 个小时的工作时间都会对你更加有利。把原本用在交通上的 4 个小时用在富有成效的工作上，你一天就能多创造 80 英镑的收入。这样，一周 5 天，持续 48 周，你就能多创造 1.92 万英镑的收入。这能让在家创业的公司在早期比普通公司多出大约 1/5 的产值。

竞争主张更独特

许多小型企业认为它们最初的主要竞争优势是能够以比规模更大的现有竞争对手更低的价格出售产品。事实上，大部分自营企业主并不清楚实际的成本或者未来的销量（参考第九章中有关盈亏平衡分析的内容，可以帮助你理解），因此这个想法是靠不住的。他们卖得便宜但多半赔钱，然后他们竭力抬高价格，结果失去了许多辛苦拿下的客户。

然而，大部分在家创业的公司都有一条成功法则：高生产率 + 低成本 = 卖得更便宜的同时，赚得更多的可能性。该法则强而有力，它具体是这样的：在家创业的公司在初期不需要投入大笔资金在经营场所和租金上，因此，这些成本也不需要从每笔销售中收回；在家创业的公司生产效率更高，因此，能有更多产品投入市场。更高的产量和更小的资金收回压力，使得任何在家创业的公司都能碾压有经营场所的公司，并能获得更多的利润。

常见的情况

在家创业也能让你享有在其他地方创业的所有优势，包括：

- 事情按照自己的愿景和想法开展所带来的个人成就感。
- 可以自己做决定而不用时常依赖别人。
- 有潜力赚到自己需要的钱，满足自己，不用打卡拿薪水。
- 不用卷入办公室政治，或者浪费时间参加无聊的集体活动。
- 可以为家庭成员创造就业机会，如果你愿意，配偶和孩子也可以参与进来。
- 下一代可以传承你的事业。
- 创造一个有价值的企业，而不是拿着固定的工资生活，为别人的企业创造价值。

劣 势

无论是在家创业还是在其他地方创业，都不是只有优势，劣势同样存在。首先，做自己的老板意味着要承担责任，最终你要对所有的事情负责。作为一名普通员工，你可以以发货延期或者产品缺陷为借口合理地将责任推到其他部门头上，但是作为一个老板，每个人都会责怪你并期望你能给出一个解决办法。假如有一单生意要求你马上跳上车连夜送货，你就要这样去做。其实，自营企业主的字典里早就没有加班这个词了！

你也要负责还钱、守法、归档账本、纳税和维护员工信息记录——责任和义务是相当繁重的。另外，在家办公有一些具体的劣势，你需要时刻记得。

无处可藏

虽然每天上班通勤是一件很有压力的事情，也浪费时间，但至少有自己的个人空间。另外，一旦到了办公场所，你起码可以把家庭琐事在一段时间内抛于脑后。正所谓眼不见心不烦，那些剥落的油漆、没打理的草坪、空空的冰箱和坏掉的浴室水龙头都可以等你回家后再处理。

在家办公，意味着上述这些事以及其他家务琐事一整天都会在你眼前出现。

干扰的影响

办公场所通常在人们上班前就已做好清洁。即便你就是清洁人员（初进职场的人在前几个月或者前几年很可能做此类工作），你也不会一边工作一边打扫。在家办公，除非你是独居，否则很可能在你工作的同时，家人正在处理家务。或许此刻家人正在打扫卫生、做饭、给孩子喂食、熨烫衣服或打理家庭生活中的其他杂事，而你刚好在和来自另一个大陆的客户艰难地打一个信号不好却又重要的电话。或许当你打算空出一天的时间在房间里做文件归档时，你却发现家人也要用这个房间。

另外，在家办公的人想要延后解决当下的问题是比较困难的。如果亲人或朋友突然造访，或者你的配偶说“既然你在家，你介不介意帮我”，诸如此类的问题都需要你用超强的自律能力去拒绝。

<<< 案例研究 >>>

北方面团公司

北方面团（Northern Dough）公司于 2011 年开始在自己家的厨房制作比萨，到 2016 年，官网公布的最新数据显示该公司每年都在以成倍的速度扩大规模，仅上一年的应收账款就从 27 064 英镑增加到了 47 475 英镑。（如果你对会计知识有点生疏，可参考第九章。）现在这家公司的债务人，也就是客户，包括 250 家威特罗斯（Waitrose）商店、布斯超市（Booths Supermarkets）、奥凯多（Ocado）超市、全食（Whole Foods）超市和 130 家个体农场商店，以任何标准来看，这些都是很优良的客户群。

克里斯（Chris）和埃米·奇德尔（Amy Cheadle）夫妇创立了这家位于兰开夏郡（Larcashire）的公司。这个创业想法源自他们主办的“自己动手做比萨”晚宴。克里斯说：“我们创立这家公司的初衷是想用它替代外出用餐。我们邀请朋友过来，让他们做自己最喜欢的菜。他们非常享受这样的活动，经常带着满包的生面团回家。”

克里斯祖辈三代都在兰开夏郡做面点，他在这行有点天赋。但是，他并不是在烤箱旁灵机一动产生的这个想法，而是在超市寻找替代食物时，发现市场对正宗又方便的产品有需求缺口，创业的想法才应运而生。他们在当地的一个食品市场验证了这个想法，在90分钟之内，产品就被一抢而光。

北方面团公司的网址为www.northerndoughco.com。

第一章

寻找合适的商机

- 敲定产品或者服务
- 寻找市场缺口
- 购买成熟的理念
- 获得特许经营权
- 利用网络营销
- 寻求商业理念

这个世界要么充满了商业机会，要么所有值得做的事情都已经被别人做得很好了，而这取决于你是一个什么样的人。你可能还记得两个销售员被派到极不发达的国家去推销鞋子的故事。他们到达目的地后发现当地无人穿鞋，其中一个销售员就发邮件给总部说："这里没有市场，我搭下一班飞机回去。"而另一个销售员则发了一份截然不同的邮件："本地市场潜能巨大，没有竞争对手，请空运所有库存过来。"

事实往往介于两极化的市场观点之间，但这两个销售员都做对了一件事：他们自己出去亲眼看了。在本章中，你将了解从商的通用途径，还可以参考关于其他人的案例，这些人跟你一样，曾经有过创业的念头，考察过市场并最终付诸行动。

产品或者服务

对于准备创业的人来说，寻找一种产品还是一种服务来进行销售总是令他们感到很困惑。产品通常更容易被选择，因为客户可以立即看到用钱换来的实实在在的东西，而且在任何时候，有形的物品都更容易被描述。与这种明显优势相对的是一种产品定位过时的感觉，这种感觉就像曾经辉煌过的城市铁路边拱门下的金属叮当作响的作坊一样。

定义某种产品

产品是一种实物，你要告诉客户产品的用途以及它的价值体现在哪里。产品可以像普通的花园铁铲一样，既没有技术含量，也没有任何美学的设计。另外，保时捷 911（Porsche 911）、苹果手机和戴森（Dyson）吸尘器与花园铁铲一样都是产品，但是它们显然被赋予了更多的价值。

有时候你需要对你的产品进行包装，以确保终端用户在付钱时觉得自己享有某种优待。电脑软件和 DVD（高密度数字视频光盘）机在这方面就做得很好。这些产品的包装无一例外都是一个相当大的盒子，大到可以再装入半打类似尺寸的其他物品。等你剥洋葱似的打开包装壳后，产品本身可能就只有几毫米厚，几厘米长，但是这并不妨碍像微软这样的供货商将其标价 400 英镑。

说明某项服务

从另一方面来说，服务是一项有价值的事物，但没有具体的物理形态。例如，人们愿意为照看婴儿、遛狗和管理咨询等有价值的活动付费，但是购买后并不会得到任何实物。现实中的管理咨询顾问会在完成工作后留下一份报告，但是顾客是为咨询顾问的洞察力和知识付费，而不是为几张打印纸和几张图表付费。

选定产品或服务组合

事实上，所有以产品为基础的公司都是实物产品和特定服务相互支持的混合体。确实，对于许多产品来说，关键的区别可能就在于支撑其销售的服务支持。例如，起亚汽车（KIA）的性能和其他同类汽车一样，你无论选择乘坐起亚汽车还是雪佛兰汽车（Chevrolet）、现代汽车（Hyundai）或斯柯达汽车（Skoda），都可以快速到达目的地。但是，起亚承诺它所有的车都有 7 年或者 10 万英里里程数的保修期，且可以优先得到服务，而大众汽车（Volkswagen）或者沃尔沃汽车（Volvo）只有 3 年或者 6 万英里里程数的保修期。

在决定从事何种行业时，你必须要考虑的问题是你能提供什么级别的服务或者保障，而非你是销售一种产品还是提供一种服务这个问题。邮购企业通过提供不同的邮递速度和订单追踪服务，让客户不用眼巴巴地等着，并能跟踪订单以确保产品是按规定配送的，这使得它不同于甚至优于同行。但是，如果你不想跟客户打交道或者不想提供高水平的服务，那么你可以选择一个这些方面不那么重要的行业。

经典商业模式

只有极少数类型的企业无法在家中运行，大部分企业至少在初期是可以在家运营的。然而，如果你经营的是油漆制造企业，你就需要从你家烟囱排出有毒气体，需要 44 吨大卡车运输物资，还要在车库里堆满罐子，邻居对此肯定不乐意，你这工作自然也做不成。因此，一类企业能否在家运营的关键在于它开展起来是否很少或毫无障碍。生产、仓储、运输，甚至是开发票和收款业务都可以外包，而你需要确保的是这种油漆有市场需求，客户接受你的定价，你也能赚取足够的利润。

所以，企业的出发点就是一个理念。奇妙盛开公司的商业理念源于一个简单的事实：公司的创始人一旦怀孕，就没办法再穿时尚的衣服了。她们原来合作过的服装零售商都不为孕妇生产任何产品，而那些孕妇装专卖店里的产品远远称不上时尚。这为奇妙盛开公司的创始人提供了进入市场的传统途径——需求缺口。

填补市场缺口

发现一个成功商机的最基本的方法就是找到市场需求的缺口。这种缺口是指大型企业或更加成熟的企业认为满足某一特殊群体的需求是一种浪费，或者因自身发展良好而变得懒怠留下来的市场空间。例如，美体小铺（The Body Shop）的创始人安妮塔·罗迪克（Anita Roddick）发现她只会大量买入她想要的美容产品，而通过在餐桌上按照大小和容积把这些美容产品分类排放后，她发现自己有更多新需求。现在，美体小铺归属欧莱雅集团（L’Oréal），在 62 个国家的 2 605 家专卖店出售 1 200 种产品，有 2.2 万名员工。

重新定位现有产品

通常，对一个旧的想法进行微调就能赋予其新的生命。大富翁游戏（Monopoly）[①]起了一个巴黎范儿的名字，摒弃了原来伦敦街的称呼，就获得了新生。

其他能为创业者带来收益的商业理念包括：寻求海外市场，或者寻找曾经做得很好但是在本地市场还没有出现的业务。

<<< 案例研究 >>>

眼镜拯救者

每隔一段时间，一个企业家就会让一个行业发生翻天覆地的变化。达姆·玛丽·珀金斯（Dame Mary Perkins）就是一个典型的例子，她创办了一家公司，彻底改变了视力测定法。现在，我们可能已经习惯了去眼镜店购买眼镜，然后悠闲地选择镜框，直到找到完美的镜框，并且眼镜的每一部分的价格都很明确。但是在20世纪80年代初，情况完全不一样。在玛丽创立眼镜拯救者（Specsavers）之前，消费者在购买眼镜时几乎没有选择权和控制权。事实上，在眼镜拯救者出现之前，你去拜访配镜师，他们通常会走开一会儿，然后带着几副你可以试戴的眼镜回来。但是玛丽有一个更清晰的愿景，她知道配镜师如何操作才能为客户提供更高的价值、更好的选择和更高的透明度。在为所有人提供能负担得起的眼部护理产品这一使命的推动下，她本着尊重他人的理念建立了这家公司。她依旧认为自己与丈夫道格·珀金斯

① 这是一款非常经典的地产经营类游戏，以强手棋或大富翁棋为主，是孩之宝游戏中最著名的一个产品。——译者注

（Doug Perkins）共同创办的价值10亿英镑的国际公司是一家“拥有家族价值观的家族企业”。

玛丽早年学到的宝贵经验之一就是要在竞争中独树一帜。作为新起步的企业，单纯复制大型企业的做法没有任何意义——你必须提供不同的东西给客户。她指出了当时的眼镜商做生意时的一系列问题，并提出了一个她觉得会更加吸引客户的商业想法。首先，眼镜很昂贵，玛丽相信自己可以通过增加销售量和协商更有利的购买条款来做到物美价廉。比如，玛丽不去已经抬价很高的批发商那里拿货，而是直接去工厂拿货。

这家公司在创立之初只有两个员工且在台球桌上办公，而现在仅在眼镜拯救者总部所在地格恩西（Guernsey）就有500多个员工，在全球有大概2.6万个员工。该公司在海峡群岛、英国、爱尔兰、荷兰、斯堪的纳维亚半岛、西班牙、澳大利亚和新西兰等地拥有1 390多家店铺。玛丽认为她的成功大部分归功于对公司创办初期的文化和理念的坚持，以及着重关注给顾客提供货真价实的价值和选择。

不切实际的想法

通过发明和创新进入市场可能是一种最冒险的方式。当然，如果你成功了，你可以赚得钵满盆满，但是大部分人都失败了。

在美国申请的专利中，只有不到1%的专利可以转化成商业上可行的方案，这意味着人们在专利申请上浪费了大笔资金。（参考第四章关于知识产权的法律问题的描述。）

把发明成果市场化是一项既昂贵又耗时的工作，正如詹姆斯·戴森（James Dyson）曾经经历的那样。他耗费了5年时间和5 127台原型机器，市面上才出现世界上首台无袋式真空吸尘器。马克·桑德斯（Mark Saunders）就像戴森一样，在伦敦皇家艺术学院（the Royal College of Art）潜心研修，设计出了全新的可折叠自行车（www.strida.com）。桑德斯原本打算自己来生产这种自行车，但是生产产品的一些基本花费让他下定决心把制造过程转包出去，自己还是在家专注研发。

使用网络

互联网是在家创业者进入市场的一种典型方式。你只需要一台电脑、一个网络接入器和一个金点子，但金点子是最重要的。第一代互联网企业除了扎根在互联网里面，并没有其他新奇之处，但人们认为这已经足以让人激动。对于一些没有销售收入，甚至是没有产品的互联网公司来说，它们常常以闻所未闻的价值理念在全球股票市场上起起伏伏。失败比比皆是，然而也有像亚马逊（Amazon）和英国在线旅游平台“最后一分钟”（Lastminute.com）这样的少数企业成功了，尽管大部分都失败了，拖着全球股市下跌。

所有的商业基本规则都适用于任何通往市场的路径，而通往市场的路径实际上就是互联网企业的一切。

采用别人的理念

你并不一定要有自己的商业理念才能创立公司。许多人都会因受外部因素刺激而投身于创业，比如，继承遗产，因伴侣换工作而必须搬家，因怀孕或者生病不得不放弃全职工作，被裁员或者退休后要维持生计等。任何一件事都可以激发人们创业的想法。

以下是一些你可以借助的已被证实的商业理念。虽然这样你可能会失去一些使用自己的创意所具有的自主性，但至少你能对某些成功更加确信。

在家获取特许经营权

特许经营权是一种营销技巧，旨在提高和扩大产品或服务的分销力度。特许权授予人提供产品或者传授服务给加盟商，后者把产品或者服务卖给客户。作为回报，加盟商通常要基于销售额支付一定的费用和一笔持续的特许权使用费给特许权授予人。特许权授予人可能会要求加盟商从自己公司购买材料或者原料，以获得额外的收入。加盟的优势就是可以相对安全并快速地进入市场，而且随时有一个成熟公司为你提供支持和建议。

特许权授予人可以以最小的资本压力扩大自己的销售范围，并拥有一支上进心强的自营企业主队伍来为客户提供服务。加盟并不是致富之路，你也没有真正意义上的自主权，因为公司政策和利润都源于特许权授予人。

招聘、旅游休闲、簿记、摄影、宠物食品、珠宝、贺卡、杂志出版、互联网服务、教育和婚姻介绍所只是分布在世界各地的1 500种特许经营系统中的一小部分。在家加盟的平均成本是1.5万英镑，包括特许经营费、营运资金、设备、配件以及库存和材料，但是你也可以只用4 500英镑达到同样的效果。

在你确定获得某种特许经营权之前，咨询你的法务顾问和财务顾问是至关重要的，在加盟时你还必须要求特许权授予人回答一些根本性的问题来证明他们的实力。你需要了解特许权授予人是否在英国进行过试点，这是特许权授予人向第三方授予特许经营权前关键的第一步。否则，他们怎么知道授权会碰到的各种问题，以及如何保障你在正轨上运行。你需要了解特许经营包（特许经营公司提供给初创公司的一系列服务，以帮助其成功创立）包括什么样的培训和支持。该经营包应被扩展到创立期对员工的支持，并能给你提供备用的建议。你需要了解该授权公司的实力有多雄厚——查看对方的资产负债表（如果你看不明白，可以把它拿给你的会计）；查看对方公司的董事履历（包括其他的董事关系）。

访问世界特许经营委员会（the World Franchise Council）网站（www.worldfranchisingcouncil.net），你可以了解每个国家的相关规章制度，了解更多的特许经营机会。在这个网站上，你也可以找到许多国家特许经营协会的链接，它们可以为你提供当地相关议程的详细信息。

网络营销

有些家喻户晓的公司，如安利（Amway）、雅芳（Avon）、好帮手（Betterware）、美体小铺、草本生活（Herbal Life）和克丽丝（Kleeneze），提供兼职或者全职在家经营的赚钱机会。这种商业模式，可称为网络营销、多层次营销和口碑营销。它们同传销不一样，后者几乎完全着重于招揽新成员而不是推销产品和服务。如果一个公司提供可观的利润，并要求你投入大笔资金购买商品，或者不愿意回购未销售的库存，而且除此之外没有其他工作，那么这样的公司在大部分国家都是不合法的，你就要像躲避瘟疫一样避开它。传销在英国是非法的，请登录 www. dsa.org.uk/consumer-advice/illegal-schemes 网站查看传销的特点，从而避开它。

市场上有数百家发展稳健的网络营销企业，因此，你没有必要被引诱到经营糟糕的企业里。一定要查看你正在考虑的公司是否是直销组织（Direct Selling Association，网址：www.dsa.org.uk）、直营组织（Direct Marketing Association，网址：www.dma.org.uk）或多层次国际营销组织（Multi-Level Marketing International Association，网址：www.mlmia.com）的成员。

网络营销的利弊

利

- 启动成本低，法律通常禁止超过 200 英镑的投资。这也意味着你通常可以将所有需要的产品存储在汽车行李箱、车库或备用卧室中。

- 商业模式成熟，有近 100 年的运营历史。
- 有许多支持和建议可供选择，让在家创业的人不那么孤立无援。
- 由于不需要专业设备或仓库，该业务非常适合在家经营。
- 增长潜力无限，由于无地域或国界限制，你可以将产品销往全世界，并利用互联网实现全球覆盖。

弊

- 你可能会听到一些负面的声音，因为人们可能会把你的产品或者服务跟传销挂钩。
- 你需要适应向朋友和同事推销产品，还要成为一名网络工作高手。
- 你同特许经营公司休戚相关。如果特许经营公司破产了，你也就破产了。卡芭莎（Cabuchon）是一家专营女性珠宝的网络公司，规模庞大，但是因为质量问题和管理者没有能力经营更大规模的业务而倒闭了。你甚至会发现，特许经营公司改变理念也会打乱你的计划，正如多林·金德斯利家庭学习（Dorling Kindersley[①] Family Learning）项目被它的新老板培生（Pearson）集团关闭了一样。

① 一家英国出版公司，创立于 1974 年，堪称百科全书的代名词。其图书涉猎广泛，图文并茂，建立了百科全书的新标准。——译者注

收购公司

正如我们看到的那样，获取特许经营权或者采用网络营销比起白手起家有许多吸引人的地方。也许它们最有价值的优势是，在一个成熟的企业中，商业世界的许多未知因素被消除了：你的第一批客户会是谁？他们会付多少钱？你怎么找到靠谱的供应商？你需要什么样的设备？你的成本是多少？成熟的企业已经考虑过所有类似的问题，你只需要投入充沛的精力、热情和适当的资金。

诚然，无论是获取特许经营权还是采用网络营销都不是畅通的单行道，都可能会出现问题，也确实会出现问题。这两种创业方式都有一个缺点，那就是你永远都不会真正拥有相关的公司，从根本上讲，它永远属于特许经营公司或者网络公司。这种情况你见得很多，就好像你是在以营利的方式转租一处房产。你以某一价格从房东那儿租来房屋，在房东的同意下，租给愿意支付高于你的租金的租户。但是最终该资产还是属于房东，也是房东而非你享有任何价值的提升。

解决这个问题的办法之一就是收购一家已经粗具规模的公司。这样，你就可以承担更少的市场风险，并在公司产生利润时获得所有利润。

收购公司的利弊

收购一家公司有许多优势和劣势。

收购一家公司的优势包括以下几个方面：

- 创业的许多不确定性已被消除，能减少一些代价高昂的错误。
- 你直接就拥有同客户、供应商甚至金融机构之间的联系，而这些联系起码要付出数十年的努力才能搭建起来。
- 你可能从一开始就能负担自己的生活支出。
- 你淘汰了一个竞争者。如果你生活的小区域已有两家汽车美容公司，且都经营多年，而你也已经决定要做这行，那么买下其中一家就更划算。这样，你可以得到 50% 的市场份额，而不只是目标市场的 1/3。

收购一家公司的劣势包括以下几个方面：

- 评估私营企业的价值是很困难的（参考下一节）。
- 找到一家公司并谈判好购买价格，可能需要大量时间和多次尝试才能成功。
- 你需要给律师和会计支付高昂的费用，让他们提供专业的建议，以确保你不会因隐藏的欠税负债，或对过去和现在的员工承担责任。

评估企业的价值

在你收购一家公司的时候，实际上你是在购买一个成熟的利润链。诚然，企业可能拥有有形资产，如股票、计算机设备或机器，但是这些实物的价值远远抵不上公司前任老板把公司发展成现在这种规模所花费的大量时间和精力。市盈率（P/E）是用来评估公司价值的。如果一家公司的盈利是 5 万英镑，并且在一个通常市盈率为 10 的行业，那么该公司的估值就是 10×5 万英镑 =50 万英镑。

得到一个倍数的结果并不够准确，评估公司价值的主要指导原则还是股票市场上的股票价值。例如，英国电信企业沃达丰（Vodafone）当前的市盈率为 39，而运行更成熟的玛莎百货（Marks and Spencer）的市盈率却只达到 9。

私营企业的市盈率比同类上市公司大概低 1/3，也就是说，差距体现在股票市场上。这也反映出一个事实，即股票更难买卖。

你可以在任何记录股票的文件里查到市盈率。

找到可收购的公司

这些组织可以帮助你找到可收购的公司。

- 商业买卖组织（BizBuySell，网址：www.bizbuysell.com）。该网站列出了 4.5 万家待售的公司，有按洲分类的美国公司和按照国家分类的公司，包括非洲、亚洲、太平洋地区、澳大利亚、新西兰、加拿大、加勒比海、墨西哥、美国中部、欧洲和南美。
- WorldBusinessforSale.com（www.worldbusinessforsale.com）。该网站宣称有来自 1 237 个国家的待售公司名单，且每日更新。

<<< 案例研究 >>>

财富超市

西蒙·尼克松（Simon Nixon）是价格对比网站财富超市（Money Supermarket）的创始人，在2016年3月16日以1.24亿英镑的价格出售了公司最后6.9%的股份。

西蒙·尼克松和邓肯·卡梅伦（Duncan Cameron）于1999年在卧室里创立了财富超市，仅在10年后该公司的收入就超过1亿英镑（1.6亿美元或1.18亿欧元）。尼克松在读大二时从诺丁汉大学（Nottingham University）的会计专业辍学，一开始做了私人金融顾问，后来说服计算机天才兼女友哥哥卡梅伦放弃了利物浦大学（Liverpool University）计算机专业的课程，从而编写了对公司创立极其重要的软件程序。

到2007年夏天，也就是股票市场巨幅震荡的前夕，该公司估值10亿英镑，比2006年的利润高30多倍。顾名思义，该公司是一家基于网络的价格对比公司，起步于金融服务业，如今涵盖了公共事业、旅行和大众购物等众多其他行业，其价值理念是帮人们节省自己上网浏览信息所花费的大量时间。然而，尽管该公司的商业模式含有一些相当复杂的技术，但其也不过是为客户计算盈亏的中介或经纪人提前对产品或服务进行的试用和测试，而尼克松在创立他的第一家公司Mortgage2000时就使用过这样的模式。

<<<待办的重要事项>>>

- 你可以发现你的产品或者服务的市场缺口吗？
- 如果你发现了市场的缺口，你认为是什么原因导致它还没被开发利用？
- 研究你现在正在考虑的行业中与经销权、网络营销或其他销售方式有关的业务。
- 如果现在有这样的机会，从投资、冒险、技术或者快速进入市场的其中一个角度来看，这些机会中是否有一个更适合你？

第二章

挑选合适的行业

- 个体经营者的特点
- 权衡商业理念
- 评估自己的能力
- 选择最适合自己的商业理念

你的市场调查应该能让你用短短几句话概括你的商业理念，在商业领域中这就叫作公司使命。大型公司可能会花费数周之久的时间来绞尽脑汁地斟酌公司使命。原则上，在家创业者所面临的困难应该没那么艰巨。

公司使命有两个关键因素。首先，使命要足够细致，以便为你所做的或计划要做的所有事情提供方向和指导。这种专注是企业成功的关键，因为只有专注于特定的需求，小公司才能和更大型的竞争者区分开来，而且刚开始就尝试太多不同的事情足以扼杀一家新公司。其次，使命应该面向足够大的市场，让公司能够成长并发挥自己的潜力。

最重要的是，公司使命必须是实际的、可实现的，而且要简短。麦肯锡（McKinsey）的公司使命是这样的："作为管理咨询顾问，帮助我们的客户在业绩上做出独特、持久和实质性的改进，并建立一家能吸引、发展、激励和留住杰出人才的伟大公司。"

<<< 案例研究 >>>

奇妙盛开公司的创始人是两位年轻妈妈，这两位创始人在参加企业项目交流会时，阐述了公司使命，内容如下：

> 出于我们自己的经验，我们打算设计、制作和推销针对孕妇的一系列服装，让她们觉得自己仍然可以穿着时尚。我们的目的是填补被好妈妈（Mothercare）[1]、玛莎百货等公司忽视的市场缺口，进而成为孕妇邮购时尚服装市场的一支重要力量。
>
> 我们的目标是在东南亚市场中占有5%的份额，成为创立3年内实现25%的资产回报率的公司。我们认为我们需要约2.5万英镑的启动资金来进行股票融资并支付邮购商品目录和广告推广活动的费用。
>
> 大约20年后，好妈妈以300万英镑的价格收购了该品牌。网址为www.mothercare.com/maternity。

有了使命，你就可以向任何人概括性地阐述你的企业，并希望用你的热情和承诺感染他们，甚至可能赢得一些潜在客户。你还需要完成3个任务，才能开始创业。其中有两个任务是本章的主题，都关系到你，即企业的创始人。第三个任务事关公司的财务可行性，当你准备你的商业计划书和做财务预测时，这将被涵盖。

你是否具备创业所需的一切条件

要成功地在家创业，你必须是那个符合一切要求的人。人们

① 好妈妈品牌成立于1961年，是英国最大的母婴用品连锁店。——译者注

总是认为典型的企业创始人应该是一个充满新想法、高度热情、极度活跃和拥有强烈好奇心的人。但你越想塑造一个典型企业家的形象，就越感到困惑。

也就是说，成功的初创者在经营自己的企业时有一些共同特点。

- 自信的全能型选手。天才型企业家很稀少。总会有人在行业内表现得更加有才华，在某一领域的能力甚至超出了他们自己的想象。但是，成功的初创者都有多种能力和强烈的意愿，并愿意尝试任何需要去做的且能让公司成功的事情。他们通常可以制造和营销产品，并且会算账，但最重要的是，他们充满自信，这可以让他们在未知领域中应对自如。
- 抗压性强。能从之前灾难性的失败中崛起也是许多成功企业家共有的特点。亨利·福特（Henry Ford）在他 40 多岁负债 2.8 万美元创立福特公司之前，曾破产了两次。
- 富有创新精神。从定义上来说，几乎所有的企业家都是创新者，他们要么跟新事物打交道，要么用新方法处理旧事情。正是这种创新的特质，才能让他们发现旁人看不到的新商机。
- 以结果为导向。成功人士会给自己设定目标，并从实现目标的过程中获得乐趣。一旦目标达成，他们就会迅速转向下一个目标。这种不安分是他们的特性。詹姆斯·戈德史密斯（James Goldsmith）就是一个典型的例子，他把商业帝国的总部从英国搬到法国，而后又搬到美国，最终赶在股票市场崩盘之前赚得钵满盆满。

- 谨慎防范风险。高失败率表明小型企业面临着很多风险。创业者很关键的一个特性就是敢做决定并愿意承担风险，但这并不表示完全凭直觉去搏一搏，而是意味着要更加谨慎地衡量风险，并决定承担哪些风险及何时承担风险。
- 全情投入。你需要完全相信自己的理念，否则你如何去向那些你一定会碰见的怀疑者证明这是一次有价值的冒险。你也需要心无旁骛、投入精力和进行大量辛苦的工作以开启事业，每天工作 18 个小时是常事。这可能会给人际关系，尤其是家庭关系带来压力，所以如果你想要成功，你的家人也必须参与并全程支持你的工作。

<<< 案例研究 >>>

达伦·桑德斯（Darren Saunders）在 18 岁时选择的道路不是同龄人的上大学之路，而是走上了发明之路。为了追求自己对Cyberquin（一种高度仿真、用于商场橱窗展览和陈列的人体模特）的疯狂想法，他花了 6 个月的时间寻求研发资金，但一无所获。他说道："我向 150 个人阐述过我的想法，他们都认为我试图完成不切实际的事情。"最后，他成功获得政府的创新拨款，他的父亲也同意透支银行卡去填补剩余的资金缺口。

桑德斯从当地一家专利代理机构那里得到了专利方面的帮助，并在加的夫商会（Cardiff Chamber of Commerce）参加了一个出口方面的短期课程。经过3年漫长的开发，他成功制造出一个可以24小时工作而不出现故障的人体模特，也不需要维护，装运简单，人们可以毫不费力地将其运送到全球任何地方。他又进行了18个月的艰苦努力，才让这个产品得到市场的认可，而且这些事情都是在资金有限的情况下完成的。

桑德斯说道："人人都劝我扎根在英国，但是我认为英国人从来不愿意尝试新鲜事物。"

他听从自己的直觉是对的，他的新兴公司主攻大型商店配件展览会，其中包括在杜塞尔多夫（Düsseldorf）举办的最大型的欧洲商店展览会。在这个展览会上，大家被这些动态的、栩栩如生的人体模特吸引了，尽管其标价为5 000英镑，订单还是源源不断。

Cyberquin现在更名为MovingMannequins（www.moving-mannequins.co.uk），这个名字能更加准确地描述产品。现今，其产品已出口到50多个国家，像哈罗兹（Harrods）、三菱（Mitsubishi）、迪士尼（Disney）、彪马（Puma）和乐高（Lego）等都在使用。

自给自足

在家办公意味着你接触的人会很少。如果迄今为止你一直在大公司上班，并且很享受同事相伴的氛围，那么独自一人办公可能对你来说是一个挑战——这也是一种改变。有些人只有同其他人一起探讨想法才能茁壮成长，而且所有的企业主都抱怨这种孤独，他们很担心无人分享问题，以及没有外部的刺激。当然，如果你打算以策划或按摩服务这类业务为创业方向，那么你将不断与人交流，并且为自己工作可能比在大公司里工作更有成效。

如果你更享受拿一本书蜷在角落里，而不是参加聚会，那么你很可能具备很强的自给自足的能力，在家创业也会很自在。乐观一点——起码没有办公室八卦！

保持专注

当你在家时，你会被干扰包围——家庭压力、噪声，尤其是你身边的人都没有在工作。这与去办公室或者商业场所工作完全不同，至少从理论上来说，那里的每个人都有一个共同的目的——工作。

因此，你需要能够专注于手头的任务，即使是持续的干扰，也不会让你产生太多不好的情绪。你也需要一个战略武器，以确保你能把关键的时间用在工作上。

给你在家创业的能力打分

很多时候，初露头角的企业家总是认为自己非常适合创业。很不幸的是，这种想法有太多自欺欺人的成分。最近，当一些随机抽取的成年男性被要求对自己的领导能力进行排名时，70% 的人认为自己的领导能力排在前 25%，只有 2% 的人认为自己的领导水平低于平均水平。而且，当在难以自欺欺人的运动领域进行调研时，60% 的人认为自己的运动能力远远高于平均水平，只有 6% 的人认为自己的运动能力低于平均水平。

在评估企业家天赋时人们会犯下一个普遍的错误：想当然地认为自己能在大型企业管理中取得成功，自然就能在小型企业管理中取得成功。

按照表 2–1 中的特质给你打分，看看自己是如何成为一个潜在的在家创业者的。超过 30 分意味着你具备创业所需的条件，低于 20 分则是一个警告信号。让其他几个非常了解你的人也给你打分，这样你才能得到一个公正的评价。

表 2–1 在家创业者的特质检查表

特质	特质得分（0 ~ 5 分，其中 0 表示不具备任何特质，5 分最高）
自信的全能型选手	
抗压性	
创新能力	
以结果为导向	
专业的风险承担者	
全情投入	
自给自足	
自律	
总分	

作为一名创业者，你也可以通过参加一项或多项在线创业智商测试，来了解自己潜在的优势和劣势。下面列出了几个相关来

源，你在谷歌中输入就会出现入口。

- 心理测试：是沃里克大学（Warwick University）、达拉谟大学（Durham University）和南安普顿大学（Southampton University）联合开发的开放性资源（www.psychometrictest.org.uk/entrepreneur-test）。
- 创业能力测试（EAT）：借鉴了全球数百项对兼职创业者的调研和访谈所形成的工具（www.hsgl.com）。

这个行业是否适合你

如果你在开始读这本书的时候脑子里已经有了一个商业理念，那么前几章的内容应该会帮助你更加清楚地了解如何实现你的商业理念。如果你还在寻觅一个商业理念，那么附录二中的在家创业的商业机会目录可以帮助你。无论如何，你脑海中至少应该有几个潜在的商业冒险计划，因为在对比过程中你可以了解一个想法的优势和劣势，否则这个想法只能处于休眠状态。

明确你想要什么

这个过程的第一步是明确你在一个商业理念中寻求的东西。这跟寻找新家没什么太大的区别——你不可能完全凭一张白纸就开始创业，而是应该从一份预算开始：你有能力或准备花多少钱，地理位置在哪里，需要多少个卧室，周边的公共交通状态以及当地购物和车库或停车场的配套服务如何。在这些基础条件之外，你可以再加入一些如花园、露台和温室这样令人满意的配置。你需要对你的商业理念做一些类似的事情，表 2–2 会告诉你如何实现这一点。首先，你要明确你的重要的标准，如表 2–2 中列出的 6 条标准，然后给每条标准一个权重，用 1~3 来反映它们的相对重要性。在这个例子中，“低投资”、“灵活的时间”以及“所需的空间较小”是非常重要的，因此给最高权重 3；接下来的两个标准，“发挥我所有的技能”和“不需要新的技能”的重要性较低，将权重标为 2；最后的“不需要出差”相对不重要，将权重标为 1。

表 2–2　给你的商业理念评分

标准	权重	理念 1		理念 2	
		分数	加权分数	分数	加权分数
低投资	3	3	9	1	3
灵活的时间	3	2	6	2	6
所需的空间较小	3	3	9	1	3
发挥我所有的技能	2	3	6	2	4
不需要新的技能	2	3	6	1	2
不需要出差	1	1	1	3	3
加权总分			37		21

对你的选择排名

现在，你可以给每个商业理念按照 0~3 打分：如果一个商业理念完美地契合标准，就给它打 3 分：如果完全达不到标准，就给它打 0 分。例如，在表 2–2 中，你可以看到理念 1 中的“低投资”的得分为 3 分，因为它基本不需要资金，但是理念 2 需要更多的预付资金，只得 1 分。然后，分数乘以权重因子将得到加权分数。由于“低投资”是一项重要的标准，所以比起“不需要出差”这一项得到更高的权重。你可以看到，尽管理念 1 中的“低投资”和理念 2 中的“不需要出差”的得分都为 3 分，但是其加权分数分别为 9 分和 3 分，这体现出来的就是它们重要性的差别。

将每个理念的加权分数相加，如表 2–2 所示的那样，理念 1 的得分为 37 分，遥遥领先于只得 21 分的理念 2。

当然，你会有不同的标准和重要性等级，但是这个基本方法同样适用于标准更多的情况，权重系统也比 0~3 更广泛。话虽如此，但增加标准的数量可能只会让事情变得更加混乱。就像买房子一样，最终都只归结为几个关键的因素。

<<<待办的重要事项>>>

- 检查你在家创业的特质，看看这个职业选择是否适合你。
- 至少参加 1 个其他的相似测试并反复核对结果。
- 权衡你正在考虑的其他商业理念，并使用表 2–2 中的加权方案给它们排序。根据自己的需求，对标准做相关的调整。

第三章

市场调研

- 了解客户及其需求
- 细分市场的方法
- 评估竞争
- 开展实地调研和理论调研
- 鉴别网络信息
- 进行市场测试

你需要了解客户、竞争者以及连接卖方和买方的任何其他有影响力的人的信息。例如，你正在向另外一家公司销售产品，了解对方终端用户的信息就会很有用处，因为你的企业未来会被他们的表现影响，同时也会被你的初始客户影响。你也可能发现并不是所有的客户都需要相同的营销信息。例如，簿记服务企业的一个客户可能只需要有人做这项烦琐的数据录入工作，而另一个客户可能希望有人对数据进行分析和解释。收集市场调研数据的目的是帮助你在涉及产品定价、决定服务或质量水平、选择在哪里投放广告以及广告费用等因素时，制定正确的营销策略。

显然，创业所需的资本支出决定了市场调研所需的时间和资金。如果你进入某一行业需要 1 000 英镑，那么投入比 1 000 英镑更多的资金去收集各方面的信息就显得用力过度了。

了解客户

没有客户，任何企业都不能起步，更别谈生存了。有些人认为客户是在开业后才被吸引过来的，这是一个严重的、往往是致命的误解。你需要提前清晰地知道你的目标客户是谁，因为目标客户是成功的商业策略的一个非常重要的组成部分，而不仅仅是一个新产品或者服务的被动接受者。

了解你的客户，包括他们的需求，他们的消费力，以及他们目前的购买渠道。这些信息看似是非常基础的，我们可能很难相信有那么多人不做这些调研就开始创业，而现实情况确实如此。

有一句古老的商业格言说，“客户永远是对的”，但这并不意味着所有的客户都一定适合你。因此，你除了要知道向谁出售产品之外，还需要弄清楚哪些试图引起你兴趣的人完全是在浪费你本已稀缺的资源。

发现需求

有一个颇有成就的化妆品公司的创始人，当他被问及在从事什么工作时，他回答说：“在工厂里我们生产香水，在商店里我们出售梦想。”

商人总是从物质层面来定义自己的业务，而客户也认为企业的主要价值就是满足他们的需求。甚至是那些采用顾客满意度或者愉悦度的公司，正如它们所说的准则一样，也经常会发现这个目标远比初期订立时要复杂得多。我们以引言中的奇妙盛开公司为例，毫无疑问，它为孕妇制造衣服。但是，该公司致力于满足的客户的主要需求并不仅仅是让孕妇的穿着体面或者保暖，它的目光更长远：它想让孕妇感觉到自己依旧可以穿着时尚，这关乎人们互相交流的方式以及孕妇对自己的感受。仅仅花重金打造衣服的保暖性，比如说羽绒服，是不会对奇妙盛开公司的潜在市场份额产生影响的。

你只有非常了解市场需求，才能开始打造一个产品或服务来满足市场需求。幸运的是，曙光就在眼前。美国心理学家亚伯拉罕·马斯洛（Abraham Maslow）在他的研究中发现："所有的客户都是寻找目标的人，他们通过消费和购物来满足自己的需求。"然后，他做了进一步的研究，把消费者需求分为5个等级，他将之称为需求层次理论。

- 自我实现的需求。这是马斯洛需求层次理论中最高等级的需求，人们在其中追求真理、智慧、正义和目标。根据马斯洛的研究，自我实现的需求永远不会得到完全的满足，而且只有很少的人愿意付出足够多的金钱来满足这种需求，就像比尔·盖茨（Bill Gates）和汤姆·亨特爵士（Sir Tom Hunter）愿意捐出数十亿资产建立基金会，将自己的财富用于有价值的事业那样。我们其余的人则在更低的层级中摸索。
- 尊重的需求。在这里，人们关心的是诸如自尊、成就、关注、认可和声誉这样的问题。客户所寻求的好处包括，如果自己有一种特别的产品，别人对自己的评价就会更好。许多品牌营销旨在让客户相信，通过穿着带有明显制造商商标和标识的衣服来让别人看见，他们会赢得别人的尊重。理解马斯洛的需求层次理论对责任旅游网站（Responsibletravel.com，网址：www.responsibletravel.com）的创始人来说，非常重要。6年前，贾斯廷·弗朗西斯（Justin Francis）和哈罗德·古德温（Harold Goodwin）在美体小铺创始人安妮塔·罗迪克的支持下，在位于布莱顿（Brighton）的弗朗西斯家的前厅创立了这家公司，该公司计划成为世界首家提供环保旅行和度假服务的公司。该公司是为游客提供碳抵消计划的首批公司之一，并且声称相比已经接受的旅行公司的数量，它拒绝了更多想在其网站上做广告的旅行公司。它呼吁那些希望在社区获得认可的消费者承担社会责任。

- 社交的需求。渴望朋友，渴望归属于社团、俱乐部或者其他组织，以及给予爱和得到爱的需求都是社交需求。低层次的需求得到满足后，这些与人际交往相关的需求就凸显了出来。安格斯·瑟尔韦尔（Angus Thirlwell）和彼得·哈里斯（Peter Harris）在他们的厨房里创立了巧克力饭店（Hotel Chocolat，网址：www.hotelchocolat.co.uk），这便是一个基于满足社交需求进行创业的好例子。他们推销自家生产的奢侈巧克力，但销售额是根据品尝俱乐部每月考察的产品情况产生的。该俱乐部的模式是，你邀请朋友过来参加，使用公司评分系统对巧克力进行打分并给出反馈。
- 安全的需求。消费者的第二大基础需求就是安全感。那些可能因周边环境或所提供的产品或服务而感觉到自己处于危险之中的客户，不会对满足他们的更高需求有多大的兴趣。查尔斯·里格比（Charles Rigby）创立世界挑战赛（World Challenge，网址：www.world-challenge.co.uk），提供探索全球异域风情的挑战性探险项目，旨在让最大不超过 19 岁的年轻人走出舒适区，并教会他们如何面对困境。查尔斯·里格比知道自己面临着一个挑战：如何保证游戏对青年人既有吸引力又带有明显的危险性，同时也能保障安全，让父母在支付钞票时感到安心。该公司的网站上有6个完整的部分，专门解释了公司采取的安全措施，以确保在人力范围内没有不能接受的风险存在。

- 生理的需求。空气、水、睡眠以及食物，对维持生命至关重要。只有这些基本需求得到满足，人们才会考虑诸如自尊等更高层次的需求。

你可以在MBA（工商管理学硕士）网站（Net MBA website，网址：www.netmba.com > Management > Maslow's Hierarchy of Needs）上了解更多关于马斯洛需求层次理论的内容，学习在了解客户需求时如何把这些因素纳入考虑范围。

特点、功效和认证

虽然了解客户需求很重要，但是仅仅根据客户需求来提出一个可行的想法是远远不够的。在此之前，你需要知道客户在购买产品后能获得什么功效。产品特点是产品或者服务本身拥有的，功效则是产品可以为客户带来的东西。奈杰尔·阿珀利（Nigel Apperley）成立了他的公司互联网相机直通车（Internet Cameras Direct），现在已更名为互联网直通车（Internet Direct，网址：www.internetcamerasdirect.co.uk）。当时作为一名商学院的学生，他知道告诉客户单镜头反射（SLRs）或者快门速度没有任何意义，因为这些并不是客户想要的最终产品，客户要的是通过直接购买获得优质的照片所带来的快捷感和实惠感。他打算效仿戴尔（Dell）的直销模式。阿珀利的公司在3年内年实现营业额超过2 000万英镑，这份事业就是从家庭开始的。

表3–1是展现产品特点和功效的示例，并进行了内容延伸，以包括这些功效得到认证的方式。这里你需要记住的关键点是，客户只想为产品功效付费，而卖家必须为所有的产品特点买单，不管客户是否认为这些特点有价值。产品功效可以给商业宣传和促销活动提供素材。

表3–1　展现产品特点、功效和认证的示例

特点	功效	认证
我们的孕妇装由时尚专家设计	感觉良好，看起来不错	请查看时尚杂志上的评论
我们的簿记系统已获得英国税务海关总署的认可	可得一夜安眠	我们的系统被评估中心（www.evaluationcentre.com, 会计软件）认定为第一

谁会是第一个客户

客户不会坐等某个公司开张。消息在不同客户群之间传递，所以传播速度较慢。即便如此，值得注意的是，第一批从新公司购买产品的人通常是更加喜欢冒险的人。产品只有获得这些人的认可，才会有“追随者”前来购买。研究表明，这个采用过程，即众所周知的产品或服务采用周期，有 5 个不同的客户特征从革新消费者贯穿到滞后使用者，每个群体所占的消费者比例会有一些差异。

- 革新消费者，占整体市场的 2.5%。
- 早期接受者，占整体市场的 13.5%。
- 早期从众者，占整体市场的 34%。
- 后期从众者，占整体市场的 34%。
- 滞后使用者，占整体市场的 16%。
- 市场总额，100%。

假设你已经锁定网络礼物服务这个市场。起初，你把市场限定为离家 5 英里内的富裕上班族，以保持较低的配送成本。因此，如果通过市场调查发现有 10 万人符合你的理想客户的特征，并且他们经常上网，那么你在初期可以挖掘的客户可能只有 2 500 人，也就是 2.5% 的革新消费者。

从组成新企业的第一批客户（2.5% 的革新消费者）到这个业务没有开展 20 年不会购买任何产品的滞后使用者，在这个采用过程中最重要的是真正具有创新性并相对昂贵的商品和服务，但这种总体趋势适用于所有企业。只有成功地将产品推销给革新消费者，你才能取得大宗销售。所以，你的首要任务就是识别客户。意思就是：你在初期越了解你的潜在客户，你成功的可能性就越大。

在制定营销策略时，你需要时刻记住这样一个问题：对于革新消费者、早期接受者、早期从众者以及所有其他受众，不要使用相同的媒体、网站、杂志和报纸，也不要使用同样的图片或信息，而要对这些受众采取不同的营销方式。

细分市场

我们已经知道客户有不同的需求，接下来我们就需要制定营销策略，以便各个击破。但是，试图满足每个人可能意味着我们最终不能完全满足任何人。帮助我们处理看似不可能完成的任务的营销过程就是市场细分，这是将客户和潜在客户分成“相似”类型群组的过程。

例如，从事地毯、室内装潢或清洁业务的企业，可能拥有经营餐馆和宾馆的个体客户与企业客户。这两类客户是完全不同的，前者更关心成本问题，而后者更在意清洁工作是否会妨碍自己做生意。另外，每一个客户群会出于不同的原因购买产品或服务，因此你的推销信息也要做相应的修改。

有价值的标准

有助于你确定某个细分市场是否值得尝试推销的有用准则包括：

- 可衡量性。你能否评估这个细分市场中客户的数量？这个细分市场是否值得你去提供一些不同的产品或服务？

- 可接近性。你是否可以同这些客户交流？如果能单独交流当然更好。比如，你可以在老年杂志上针对50岁以上的客户进行宣传，同时对年轻人不会去阅读这本杂志有足够的把握。所以，如果你试图用半张牌大小的版面来宣传Scrabble（一种拼字游戏），你肯定更希望年轻人没听说过。如果年轻人听说过，这可能会让人觉得该产品过时了。
- 有盈利的空间。客户必须具有你打算提供的产品价值的购买力。
- 规模。该细分市场必须足够大，以让你在开发它的时候觉得物有所值，但是也不能太大以免招来更大的竞争对手。
- 持久力。该细分市场看起来是否能持久发展？

把产品和服务卖给退休人群，这是数百年来还没有得到开发的一个细分市场的例子。有几个原因让这个市场尤其不具有吸引力：首先，退休的人被认为思想老旧，冒险精神不强；其次，他们的预期寿命较短；最后，致命的打击是他们没钱。但是，在过去10年左右的时间里，一切都改变了：人们退休得更早，寿命更长，许多人都有比较丰厚的养老金。结果，旅游公司、房产商、杂志出版商和保险公司都推出了专门针对退休群体的一系列产品和服务。

市场细分是一个很重要的营销过程，因为它有助于你更清晰地聚焦客户，把他们分为可管理的不同群体，并让你专注于一个或多个利基市场。市场细分对其他营销决策有着广泛的影响，比如，你可以根据客户需求的强度对同一商品进行不同的定价。火车上的一等座和二等座就是一个例子，非黄金高峰期的火车票价也是一个例子。

这也是一个持续的过程，需要定期进行，例如在审查策略时进行市场细分。

分析竞争对手

分析竞争对手是一项很消磨时间且成果不显著的工作，但是我们可以从中获得重要的经验教训。一些对你来说最有价值的信息将无法得到，特别难找到的是与竞争对手的规模和盈利能力有关的信息。企业，尤其是小型企业，对自己的财务状况的保密程度很高。正因如此，你可能需要对各种公司的规模和盈利能力进行评估。

竞争对手的存在并不完全是坏事。首先，这让你知道有稳定的客户群需要你准备提供的产品，会给你一种舒服的感觉。如果已经有数十家竞争对手正在出售你准备提供的产品或服务，你就需要提供更好的或者与众不同的产品或服务来吸引客户离开现在的供应商。商品的差异性并不需要很大，但必须对客户来说确实很重要。一个个体园艺服务商，通过带走所有的花园垃圾而不是让客户自己清理，就能让他比竞争对手更胜一筹。这意味着他需要有比竞争对手稍微大一点的面包车，但作为一种优势，它具有足够的吸引力，能够赢得更多业务，从而让他有能力招聘更多员工。

调研的任务是了解你的直接和间接竞争对手，以及它们的长处和不足。直接竞争对手就是那些已经活跃在市场上的企业。所以对园艺企业来讲，其他类似公司就是直接竞争对手，而间接竞争对手就是那些租赁剪草机、修树刀以及提供相关服务的公司，这些公司让户主自己做园艺。

给企业命名

如果你的市场非常有限，那么你用谷歌搜索区域加上基本业务描述就可以找到有关竞争对手的所有信息。如果你必须考虑进一步覆盖更广泛的地区（包括海外），则会有许多目录按贸易、地区和规模列出了企业名称。

除了竞争对手的名字和基本联系方式，你还需要找到关于竞争对手的其他信息：它们在做什么，它们的组织形式，它们的营业额、利润和财务结构，它们是私营企业还是隶属于大型公司。你需要通过这些信息来决定如何竞争以及该领域是否有利可图。

附录三提供了在你的市场中运营的企业的大部分背景数据和其他相关市场背景数据的来源。

了解优势和劣势

找出你的竞争对手的正确或错误做法的最简单的方法就是自己尝试一下。即使你根本不买甚至不需要它们出售的东西，也没有哪条规矩规定你不可以向对方询问。例如，假设你打算成立一家簿记业务公司，你首先应该搜索当地的小型公司，如果有必要，你可以通过之前介绍的来源来查找。然后，你可以提出一系列问题来了解它们的服务，其中一些问题你可以在对方的宣传页或者网站上找到答案。

通过询问或调研发现的问题应包括以下内容：

- 它们提供的服务的具体范围是什么？比如，它们只准备账目吗？它们帮助进行纳税申报吗？它们对数据反映的客户业务提供建议吗？它们是否处理税务咨询？它们对资金来源有什么建议吗？
- 它们的价位是多少，要求什么时候支付？
- 它们经营多久了？
- 它们拥有多少客户？你可能会在它们的网站上找到一些背景信息，公司通常会在网站上列出让人满意的客户信息。另外，你可以通过从它们的公开账目中（参见附录三）找到它们的营业额并除以它们收取的价格来对它们的客户数量做出估计。如果它们去年的营业额是 40 万英镑，而它们对一个客户的簿记业务的年收费是 4 000 英镑，那么它们大概有 100 个客户。
- 它们的盈利如何？这也是可以从附录三列出的组织中获得的信息。
- 它们有多少员工？你可以去对方公司进行实地考察。
- 它们有其他分支机构吗？
- 它们在哪里投放广告？这可能会在你制定自己的促销策略时给你一些启示。

选定优势

你对客户和竞争对手的研究结果，将清楚地表明你最初的市场定位，以及你的产品或服务的不同或更优之处。假设我计划成立一家提供当地园艺服务的企业，研究结果能帮助我做出以下分析。

我有两家本地竞争对手：

- 汤普森（Thompson）公司有 6 名员工，已开业 10 年，拥有少量较大型的国内客户群，但主要面向学校和商业经营场所。费用是 1 小时 20 英镑，一周最低服务时间为 4 个小时，不从客户家里带走花园垃圾，服务覆盖全县。
- 布朗（Brown）是一家 1 人规模的公司，开业 3 年，只提供有限的服务。布朗不修剪绿篱和树木，还不带走花园垃圾。费用是 1 小时 12 英镑，没有最低消费。布朗声称自己的业务覆盖方圆 20 英里，但似乎超过 5 英里他就不想干了。

我最初的策略是专注于 5 英里以内的本地大型客户，这些客户需要修剪绿篱和树木，并希望花园垃圾被清理干净。我会着手让这些客户在某一方面感觉到自己很重要，而汤普森公司并不这样认为，因为它似乎只青睐本地客户。我 1 个小时收费 15 英镑，每个客户的一周最低消费为两个小时，并以高价房屋为目标，锁定数量有限的优质地区。我的目标是在一个区域至少拥有两个客户，并牢牢锁定从我家很容易到达的区域。

开展自助市场调研

确保你对客户、竞争对手以及市场有足够的了解是开展自助市场调研的目的，这样可以让你在制定市场准入策略时，即便没有瞄准靶心，也不会脱靶。也就是说，有足够多的客户愿意购买你定价的商品或服务，这样的定价可以保障业务正常运行。如果你完全脱离目标，你可能没有足够的资源进行第二次尝试。

通过市场调研，你不必真正创业就可以验证你的产品或服务有没有客户。通常，一些适度提前的自助市场调研可以给你能否创业成功提供明确的指导。

因此，寻求创业的企业家开展实际的自助市场调研的目的有两个。一是为商业理念建立信誉，企业家必须先让自己满意，并透彻了解新产品或者服务的市场竞争情况，之后才能让外部的投资者满意。如果你需要吸引资源来创立新企业，这一点至关重要。二是为新企业制定切实可行的进入市场的策略，这些都是建立在对客户真实需求的准确了解上的，以保障产品质量、价格、促销方法和分销链互相配合，且针对目标客户。

否则就会出现“天使不敢涉足之处，蠢人蜂拥而至”[①]这样的情况，或者就像军队里所说的“侦察不是浪费时间”。这个道理同样适用于特别需要调研的创业领域。

---

① 原文为“Fools rush in where angels fear to tread”，出自英国诗人亚历山大·薄柏（Alexander Pope）的诗。——译者注

- 你的客户：谁会购买你的产品和服务？你的公司能满足客户什么特殊的需求？有多少客户？
- 你的竞争对手：那些已成立的公司是否已经满足你的潜在客户的需求？这些公司的优势和不足是什么？
- 你的产品或服务：怎样打造产品或服务才能满足客户的特定需求？
- 你应该收多少钱才会被认为物有所值？
- 什么样的宣传能吸引客户？他们读哪些报纸和期刊？
- 你家是否能以最低的成本最方便地接触到你的客户？

成功开展市场调研的 7 个步骤

市场调研不需要复杂的过程，也不需要非常高昂的费用。市场调研的工作量和支出需求在某种程度上同企业的成本和风险相关。如果所有与你的业务相关的事情只是要让更多客户购买成本不高的产品和服务，那么你在市场调研上的投入可能会比你预期的要少，而不是像把崭新的产品或服务投放到未经检验的市场那样，需要在前期投入大量的资金。

不管你准备开展简单的还是缜密的市场调研，你都需要系统地进行。以下是你需要经历的 7 个阶段，以确保你合理地评估了你的业务。

- 设定问题。你应该先设定清晰简洁的目标，再开展市场调研，而不是只寻找关于市场的有趣的信息。因此，举例来说，如果你打算向年轻时尚的女性销售产品，你的调研目标应该是：了解在你的调研区域居住或者生活的、年收入超过 3.5 万英镑且年龄在 18~28 岁之间的女性的数量。这些信息会帮助你判断这里的市场能否支撑这样的企业。

- 明确所需信息。正如上面的例子所示，了解市场规模可能需要几种不同的信息。比如，你需要知道常住人口的规模，这很容易掌握。你可能还想了解来这个区域工作、度假或有其他主要目的的人的信息。比如，附近可能有医院、图书馆、铁路或者学校，这些也能吸引潜在的客户来这个区域。
- 明确获得信息的渠道。这包括通过图书馆或者网络渠道进行的案头调研，抑或你自己亲自去做或找别人帮忙做的实地调研。本章前面已经介绍过一些相关的重要知识点。实地调研，即自己亲自出去并提出问题，这是家庭创业者收集信息最有效的一种方式。
- 决定预算。即便是你自己去做市场调研也会有开销，至少你需要投入时间。调研成本可能包括期刊费、电话费、信函费和实地拜访费，最大的一笔费用可能是你雇请专业市场调研公司所需的费用。就从雇请专业市场调研公司说起，企业对企业的调查包括对负责办公室设备采购的主管们的 200 次采访，需要花费 1.2 万英镑，而同 20 个长期使用某种银行服务的客户进行深入交流，需要花费 8 000 英镑。我们也可以利用互联网进行网络调研，但这样可能会把太多的调研内容强加给收件人，让他们对你敬而远之。查看免费在线调查（Free

Online Surveys，网址：http://free-online-surveys.co.uk）和调查猴子（Survey Monkey，网址：www.surveymonkey.co.uk）等公司，这些公司提供的软件可以让你开展在线调研并快速分析数据。大部分这种公司都提供免费试用机会，比如调查猴子就允许你最多提10个问题，收集100个回复并分析数据。之后，使用它们的黄金计划（Gold plan）开展无限次调研的费用一年大概是300英镑。自己亲自做调研可能会节省成本，但是也有可能限制调研的客观性。如果时间是你最稀缺的商品，那么让外部的代理机构帮助你进行调研或许更有意义。雇请图书管理员或者大学生做一些基础调研工作并不需要支付昂贵的费用。进行专业市场调研的另一个论点是，这可能会给投资者带来更大的影响力。不管调研的成本是多少，在制定预算时，你都需要先评估调研的价值。如果本来会花错10万英镑的成本，那么先花费5 000英镑在市场调研上来避免这种错误情况的发生，从整体来看这就是一次良好的投资。

- 选择调研方法。如果你通过案头调研找不到所需数据，你就需要亲自走出去调研。本书66~68页的“实地调研”部分提供了此类调研的可用方法。
- 构建调研样本总体。在调研中涵盖每一个潜在客户或竞争对手基本是不可能的，甚至是不可取的，因此你需要明确多大的样本才能提供可靠的指标，以判断整体会如何表现。
- 处理和分析数据。你需要处理和分析市场调研的原始数据，并将其转化成能指导你明确定价、促销形式、场地、产品或服务的形状、设计和种类的信息。

案头调研

新的在家创业者可以通过在线查阅或去公共图书馆的商业部分查看，得到越来越多的已经发表的二手数据，帮助自己量化将要进入的市场的规模并确定市场趋势。除了有关城镇人口的信息（有助于在开始时量化市场）之外，图书馆还经常购买英敏特（Mintel）报告，其中涉及对不同行业增长情况的研究。政府也提供了显示经济趋势的统计数据［包括整体经济年度摘要（Annual Abstracts）和各行业的商业监测报告（Business Monitors）］。

如果你打算向公司或商店销售产品或服务，康帕斯（Kompass，网址：www. kompass.co.uk）列出了所有公司的名称和地址（包括购买者的电话号码）。贸易协会可以代表许多产业部门提供信息［参见贸易协会论坛（Trade Association Forums，网址：www.taforum.org/members）］，而商会是进出口市场的良好参考来源。更多信息来源请参见附录三。

使用网络

互联网可以成为一个强大的研究工具。但是，你在使用互联网时，需要牢记它的特殊优点和缺点。

互联网的优点包括：

- 访问便宜，信息往往是免费的。
- 可以帮助你收集优质的背景资料。
- 可以快速查看信息。
- 涵盖广泛的地理范围。

互联网的缺点包括：

- 强烈地偏向于美国。
- 涵盖某些特定主题的内容可能不完整。
- 往往缺乏权威性和认证。

没有花费至少一两天的时间浏览互联网就从事商业活动，或着手推出新产品或服务的企业家是勇于冒险或有勇无谋的。至少，这种浏览互联网的方式可以告诉你是否已经有其他人把你的商业理念推向市场。在最好的情况下，如果你想要的信息可以在线获取，那么这可以为你省去大量去图书馆查阅的工作量。

你可以通过两种主要的方式在互联网上收集市场调查信息。

- 使用目录、搜索引擎或电话簿来研究你的市场或产品。
- 使用博客、公告或留言板、新闻组和聊天室来引出你需要的数据。

请参阅附录三了解家庭企业信息资源。

实地调研

大部分实地调研工作都是以访谈的形式展开的，即采访者向受访者提问。我们都对这种形式习以为常，无论是旅行时在火车上接受采访，还是拒绝冒充市场调研人员上门的热心推销员（自1986年以来，这种“假市场调查真推销”的行为是非法的）。目前比较流行的访谈形式有4种。

- 面对面的个人访谈：占45%（特别是消费者市场）。
- 电话、电子邮件和网络调查：占42%（特别是调研公司）。
- 邮政调查：占6%（特别是工业市场）。
- 测试和讨论组：占7%。

个人访谈、网络调查和邮政调查相比召集感兴趣的团体或是使用昂贵的电话调查明显更便宜。电话访问需要采访者的态度非常积极、礼貌，说话不要太快，并严格问询调查问卷里的内容。邮政调查的回复率很低（正常情况下不到10%），这可以通过以下方式改善：附上解释问卷目的的信函并解释为什么受访者应该回答；提供完成问卷的小礼物奖励；发送提醒信件；当然还可以提供预付费的回复信封。个人定制的电子邮件问卷能获得更高的答复率（高达10%~15%），因为收件人更倾向于阅读并回复收到的私人电子邮件，但不请自来的电子邮件（垃圾邮件）会引起收件人强烈的反感。电子邮件调查成功的关键与邮政调查相同，也应该包含解释性的信函和鼓励收件人打开调查问卷的小礼品。

这些是优秀问卷设计的基本规则，但是你需要对问题进行如下管理：

- 尽量减少问题的数量。
- 问题要简单！答案应该是“是 / 否 / 不知道”或至少提供 4 个选项。
- 避免含糊不清，确保受访者真正理解这个问题（避免使用“大体上”、“通常”和“经常”这样的字眼）。
- 寻求事实答案，避免意见。
- 在开始时确保你有一个清晰明了的问题，用以排除不适合的受访者（例如那些从不使用产品或服务的人）。
- 最后，确保你有一个标志性的问题，可以展示受访者具有代表性的答案。

调查的规模也很重要。你经常听到有关 1 500~2 000 份选民样本的政治民意调查信息，这是因为调查的准确性随样本的增加而明显提高，如表 3–2 所示。

因此，如果抽样数量为 600 人，而调查显示该镇有 40% 的女性驾驶汽车，那么真实比例可能在 36%~44% 之间。对于小型企业，我们通常会推荐它们选择至少有 250 个已完成回复的样本。

表 3-2　样本的大小如何提高准确度

随机样本的大小	95% 的调查结果是正确的
250	6.2
500	4.4
750	3.6
1 000	3.1
2 000	2.2
6 000	1.2

创新调研系统（Creative Research Systems，网址：www.surveysystem.com）有一个易于使用的样本量计算器。这家公司还提供了一份简介，说明了关于调查设计的许多有用的注意事项，以及一种被称为可以判断两个变量是否相关的相关性统计技术。

测试市场

在你花费很多时间和金钱启动项目之前，你应该先找到一些真正的客户来购买和使用你的产品或服务，这是市场调查的最终形式。在有限区域或一小部分市场试水是理想的做法。这样的话，即便事情不像你期望的那样顺利，也不会让太多人感到不安。

这种方式可能需要你买入少量的产品，因为你只有完成订单才能充分测试你的想法。一旦你找到了一小部分对你的产品、价格、交付或执行情况都感到满意的客户，并且他们已经付清了钱，你就可以比你把所有的想法都写在纸上时更加有信心继续前行。

选择那些需求可能很小且很容易满足的潜在客户。例如，如果你要运行一家簿记企业，那么请从离家很近的地区选择 5~10 家小型企业客户并确定下来。同样的方法也可以用于园艺、保姆或其他任何与服务相关的行业。这对产品型公司来说有点困难，但你可以从竞争对手那里购买少量的类似产品，或者自己尝试做出新产品。

<<<待办的重要事项>>>

- 对你的主要产品和服务进行与特点、功效和认证相关的审查。
- 检查你现在细分市场的方法，或者如果你现在还没有细分市场，请引入。
- 评估你的主要竞争对手以及你的相对优点和弱点。
- 评估当前的市场信息，并针对了解到的客户和竞争对手的情况发现机会。
- 确定并实施适当的市场调研，以填补你知识上的空白。
- 设计一份简短的调查问卷，详细了解客户对你打算提供的产品或服务的真正期望。

第四章

企业所有制和资格问题

- 选择所有制结构
- 决定企业名称
- 保护域名
- 注册知识产权资格
- 许可权

即便是在开始销售产品之前，你也需要做出很多重要的决定。即使你打算自己完全独立拥有企业，不让别人参与，你也要考虑许多值得探索的所有制问题。

你也可能拥有宝贵的资产，比如你将带入企业的发明或设计；或者其他有价值的企业资产，比如业务启动后你希望注册或保护的域名或企业名称。

决定所有制结构

在你开始交易之前，你需要考虑自己的企业将采取何种合法形式。一家企业有很多可采取的合法形式，且全世界没有统一的标准。你的选择取决于多种因素：商业需求、财务风险和税务状况。

下面我将简要地解释每一种形式，并说明如何设置这些形式。你可以从附录三列出的机构中获得有关企业所有权和资格问题的建议和信息。你可以根据情况的变化更改你的所有权状态，所以虽然决定所有制结构是一个重要的决定，但并不是最终的决定。

个人独资企业

作为一个专营商，你和你的企业在法律上并没有区别：你的企业如同你的房子或汽车一样是你的资产之一。由此可见，如果你的企业倒闭，那么你的债权人不仅有权获得企业的资产，还有权获得你的个人资产，但仅限于当地破产法的规定。超过 80% 的企业是以个人独资结构起家的，实际上大约有 55% 的员工人数不足 50 人的企业仍然使用这种法律结构。个人独资企业的优点是相对自由。

开展业务的资本必须来自你的自有资金或贷款，而且你无法获得零风险的权益资本。作为对这些缺点的补偿，只要你声明纳税申报表上的利润，你就可以立即享受成为自己的老板的乐趣。

合伙企业

合伙企业实际上是个人独资企业的集合，因此也分担了个人责任所带来的法律问题。由两个人（或多人）建立的合伙企业几乎没有什么限制，还有几个明显的优势：通过汇集资源，你可能拥有更多的资本；你很有可能为企业带来多种技能；如果你生病了，企业还可以继续运转。

当然，在建立合伙企业时，你需要考虑两个严重的缺点。首先，如果你的合作伙伴在业务上犯了错误，也许是在你未知或不同意的情况下签订了一份灾难性合同，那么每个合伙人都必须承担后果。在这种情况下，即使这个错误不是你造成的，你的个人资产也可能被用来偿还债务。其次，如果你的合作伙伴以个人身份破产，无论出于何种原因，他或她在合伙企业中的份额都有可能被债权人扣押。作为独立个体，你不需要承担合伙人的个人债务，但必须在短时间内中断与他或她的合作伙伴关系，这可能会让你和企业陷入财务危机。即使死亡也不能让你免除合伙义务，在某些情况下，你的遗产可能被用来承担责任。除非你之前通过通知你的业务联系人并依法终止合伙关系来公开脱离合作伙伴关系，否则你仍然要承担责任。合伙企业通常有以下要求：

- 所有合作伙伴均等贡献资金。
- 所有合作伙伴平等分享利润和承担损失。
- 合作伙伴不得在其资本上获得利息。
- 任何合作伙伴都不应获得工资。
- 所有合作伙伴在企业管理中拥有平等的话语权。

所有这些规定都适合你是不太可能的，所以你最好在合伙企业创立之初，请律师制定一份书面形式的合作协议。

有限责任合伙企业

你必须在公司登记处（Companies House）注册你的有限责任合伙企业（LLP），同时必须告知对方如下方面的变更信息：企业的注册名称、企业地址、企业成员或有关该企业的任何其他重要信息。

建立有限合伙关系可以减少合伙企业的弊端带来的痛苦，这种所有制方式能把合伙关系的最佳属性和公司的最佳属性结合起来。有限责任合伙企业必须由两类人同时组成：一类是一个或多个普通合伙人，这些普通合伙人具有相同的基本权利和责任（包括无限责任）；另一类是一个或多个有限责任合伙人，他们通常是被动投资者，只对其投资额负责。

有限责任公司

有限责任公司拥有自己的合法身份，独立于拥有或运营它的人。这意味着，如果公司倒闭，债权人的索赔仅限于公司的资产。公司股东对其支付的股票价值以外的公司债务不承担个人责任，即使股东是运营董事，这个规定也适用，除非公司一直在进行欺诈性的交易。有限责任公司还具备可自由发行股票来筹集资金的优势。

有限责任公司有以下两个缺点：一是成立公司所涉及的成本；二是在某些情况下，法律要求公司账目需由特许或注册会计师进行审计。通常情况下，只有资产接近 300 万英镑的公司才需要进行审计，但是如果你的股东拥有超过本公司 10% 的股份，他们就可以要求审计账目。

有限责任公司可以由两个股东组成，其中一个必须是董事，也必须有公司秘书。公司秘书可以是股东、董事，也可以是会计师或律师等外部人员。

你可以从注册代理商那里购买现成的公司，然后根据自己的目的进行调整。这会涉及名称、股东和公司章程的变更，费用约为 250 英镑（361 美元或 288 欧元），也需要花费几周时间。或者，你可以利用你的律师或会计师组建自己的公司。这通常会使成本增加一倍，需要 6~8 周的时间。

合作社

合作社是员工控股和拥有的企业。合作社曾经一度快要绝迹，现在似乎又有卷土重来的势头。世界上大约有 90 个国家拥有运作良好的合作社，雇用 8 亿多人。国际合作联盟（the International Co-operative Alliance，网址：http://ica.coop）包括农业、银行、渔业、卫生、住房、工业、保险、旅游和消费者合作社，是世界上最大的非政府组织。

为你的企业命名

企业名称常常是人们了解你的企业的第一途径，它应该快速而清楚地表明你的业务内容。一旦你还得向客户解释你的业务内容，沟通的工作就将变得更加困难。由于你将不得不花费一些精力来创建你计划拥有的名称和网站（域名），因此采取一些措施来保护你的投资是合理的。

企业名称

实际上，你的企业名称可以成为你区别于竞争对手的起点和支撑点，因此你应该谨慎选择，尽可能采用商标保护，并采用独特的书写方式。在选择企业名称时，你主要考虑的是其商业用途。

你选择一个企业名称的同时也在选择一个身份，所以企业名称应该反映：

- 你是谁；
- 你做什么；
- 你怎么做。

首先，考虑到你将以公司名义进行所有的营销投资活动，你应该和商标代理机构确认你是否可以保护你选择的名称（除非长期使用，否则你通常不会为描述性文字、姓氏和地名这样做）。

其次，所有打算以非所有者名字进行交易的企业都必须说明企业所有者是谁，以及如何联系所有者。所以，如果你是个人独资企业者或合伙人，并且只使用自己的姓，或不带名或首字母，那么你不会受到影响。如果公司只使用完整的公司名称，也不会受到影响。

通常，你如果要使用“真实”名称以外的任何名称，则必须披露所有者的名字和可以发送商务文件的地址。这些信息必须在所有商业信函、商品和服务订单、发票和收据以及对企业债务的声明和要求中显示。此外，你必须在所有营业场所的显著位置摆放副本。你如果要成立有限责任公司，则必须把你选择的公司名称以及注册所需的其他文件提交给相关的公司注册处（Companies Registration Office）。除非在登记册上已有同样名称的公司，或者注册人员认为该名称具有淫秽的、让人不快的或非法的含义，否则该名称会通过审查。

更改企业名称

如果你在一年后认为企业名称不太合适，那么这并不是世界末日，但是你在很大程度上浪费了为提高产品或服务知名度而付出的所有早期的营销努力。

实际上，一个好名称可以把你的营销策略总结成一两个词。美体小铺、玩具反斗城公司（Toys R Us）和奎科汽修公司（Kwik-Fit Exhausts）都是很好的例子。许多企业在名称之后增加了口号，以向客户和员工解释它们是如何运行的。

蛇王啤酒（Cobra Beer）的口号是“品质卓越、品味非凡”，注重品质和独特性。名称、口号和标识的组合将成为繁杂的商务沟通工作中最显眼的一部分。

你在初期花点儿时间钻研恰当的企业名称和口号，从长远来看会有回报。

注册域名

如果你计划在互联网上发布信息，你将需要一个域名，这就是你的企业在互联网中的名称，人们可以通过在浏览器地址栏中输入这个名称来找到你的企业。在理想情况下，你需要一个能够巧妙地捕捉你的企业本质的域名，以便客户通过搜索引擎能轻松找到，并且这个域名要尽可能接近你的企业名称。

如果你的企业名称已注册为商标（请参阅第 86 页），你就可以（根据当前的判例法）防止另一家企业将其用作互联网上的域名。

注册一个域名很简单，但是由于每天都有数百个域名被注册，而你必须选择一个尚未注册的域名，所以你需要选择多个域名备用，以防你的首选域名不可用。如果原来的名字不可用，你只需要对域名做轻微的变动，例如，Cobra Beer可以被登记为Cobra-Beer、CobraBeer甚至是Cobra Indian Beer。就搜索引擎的可见性而言，这些域名的效果都差不多。

一旦你选定一个域名，你的互联网服务提供商（ISP，这是你用来连接计算机与互联网的组织）就可以代表你提交一份域名申请。你可以通过在互联网社区注册，获得免费域名以及免费网络空间。这些组织会为你提供其社区空间中的网页以及免费域名，但大多数社区仅提供后面附有自己社区域名的免费域名，这可能会导致你的域名过长而难以让人记住。

知识产权问题

除了决定所有制结构之外，你要解决的另一个法律问题是确保你拥有对企业至关重要的任何知识产权（IP）。即使你的业务技术含量不高或创新不多，但如果你的商标、口号或产品设计具有独特性，可以区分你与市场中的其他人，那么你会希望采取措施，以确保一些新手无法介入并攫取你宝贵的资产。

<<< 案例研究 >>>

当20岁的马克·扎克伯格（Mark Zuckerberg）在2004年与他的两个同学在大学宿舍里一起创立脸谱网（Facebook）时，他完全不知道这家公司日后会有多成功。脸谱网是一个社交

> 网站，用户必须使用真实姓名和电子邮件地址才能注册；成功注册后，用户可以联系现在和过去的朋友及同事，并分享照片、新闻和八卦。在3年内，该公司步入正轨，实现了1亿美元的销售额，这在一定程度上得益于微软的一笔大订单。微软似乎视脸谱网为合作伙伴或收购目标。
>
> 穿着牛仔裤、阿迪达斯（Adidas）凉鞋和羊毛衫的扎克伯格，看起来有点像苹果公司（Apple）创始人史蒂夫·乔布斯（Steve Jobs）。他与乔布斯的确有共同点：身陷巨大的知识产权法律纠纷。3年来，他一直在处理一宗由3名哈佛学生提起的诉讼，这3位大学生声称扎克伯格实际上是从他们那里窃取了脸谱网的概念。

你应该研究4种保护措施："如何工作"的专利版权，"纸质、电影和DVD"作品的版权，"看起来如何"的设计注册和"名称"的商标注册。

知识产权局（the Intellectual Property Office，网址：www.gov.uk/government/organizations/intellectual-property-office）是有关这方面所有事项的权威信息来源。

不过，这4种措施有一个共同点：如果发生任何侵权行为，你唯一的补救办法就是通过法院进行诉讼。无论你赢或输，起诉都需要时间和金钱，因此你应该为此类意外事件投保。

专 利

专利可视为发明人和国家之间的契约。国家与发明人达成一致：如果发明者准备以固定形式公布发明的细节，并且看起来已经取得了真正的进展，那么国家将授予发明人20年的“垄断期”，即实行保护以换取发明信息的披露。发明人利用垄断期制造和销售自己的发明；竞争对手可以阅读已发布的说明书并为他们的研究收集想法，或者他们可以联系发明人，并在许可下帮助发明人转化专利理念。

但是，授予专利权并不意味着所有者可以想当然地自由制造、使用或销售自己的发明，因为这样做可能涉及侵犯尚未到期的早期专利。

专利实际上只能让发明人阻止他人使用构成专利主题的特定设备。国家也不保证专利的有效性，所以人们通过法院质疑专利的情况并不少见。

你可以申请哪些专利

你可以申请哪些发明的专利？一项发明必须是新颖的，必须具有创造性，必须能进行工业开发，这是申请专利的基本规则。

你不能为可能鼓励攻击性、不道德或反社会行为的想法、科学、数学理论、心理过程或计算机程序申请专利。新药可以获得专利，但医疗方法不可以。你也不可以为重新发现的一个被遗忘已久的想法（有意或无意地）申请专利。

如果你想申请专利，在非保密的情况下不泄露你的想法是很重要的。如果你这样做了，那么你的发明在法律的解释中就是已“发表”了，这可能会使你的申请失效。

申请专利的各个阶段

申请专利要经过两个截然不同的阶段：第一个阶段是从专利申请到专利公布；第二个阶段是从专利公布到专利授予。第一个阶段收取两项费用，第二个阶段收取另一项费用，整个过程大约需要两年半的时间。你可以从专利局免费获得如何申请专利的表单和细节。

自己使用专利以外的选择

如果你没有足够的资源、技能、时间或想法来生产自己的专利产品，你能做些什么？一旦你的想法获得专利，你就可以选择以下 3 种方式之一进行处理：

- 直接出售。你可以把专利的权利和名称出售给个人或公司。你所要求的回报应基于对市场的正确评估。
- 销售和专利税。你可以签订一份协议，把你的产权和资格转让给另一方以获得现金，但是你可以根据该协议向每个销售单位收取专利税。
- 许可。你保留权利和所有权，把产品制造权和营销许可证出售给其他人。你和被许可人之间的合同应包含一个执行条款，要求被许可人每年出售产品或者服务的最少数量，否则将撤销许可证。

无论你选择哪个方案，你都需要一位优秀的专利代理人或律师（请参阅附录三）。

<<< 案例研究 >>>

不走寻常路

10年前，霍利·塔克（Holly Tucker）和索菲·科尼什（Sophie Cornish）在一个小厨房的桌子旁开创了他们的网上零售事业，那时他们就知道自己是创新者。他们并没有将业务投放在商业街，而是在一个网站上列出数百件个性独特的礼物、金戒指、亚麻披肩、有机香薰蜡烛、睡袋等。这对夫妇在一家网上购物中心的庇护下给客户提供了几乎无尽的礼物选择，而不是让客户在几十家商店里徘徊或者在互联网上搜索。事实上，他们所提供的系列礼品不可能出现在许多商业街上，因为商业街现在几乎被具有标准化产品系列的大型连锁店垄断。泛滥成灾的慈善商店填补了那些不断增多的失败零售商留下的空缺，但这些慈善商店不太可能吸引眼光敏锐的礼品购买者。

这对夫妇从一开始就知道，保护自己的知识产权对于企业的生存和繁荣至关重要。他们不仅保护了他们所有的知识产权，还在自己的网站上明确地声明这些权利："我们拥有该服务的权利、所有权和利益，包括专利权、版权、商业秘密或商标法下的所有权利，以及任何和所有其他专有权利，包括申请、续展、延期和修复。任何人不可修改、改编、翻译、准备衍生作品、反编译、反向工程、拆解或以其他方式尝试从应用程序或本服务的任何其他部分派生源代码。

该企业第二年的营业额达到640万英镑，2010年达到1 400万英镑，这并不令人惊讶。其在2011年聘请了以前在亚马逊工作的杰森·韦斯顿（Jason Weston）作为首席运营官和来自贝宝（Paypal）的马克·霍德森（Mark Hodson）。该企业在2016年3月提交的最新账目显示，其营业额已达38 664 535英镑。

版 权

版权保护原创艺术和创意作品不受未经许可的复制，这些原创艺术和创意作品包括文章、书籍、绘画、电影、戏剧、歌曲、音乐和工程图。声明版权的相关物品应带有此符号：©（作者姓名）（日期）。你也可以采取进一步的措施，请伦敦书籍印刷出版经销同业公会会所（Stationers' Hall）的登记员登记作品的完成日期，费用适中。但是，这是一种不寻常的预防措施，可能只有在你预计会发生侵权时才有必要这么做。

版权保护在版权所有者去世后70年内有效，如果是作者去世后才出版的，版权保护期为50年。

只有在未经许可的情况下复制（比如向公众发售）你的作品中的“实质性”部分才会侵犯版权，但由于你没有正式注册版权，你的作品是否受到保护通常必须通过法庭来裁决。

设 计

如果商业产品是新的、原创的，之前从未发布过的，或者虽已为人所知，但之前从未应用于你想要的产品，那么你可以注册商业产品的形状、图案或装饰特征。设计保护适用于生产数量超过 50 件的工业物品。设计注册仅适用于吸引客户眼球的产品特点，而不适用于物品发挥功能的方式。

要注册一个设计，你应该向国家设计注册处（Country Design Registry）申请并发送样本或设计照片以及注册费。国家设计注册处检查样本或照片，查看其独创性和新颖性，并查看其是否符合其他注册要求。如果你的设计确实符合要求，则它会颁发注册证书，让你拥有制造、销售或在商业物品中使用该设计的唯一权利。

设计类版权的保护期限最长为 25 年。你可以自己处理设计注册流程，但是，我再次提醒你，最好让专家为你代劳。虽然没有设计注册的代理商，但大多数专利代理人都非常精通设计法。请参阅附录三，获取有关知识产权所有事宜的资源。

商标和标识

商标是特定制造商或贸易商的商品或服务得以被识别的符号，它可以是单词、签名、字母组合、图片、标识或这些的组合。

符合注册条件的商标必须具有独特性，不得具有欺骗性，并且不得和已经注册的商标相混淆。误导性标志、民族旗帜、皇家徽章和军队徽章也不符合注册条件。商标只适用于有形商品，而不适用于服务（尽管呼吁改变这一点的压力正在增加）。

要注册商标，你或你的代理商应该首先在贵国知识产权局的商标分支部门进行初步搜索（参见附录三），以检查是否已存在相关商标，然后再填表正式申请注册并支付费用。

商标注册期限最初为 10 年，此后每次到期可续约 10 年，无期限要求。

注册商标不是强制性的。一个未注册的商标如果已经使用了一段时间，可能会被客户视为与产品密切相关，那么它将获得“声誉”。这可以为它提供一些合法的保护，但注册商标可以让所有者更容易追究任何侵犯商标权的人的责任。

<<<待办的重要事项>>>

- 审查你目前或拟议的交易结构，以评估其适用性或其他方面。
- 再次检查你的企业名称和域名，看看它们是否恰当地反映了你的业务内容。
- 评估你是否已采取或计划采取适当措施来保护你的知识产权。
- 如果你拥有重要的知识产权资产，把它们授权给另一家公司是否是一条更好的市场途径，例如成效更快、成本更低。

第五章

在家办公

- 评估空间需求
- 检查可用空间
- 处理健康与安全问题
- 做好配套设施
- 激励事宜

在家创业肯定会面临一些独特的挑战和机遇。如果你的计划不够周详，大部分你节省下来的通勤时间都会被必要和不必要的干扰耗尽。

你需要消除朋友、邻居或家人对你这样的印象：在你指定为工作时间的整个过程中，你只是待在家里无所事事。要达到这个要求，你就需要对空间、资源和设备进行精心规划，最重要的是你的工作方式。打造一个商业化的环境和工作方式是创业成功的一半。

确定你的空间需求

在家办公要考虑的第一个也是最明显的因素是，你打算在家里哪个区域开展业务，以及需要多少空间。显然，如果你住在一个死胡同里，周边都是房屋，通道狭窄，邻居不可能允许你在家里使用危险化学品生产产品，也不可能允许你在半夜运送和收集货物。即使你在法律上已经获得营业许可权，你也必须考虑你的邻居将受到怎样的影响。

当然，你不必亲自进行与企业相关的所有活动，也不必在办公场所内完成所有活动。如果你仔细想想，你就会发现，没有一家企业会事事亲力亲为。

评估空间需求

第一步，你需要列出可以让企业开始运行所涉及的所有活动名单。如果你要提供簿记服务，这可能是一份很短的名单。你只需要一台计算机、一些软件，或许还需要一份写明价格和服务范围的传单。如果你要修理乐器，你可能需要一份更长的名单：一个大约车库大小的空间，一些设备，包括砂轮、车床、修理焊接部件的气焊炬和一系列小型手工工具。

你可以使用表5–1来计算你需要多少空间，并判断这些空间是需要一直使用还是只在工作时间使用，企业活动是否会打扰家中的其他人，以及是否会让家里变脏。如果办公的某个区域可能会变脏，你肯定不希望其他人在该区域移动，进而弄脏其他地方：如果你想保持家庭和谐，你无论如何都不会让这样的事情发生。

表5–1 计算所需空间

项目	所需空间（平方米）	永久使用（P）或暂时使用（T）	是否嘈杂	是否干净
办公桌	1	P	否	是
文件柜	0.25	P	否	是
电脑	0	P	否	是
车床	0.75	P	是	否
会客厅	2	T	是	否
其他项目				
其他项目				
其他项目				
总计	4			

你可以使用即时规划师（InstantPlanner，网址：www.instantplanner.com）、欧特克（Autodesk，网址：www.autodesk.com）或 3D 规划（plan3D，网址：www.plan3D.com）等空间规划软件，这些软件都提供免费的或成本非常低的工具，你可以用它们来测试你的空间布局。

第一个决定：自己制造还是购买

明确在家里要做什么以及需要购买什么，是你对在家创业所需空间进行初期规划时要做的最重要的决定。让别人为你工作，而不是简单地为你提供材料的过程叫作外包。几乎没有无法外包的业务。

你实际需要多少空间

现在，考虑到外包，请回顾表 5–1 中的信息并重新计算你的空间需求。你可以通过德勤（Deloitte）网站查阅小型家庭企业可以外包的各种活动，了解如何选择外包合作伙伴，以及如何与外包供应商达成供应协议，网址为 www.deloitte.co.uk/makeconnections/assets/pdf/the-outsourcinghandbook-a-guide-to-outsourcing.pdf。

审核你的家庭空间

一旦你知道自己的业务需要多少空间，以及所需空间的用途，你就可以开始着手改造家庭和花园空间以为办公所用。以下所述的规则和条例因时而异，因地区而异以及因国家而异，你应该把它们看作需要回顾的领域，而不是永恒的事实。下面所述内容并不详尽，但足够给你启发，帮助你实施自己的想法。

使用车库 家里的车库（如果有的话）是最显眼的独立空间，与房子分开且家人也不会到车库里频繁地走动。你可以把自家汽车挪到车道或者邻近的街道上，但要看保险公司对这种安排是否满意。根据英国皇家飞行俱乐部基金会（RAC Foundation）的数据，虽然 71% 的驾驶人员拥有车库，但只有 41% 的人使用它来停放车辆。大多数人把车库作为垃圾存储室或懒得打开车库门。

在街道上停车的人有 11% 会与邻居产生口角，因此，这种不便可能是打造一个理想的工作空间要付出的小小代价。把车库当成办公室的唯一缺点可能是缺乏自然光，你可以通过在门上安装一扇窗户，并在内侧安装百叶帘遮挡其他人的目光来解决这个问题。车库改造公司（Garage Conversion Company，网址：www.garageconversion.com > Garage Conversion Ideas > Home Office）提供样本计划和关于可能的限制条件的信息。

停车场空间 这个区域和任何私人车道都可以用作基于大篷车活动的办公室，但是你需要记住：访客、供应商、你和你的家人仍然需要进入你家。

如果你确实认为大篷车值得考虑，那么你要检查你的房屋契约是否允许你这么做。因为从 20 世纪 60 年代起，为了防止人们在家里放置大篷车，新房产的产权契约被引入。即使法律允许你在家里保留一辆大篷车，你也应该考虑它对邻居产生的任何可能的影响，并与他们讨论你的计划。可以用作家庭办公室的大篷车虽然不是旅游大篷车，但售价却高达 1 000 英镑。

使用花园：棚屋、温室和活动房屋［如移动小屋（Portakabins）[①]］ 在某些情况下，无须许可，你就可以安装一个面积不超过 4 平方米的棚屋。但具体的规则有点复杂，例如，棚屋不能超过你花园面积的 50%。只有在你家不在资源保护区内，并且你的产权证书没有明文禁止的情况下，你才可以安装一个棚屋。美好小花园（Great Little Garden，网址：www.greatlittlegarden.co.uk）和休闲建筑（Leisure Buildings，网址：www.leisurebuildings.com）这两个网站都提供有关规划问题的建议，也有关于使用花园棚作为家庭办公空间的内容。花园中心出售的可用于家庭办公室的棚屋的售价高达 800 多英镑。

如果空间允许，你还可以考虑在家中的一端搭建一个温室，但这比棚屋昂贵得多。而且与棚屋不同的是，你很可能需要跟家里其他人商量。

如果空间允许，另一种方案是租用或购买一个活动房屋。移动小屋（www.portakabin.co.uk）或移动建筑系统（Foremans Relocatable Building Systems，网址：www.foremansbuildings.co.uk）提供全新的和许多可供出租和出售的二手小屋。

阁楼 把阁楼改造成可用的办公空间是一种昂贵的方案，你可以在事业有所发展后再考虑这个方案。1 万英镑只是起步价，这个价格仅仅包括一个梯子和一扇窗户。如果你想添置厕所、粉刷墙面和改造电源，价格会翻倍。你可能不需要规划许可证，但是这个同安装花园棚屋的规章制度一样复杂。生态阁楼（Econoloft，

---

① 英国一个高质量活动板房的商标。——译者注

网址：www.econoloft.co.uk/planning-permission-faq）有关于改造阁楼的规章制度以及其他许多信息。

利用空余房间，将空间翻倍 如果你家确实有一间空余或未充分利用的房间，那么你就不需要为寻找空余空间而绞尽脑汁。这间空余房间有供热和供电设备，采光也不错，还可能不影响家庭生活。如果它目前是一间卧室，那么你可以放置沙发床和带锁的抽屉式办公桌，既可办公又可休息，两全其美。这样，你仍然可以用这个房间接待偶尔来访的客人，而且大部分时间你都可以把它当成自己的办公室。虽然不是很理想，但这可能是一种可以快速实施的低成本方案。Space 2 Inspire（www.space2inspire.com>Home Office Furniture）提供了可供选择的装饰方案。

在家办公的空间使用指引

在选择家里某个区域作为办公室时，请你记住以下因素：

- 房间或区域需要充足的光线，冬季温暖，夏季凉爽。
- 空间不要幽闭狭小，因为你可能每天都有 12 个小时待在里面。
- 找到一个你可以关上门隔开正常家庭生活的地方，这对你来说是一笔巨大的财富。
- 留出一些适度的扩展空间。想一想一年后企业的发展情况，并确保你分配的空间可以适应这种发展情况。搬家容易造成混乱，且既耗时又昂贵。
- 你需要接入电源、电话线和互联网。

接待访客

即便你是独自创业或与家人一起创业，有时候你也需要接待供应商、客户或面试潜在员工。这意味着你要么邀请相对陌生的人来你家，要么找个适合的地方在外面见面。

匀出一个角落

你可以使用被划为工作室的家中区域来接待访客，如果你不经常会客，你也可以选择一个最整齐、最像样的房间。但无论什么情况，你都需要一块能避开家人经常走动并且没有噪声和任何其他可能的干扰的区域。你还要记得自家的房子会有你习以为常的气味和声音，而你的访客可能不会像你那样习惯一切，甚至这些气味和声音可能会让他们感到不快。

利用酒店和咖啡厅

只要付几杯咖啡钱，你就可以找到一家商务氛围和隐私性还不错的咖啡厅或酒店大堂，然后在那里接待商务伙伴。诚然，你必须谨慎选择时间，避免高峰期，但你很可能会发现那里有可随时使用的 Wi-Fi 和其他商务设施。

租用办公室套间

如果你更喜欢做有把握的事情，或需要给对方留下深刻印象，那么你可以考虑在酒店或短期办公室套房里租用一间会议室。全球办事处搜索（Global Office Search，网址：www.globalofficesearch.

biz）和雷格斯（Regus，网址：www.regus.co.uk/meeting rooms）在世界各地拥有几千间可供出租的办公室，你可以按小时、半天、一天或一周租用，起步价格为每人每天 3.50 英镑。

查看规章制度

不管你计划在家中运行什么业务，所用空间是在你的房子内部还是外部，在启动之前你都要查看一些重要的规章制度。

规划许可和建筑规定

你使用的房屋和土地用途的变化程度，将决定你是否需要获得规划许可或考虑建筑规定。任何结构改变，任何通道、噪声或气味的增加，任何不合理的施工时间或任何可能影响邻居的因素，都可能需要得到许可。

在申请之前，你可以通过当地的市政委员会非正式地了解一下相关信息。你还可以在网站 http://planninghelp.cpre.org.uk/resources 中获取大多数组织（这些组织都是有关于规划领域的）的详细信息以及规划系统指南。

健康、安全和危害

如果你将使用易燃、有毒、腐蚀性物质或散发烟雾的材料，那么你应该查看健康和安全局网站（Health and Safety Executive，网址：www.hse.gov.uk > Businesses > Smallbusinesses > Topics > Hazardous substances），找到详细的指导和建议。

没有无风险的业务，所以你应该评估健康和安全风险，查看你打算做的任何业务是否会造成危害，如果会，你应该采取什么预防措施。健康和安全局提供了必做事项的详细信息，以帮助你正确评估风险。

你还可以查看欧洲安全与健康署（European Agency for Safety and Health，网址：https://osha.europa.eu/en）、美国劳动局（United States Department of Labour）和职业安全与保障管理总署（Occupational Safety and Health Administration，网址：http://osha.gov/）等网站。

保险和财务方面的注意事项

你的家庭保险单不会涵盖任何商业活动，因此你必须通知你的保险公司你计划在家中做什么。你可以在诸如比价网（Go Compare，网址：www.gocompare.com/home-insurance/working-from-home）这样的网站上了解更多在家经营公司需要的特殊保险以及保险公司的信息。

抵押和相关事宜

除非你完全拥有房产的所有权，否则你可能需要抵押放贷人、房东或出租人等另一方的授权，才能在家办公。即使作为不动产所有权人，你也会发现你的产权书中有禁止你在家中进行某些活动的规定。

营业税

虽然你目前已经就住宅缴纳了家庭税，但一旦你开始将家中的一部分场地用作商业用途，你可能就需要缴纳你用于办公的部分房产的营业税。某些类型的小型企业，特别是那些提供的产品或服务对农村地区的社区有益的小型企业，可以免交营业税。你可以在政府网站查看在家办公的营业税详情，网址为 www.gov.uk/introduction-to-business-rates/working-at-home。

资本利得税的影响

在房屋出售时，主房价值的增值部分通常都不需要缴纳资本利得税（capital gains tax，简称 CGT）。但是，如果你单独留出一间房间或特定区域作为办公区域，你可能就要为通过这部分办公区域得到的任何收益缴纳资本利得税。

但是，如果你希望占用家里的大部分空间（超过 10%）来开展业务，你就应该找会计师咨询专业意见，并查看政府网站（www.gov.uk/capital-gains-tax-businesses）获取更多关于资本利得税的信息，以及如何计算任何可能的债务的信息。请参阅附录三中的信息，了解世界各地可能涉及的税收问题。

做清洁

你可能必须在预算中拨出费用，用于开展商业活动所需的额外清洁服务，这类清洁需求超过纯粹的家庭活动的要求。这可能不是一个重要的问题，但如果不加以考虑，可能会导致家庭不和谐。

垃圾的收集

如果你的业务会产生额外的或不同于正常家庭生活的垃圾，那么你应该查看当地市政委员会关于收集商业垃圾的政策。你还应该查看为英国小型企业提供免费环境指导的政府网站瑞格丝（NetRegs，网址：www.netregs.gov.uk），你有责任处理废物和有害物质。

让邻居知情

虽然你确信自己遵守了所有相关的规章制度，但你仍然需要谨慎地向你的邻居告知你的计划。当邻居看到你家中有不寻常的进进出出的情况时，他们可能会担心，及时地告知他们可以让他们放宽心。如果你在做建筑工作，告知邻居你所从事的业务将会特别重要。公民咨询（Citizens Advice，网址：www.citizensadvice.org.uk/housing/problems-where-youlive/neighbour-disputes）针对邻居问题产生的原因以及如何解决此类问题提供了一些有用的指导。

采购办公设备

接下来的任务是采购办公设备。如果你需要特定的机器，例如你要修理乐器，那么你需要找到专业的供应商。但是，一般原则是：你应该尽可能花最少的钱购买尽可能少的东西，因为有一个关于新企业的确定事实，即经过几周或几个月的交易后，它将越来越不像你初期计划的那样。这意味着你需要重新购买相应的设备，那时你可能在很大程度上会浪费这些在设备上的初始投资。

配备设备

除了营运设备，每个生意人都需要桌子、椅子、文件柜和良好的照明，或许还需要一个隔音屏障，用来隔开家庭喧闹和商务讨论。

树立形象

如果你的业务不会有商务人士来访，那么请跳过这部分内容。如果会有，那么你需要树立一种专业形象，这是一种超越纯粹经济学的因素，可以消除别人认为你在“无所事事”的任何误会。你可以环顾四周，观察你的同行的运营条件，学习如何用有限的投资树立类似的形象。

就地取材

你不需要购买太多东西来开展业务。你已经有了办公室，有了办公桌，有了可以放书和文件的地方，一些基本的架子不会花费太多钱，而且你不必拥有更多设施就可以管理你的企业。

购买办公用品

如果你必须购买器具或设备来制造产品，那么这儿有很多设备来源可以让你以低价买到高质量的设备。请登录亚马逊（www.amazon.co.uk）和宜家（IKEA，网址：www.ikea.com/gb/en）的网站查看供应给大多数欧洲国家和全球的新家具信息。Wantdontwant.com（www.wantdontwant.com）和绿色工程（Green-Works，网址：www.green-works.co.uk）提供二手办公室家具，这两家公司在英国各地都设有网点，你可以用不到 50 英镑的价格买到一套基本办公室家具。

你应该使用行业杂志查看机器和设备。此外，Friday-Ad（www.friday-ad.co.uk> For Sale> DIY & Tools）和机械定位器（Machinery Locator，网址：www.machinerylocator.com）出售各种各样的二手机器和工具。

办公室的功效设计

在家创业的出发点是创造更好的生活，若最终的办公环境不舒服，那么在家创业并没有多大意义。一把让你背部疼痛的椅子，甚至一张让你使用键盘都不太方便的桌子，从人体工程学的角度来说，都是不良的功效设计。这会降低你的工作效率，并减少多达 20% 的产出，等同于你一周要浪费一天的工作时间。

你应该考虑一下工作空间的陈设方式，例如：

- 不要把椅子抬得太高，以免你的脚在空中晃荡，它们应该平放在地板上。
- 椅子的包裹性要强，以使你的脊柱底部到膝盖都能接触到椅子，确保良好的血液循环。

- 当你坐下时，肘部应呈直角，前臂与桌面平行。
- 光线不能太亮也不能太暗；500 勒克斯是舒适的，800 勒克斯对办公来说有点亮。光线不好会导致偏头痛、疲劳、压力和焦虑。

办公室功效设计培训（Office Ergonomics Training，网址：www.office-ergo.com）网站上有关于不良功效设计可能导致的各种问题以及避免这些问题的方法，还有符合功效设计的产品的信息。

寻找供应商

寻找供应商不是太困难，但要找到一个好的供应商绝非易事。企业对企业（business-to-business）目录［如康帕斯和阿普尔盖特（Applegate，网址：www.applegate.co.uk）］上有 190 多个国家的 240 多万家工业和商业公司的全球数据库，包括 23 万个产品类别。你可以按类别、国家和品牌名称进行搜索。

你应该查看：

- 供应商的贸易条件；
- 供应商的服务水平；
- 从客户那里了解他们的供应反馈；
- 可以提供什么样的担保和保证；

- 价格，确保具有竞争力；
- 最后，你是否喜欢和他们做生意。

其他购买方案

除了通过目录和口碑搜寻供应商外，你还应该考虑以下的一种或多种策略。

购物交换网络

你可以通过用自己的产品和服务换取其他企业的产品和服务来节省现金。可以帮助你开始进行购物交换的组织包括 Bartercard（电话：0800 840 6333；网址：www.bartercard.co.uk）和 SWAPZ.co.uk。

在线购买

这儿有 200 多个比价网站，涵盖计算机硬件和软件、电话、旅游、信用卡、银行账户、贷款、公用事业、电器产品、办公用品（包括打印机用品）以及数千种企业可能会购买的商品。彼得鲁·帕勒尔（Petru Paler）运营的一个古怪的网站（www.paler.com > UK Price Comparison Sites）上列出了这些网站的名称并附有简要说明，还包括一个允许用户插入更多网站和其他有用信息的评论页面。国际供应商比较网站（www.paler.com > UK Price Comparison Sites> US/International）上也有类似的目录，分为美国版和国际版。

为必需品投保

保险是防范意外事件发生的一种形式。尽管没有人能确切知道未来会出现的问题，但经验会让我们知道最可能发生问题的领域。来自保险行业的统计数据显示，每年每 6 个有汽车保险的人中就有 1 个人提出损失索赔；每天有数千万人因商业财产损坏、工作事故、职业责任、产品责任以及营业场所对公众造成的伤害而索赔。

检查家庭保险的投保范围

你现有的家庭保险单不太可能覆盖业务经营这一方面，而你现在很可能拥有诸如设备、库存和办公家具这样的商业资产，这些资产也必须得到保护，以免被盗和损坏。如果其他人将与你合作或任何人将出于商业目的到你家拜访你，你就需要在你的保单中包含公共责任条款。

为你的旅行和相关风险投保

如果你要去国内外旅行，无论是否携带商业资产（如笔记本电脑），你都需要为常见的旅行风险（如错过飞机、丢失行李、钱包和文件被盗以及汽车故障）投保。

扩展汽车保险的内容

如果你没有用自己的车携带或交付产品，那么在你现有的保单中添加业务用途条款应该是可能的。否则，你可能需要更换保险公司或保单。无论如何，如果你把车用于商业用途，包括拜访客户和供应商，你就必须向你当前的保险公司告知这些变更情况。

提供保险方面的帮助和建议的资源

- 商业之王网站（Simply Business，网址：www.simplybusiness.co.uk），在这里你可以获得专家的意见，他们会简单地向你介绍在家办公可能需要投保的领域。
- 英国保险经纪人协会（the British Insurance Brokers Association，网址：www.iib-uk.com >Find an IIB Member）是业界的一个专业机构。你可以在该网站的会员目录中找到一个受监管的经纪人。

规划你的日常生活

在家办公可能意味着你要将个人生活和商业生活混淆成一团，但你不要因为你没有上司或没有专门的办公场所就完全放弃个人规划。

管理好你自己

你是最主要的商业资源，在所有其他条件相同的情况下，头脑清醒的你投入更多的时间和精力到企业中，你就能更成功。小型企业主喜欢说：“你每天工作 24 个小时，但至少你要选择是哪 24 个小时。”企业家要努力工作这一点并没有争议，但有多少企业家能聪明地工作呢？

大多数老板对他们如何利用时间，以及时间如何影响他们的工作业绩都有一个错误的印象。有很多人强烈表示，具有代表性的在家创业者可以将产出提高 15% 以上，并节省 20%~30% 的时间。这实际上意味着，在组织良好的情况下，你每周可以有 8 天或 9 天的工作时间，但你只需要在其中的 6 天工作：这种方式确实值得推行，因为它只适度改变了工作方法。

设定目标

你的商业计划书确定了你的企业目标，但你还需要通过一些策略性任务来充实细节。这些任务可能包括准备办公室，达到盈亏平衡点，同银行谈判贷款或找到可靠的供应商。你的企业目标无论是什么，都应该达到以下几个要求。

- 有挑战性，因为有挑战性的目标能让你高瞻远瞩。
- 可实现的，因为你可以看到别人已经达到了同样的目标，尽管这也许不是每个人都能达到的。
- 可衡量的，你只能完成可衡量的任务，没有办法完成不可衡量的任务。
- 有一个时间表，因为它们需要按指定日期完成。在处理复杂或重大任务时，你要“一口一口地咬你的大象”，换句话说，你要分解任务。因此，如果你想要在 9 月份之前获得第一份订单，你就可能需要在 7 月份先致电 20 个潜在客户并在 8 月份前获得 5 个报价。

决定工作时间和日常工作

尽管你可能已经远离竞争激烈的职场生活，或者你仍然为自己从未参与其中而感到庆幸，但为了在家创业能够取得成功，你至少要对大型公司的营业手段有一些了解。

你首先要确定工作日的开始和结束时间。这个决定可能并不完全在你的控制范围之内：客户、与你一起工作的其他人、家庭成员或家庭责任都将影响这个决定。当然，如果你是一个早起的人，那么你可以朝着这个方向努力平衡。但是如果你可以按计划开展日常工作，你的家人和室友就可能更容易尊重你的办公空间。

有效地管理你的时间

市场上有许多时间管理系统，但你可以不依靠任何软件，只需遵循以下准则，写下详尽的书面日志就可以获得许多益处。

- 第 1 步：拟定每天和每周的待办事项清单。如果你没有明确的目标，没有在任务之间确定优先事项，那么你会受到来函、电话、访客或偶然会议的支配。在规定的时间范围内实现可衡量的目标是促使企业家取得卓越成果的动力。
- 第 2 步：确定关键的优先事项。并非所有的任务都同样重要或同样紧急。确定事情的优先次序是时间管理中的第一项任务，从而确定任务需要何时完成以及任务所需的时间。

  ——A 级优先事项是那些必须完成或要取得实质性进展的重要活动。

——B 级优先事项是那些不那么重要的且可以延期的活动，这是因为时间因素不太重要或者对业务的影响可能较小。

——C 级优先事项是可以被筛选出来的不重要的活动，可由别人处理或在低优先时间处理。

——X 级优先事项是需要立即关注的活动，尽管它们本身并不重要也不关键。所以你可以有 AX、BX 甚至 CX 等级的优先事项。

- 第 3 步：查看你如何使用自己的时间。帕雷托（Pareto）法则或二八法则指出，使用 20% 的时间实现 80% 的目标很重要，剩下 20% 的目标的实现将来自你 80% 的努力。你需要把时间重新分配给那些重要的任务，并缩短或消除花费在不太重要的任务上的时间。

——计算在给定时间段内，你在每个活动上花费的时间。

——为每个任务分配 A、B、C、X 优先等级。

——计算每项活动所花费的时间的比例，比如 A 级优先事项占 10%，B 级优先事项占 20%，C 级优先事项占 70%。

- 做完以上工作，你就能有效管理时间，锁定待改进的领域。

激励自己

你也期待别人激励你。在一个组织中，管理人员经常用掌声和奖品不停地夸赞和奖励员工，并举办提振士气的集体活动。但自己运营公司，就只能由你激励自己。设定并实现你的企业目标以及对你的工作充满激情，应该能让创业变得更容易。你还应该：

- 奖励你自己。达成目标要奖励自己，取得成功也要奖励自己。所以，当你成功完成一项任务时，你可以拍拍背或出去吃顿午餐犒劳自己，当然这取决于成功的程度。如果你带着你的伴侣或家人出去吃午餐，你可以享受他们的赞美，并让他们更加赞同你将家里的空间用作办公室的举措。
- 花时间社交。自营企业主主要的苦恼就是没有人可以分担他们的重任，或无人分享跌宕起伏的商战故事。你可以考虑加入当地的商会（www.britishchambers.org.uk），或参加由 Networking4business（www.networking4business.com）组织的商业社交活动，或参与 The Glasshouse（http://theglasshouse.net），在那里你可以随机碰见很多商人，而且没有任何固定的日程安排。你还可以查看附录一中的协会组织，它们可以帮助你建立你的社交网络。
- 接受培训。培训是大型企业采用的一种经典激励工具。没有什么比有人愿意投入时间和金钱来帮助自己提高技能，更让人感觉良好了。因此，如果处理财务、达成销售协议、谈判供应合同或建立一个网站是你必需的技能，而你又缺乏这些技能，那么你就去参加一个培训项目。学习直通车（Learn Direct，网址：www.learndirect.com）与 Findsources（www.findcourses.co.uk）是两个致力于商业培训和继续教育的搜索引擎，你可以在这两个网站上找到一些培训课程或计划，通过学习来提升自己的技能。

处理好与家人、朋友和其他访问者的关系

由于在家工作，你可能会到处晃荡，这种行为有两重危险：

一是你会向周围的人传递错误的信号——就他们所看到的，你只是赋闲在家，因此你可以完成通常在家庭环境中应该做的任何事情；二是你可能不会觉得自己正在创业，这里的潜台词是“得体”。这并不要求你穿西装和打领带，但休闲装是一个很好的衡量标准，休闲装肯定比你通常在家里穿的衣服（比如周末着装）要更高级些。

虽然着装是向周围的人发送你正在“工作”的信号的一种强有力的方式，但你在工作时，还可以借助一些其他工具来帮助你协调业务和个人生活。

与你的配偶协商

配偶、合作伙伴或室友，他们无论是否参与你的业务，都将受到影响，并期望你会就如何利用他们的场所（他们可能认为是自己的）这件事同他们进行协商。如果他们正处于财务状况紧张时期，这种紧张的局面将会倍增，直到企业运营起来才会改善。以下这些措施会帮助他们与你保持一致。

- 尽早告诉他们你的商业理念，以及你认为这些理念会成功的理由，而且保证不会无故打乱家庭生活。
- 讨论你需要的空间及其原因，如果有必要的话，交易彼此的空间。如果你必须拥有一间卧室，或者像颇具戏剧性的造船者案例那样，要用楼下的所有房间来打造一艘船的原型，并且要占用 12 个月，那么看看你能提供什么样的补偿。在这个造船者案例中，造船者同意在第一艘船售出时为家里建造一个露台和温室。

- 看看你能否为家中的每个人提供快速共赢的方法。例如，如果你要使用宽带互联网服务，那么你可以把自己电脑的使用时间匀出一些给大家使用，也可以提供另一台支持无线功能的计算机，让所有人享受宽带互联网服务。或者，如果你正在装点和重新装修自己的办公室，那么也把其他房间装点了。
- 解释在你的企业成立后，事业的成功可以为家庭中的每个成员带来的潜在好处：会有更多的钱；可以为需要的人提供兼职工作；最终会有一个专门的业务经营场所。

照看孩子

在家创业的优势之一是你可以从一开始就在工作和生活中取得良好的平衡。你可以带孩子去上学，当孩子回家时待在家里，与他们分享饭菜，也可以自己处理孩子要看医生和牙医的紧急行程，而不必打电话给亲戚和朋友寻求帮助。几乎没有公司员工在上下班 1 个小时或更长时间里按常规工作后还能相对轻松地处理家庭事务。

在你需要工作时，如果家里有学龄前儿童则完全是另一回事。他们睡觉或休息的时间就是你可以自由开展工作的时间，否则你有两个选择。最简单的方法是找一个保姆帮你在高峰工作时间照顾孩子，并确保保姆知道你正在工作，而你需要找到一个任何噪声都不会打扰到你的地方。另一个选择就是在附近找一个托儿所。

成功的创业者最常见的典型特征是自己的父母或兄弟姐妹拥有自己的企业，这是一个有趣的统计现象。因此，请抓住任何适当的机会让孩子参与商业活动：解释你正在做的事情；告诉他们你必须努力才能获得成果；让他们接触创业中出现的许多问题和陷阱。大多数年龄段的孩子都可以在很多任务上搭一把手，例如把宣传页塞到信封里并邮寄出去或从网站上下载图片和文字。即使只是让孩子跑腿去邮局寄取东西也能为你节省一些宝贵的时间，而这也可以让孩子觉得自己有价值并投入其中。当然，给孩子一些额外的零用钱也是一个不错的选择。

宠物问题

你很难让宠物来帮助你做事，但你也不能完全忽视它们。猫会照顾自己且不会吵闹，但是后院的狗吠声会给电话客户或来访者留下不专业的商业印象。

动物可能会引起哮喘和其他过敏症问题。如果访客第一次来你家就受到宠物的不利影响，他们可以选择：告诉你并表露出他们的担忧或恐惧，但这也许会引起你的不满；继续沉默并忍受；或在其他地方开展业务合作。你可以相当确定，很大一部分客户会选择去其他地方开展业务合作。

征服来访者

你居住的区域可能有耶和华见证人（Jehovah’s Witnesses）宗教团体，来来回回的上门推销人员，过于友好却不知道你现在在家工作的邻居，或者还有在你投票之后上门拜访的政客。你可以肯定，没有人会不经允许地一直给你打电话讨论业务。处理一个不受欢迎的访客可能只需要几分钟的时间，但工作流程的中断可能会使你浪费多达 20 分钟的时间。若每周有 3 位访客，你就损失了 1 个小时的工作产出，1 年接近减少了 7 个工作日。这可能相当于你第一年工作假期的一半时间，因此你需要寻找一种方法来让自己远离这些干扰。

门上挂着“请不要推销”的牌子并不会减少推销的情况。如果你不理会门铃声，那么来访者可能会不停地按，这会让你感到心烦意乱，从而打断你的工作。如果这是一个严重的问题，最简单的处理方法就是安装一个可视门禁电话，这样你可以看到谁在那里，然后决定是否应答。这些系统的花费大约是 200 英镑。还有一个更为便宜的方案，就是在门口安装一个无线摄像机，价格大约为 50 英镑，这样你也可以看到谁在那里，然后决定是否应答。

<<<待办的重要事项>>>

- 计算你需要多少空间。
- 回想你家里和周围的空间，找出最适合的办公地点。
- 评估你需要什么设备并寻找供应来源。
- 评估你日常工作的方式以及对家庭生活可能产生的影响。
- 了解有关健康、安全、保险以及任何其他可能会影响你在家工作的法规或法律事宜。

第六章

保持沟通渠道畅通

- 审查电话方案
- 使用电子邮件
- 了解邮政方案
- 指定一个计算机系统
- 评估软件需求
- 设置通信安全系统

除了零售业之外，客户和供应商几乎都是通过电话、邮递、电子邮件或互联网初次体验所有其他类型的业务。通常，这种被称为“关键时刻”（moment of truth）[①] 的首次接触体验，是决定体验者是否继续与相关企业做生意的决定性因素。

在这个阶段注入专业的元素可以让你的企业脱颖而出并巍然屹立。

电话系统

如果你创办企业不只是作为业余爱好来赚点“零花钱”，那么你需要 1 条与家中其他人分开的电话线。如果你决定连接宽带互联网，则你的家中实际上将有 3 条电话线：一条用于互联网，还有另外两条。3 条电话线足够满足最低需求。

如果你把创业当成全职工作，并希望表现出专业性，那么拥有宽带互联网、一个商务电话号码和一部备用的传真或应答机将是很好的初始“装备”。显然，如果你的企业主营电话营销，那么

---

① 由北欧航空公司前总裁詹·卡尔森（Jan Carlzon）提出。他认为，关键时刻就是客户与北欧航空公司的职员面对面相互交流的时刻，概言之，就是指客户与企业的各种资源发生接触的那一刻。这个时刻决定了企业未来的成败。——译者注

你可能需要更高的配置。

英国电信（BT，网址：https://business.bt.com）和沃尼奇（Vonage，网址：www.vonage.co.uk）都有针对该市场的一系列产品。

手 机

手机有两个有价值的用途。首先，它可以让你在任何地方开展业务：在汽车、火车甚至越来越多的飞机上。其次，手机在家中可以为你充当额外的固定电话设施，例如，当你的主线正在处理传真或正在被与你一起工作的人员使用时。

移动服务的成本在不断变化，大量固定电话、互联网和电视的捆绑销售让比价工作变得困难重重。如果你希望拨打或接听很多国际电话，情况就更严重了。财富超市（www.moneysupermarket.com）和手机检查器（Mobile Phone Checker，网址：www.mobilephonechecker.co.uk）是两个比价网站，能根据你所提供的可能使用的信息（电话、短信、视频、互联网使用等）提供价格和成本详情。（另见上文提到的帕勒尔网站。）

网络电话

用互联网拨打电话的现象越来越普遍，这可以立即让你零成本或低成本地获得尽可能多的线路。Skype（www.skype.com）等网络电话公司提供免费的软件，一经安装，即可让所有用户在全球任何地方免费通话。除了语音通话之外，其还可以增加短信、固定电话、移动电话以及留言接听服务，而且费用较低。

你可以登录 www.voip-news.com 网站了解该领域的发展动态。

免费专线

拨打免费专线的客户人数是拨打标准付费电话的客户人数的 3 倍。

免费专线有各种形式和大小，有完全免费的也有本地接听电话收费的。来自移动电话的通话会根据你或你的客户使用的网络而变化。

在家操作

诸如星球号码（Planet Numbers，网址：www.planet-numbers.co.uk）和准备通话（Call Ready，网址：www.callready.co.uk）这样的公司提供了大量服务，声称客户每次接听电话只需支付几便士（分）。你可以使用自己的固定电话或手机，也可以从选项菜单中选择自己的电话号码。你可以更改来电号码的目的地，方便你在任何地方接听电话。

创建一种覆盖全球的服务

你几乎可以在全球任何一个国家或地区获得私人电话号码，这能为你提供该国的本地服务，并把这些电话重新转接到你的商业固定电话或移动电话上。这个国家的来电者可以免费拨打电话或以当地通话费拨打电话，剩下的话费由你来支付。呼叫时代（Callagenix，网址：www.callagenix.com）和上述两家公司中的任何一家都可以为你提供国际电话号码和支持服务。

应答系统

不能因为你不在家或者沉浸在不想被打断的任务中，就想当然地认为你的客户、供应商和其他人不会打电话给你。处理这个问题的经典方法是拥有某种形式的自动应答系统，其可以接收消息或留言，如“我上午 11 点回来；请打我的手机或留言，我会在今天晚些时候回复你”。

不管你使用哪种系统，基本规则都是要让呼叫者知道你的信息是有意义的（例如，“你即将到达 Instant Interiors。今天是 9 月 5 日星期四，我将离开我的办公桌或开会到下午 3 点半，之后我再给你回电”），而且你的确会按照安排给他们回电话。

电话答录机方案

最简单和最便宜的方法是购买一个老式的答录机。你大约花费 20 英镑就可以购买一台能够满足小型企业所有合理需求的设备，包括随时随地听取和更改消息。电话公司可以在不涉及你所在地区的任何硬件的情况下为你提供类似的服务。其中最基本的服务，如英国电信公司提供的 1571 免费应答服务（Answer 1571 Free），最多可保留 20 条消息，但除此之外没有其他功能。如果你需要更多的功能，则每月预计需要支付 5 英镑左右。

语音信箱

答录机需要占用你的电话线，所以当有人打电话时，没有人能接通，而你也打不出去电话。即使你正在查看消息，语音信箱也可以同时处理至少 10 个呼叫。你可以用它打电话，接收短信或电子邮件，并附上一个 MP3（一种音频压缩格式）附件，这样你就可以在任何电脑或网吧里听到电话。

语音信箱自 20 世纪 70 年代后期推出以来取得了长足的进步，除了用它录制和播放声音外，你还可以：

- 同时接收来自多个呼叫者的语音消息；
- 将语音邮件转发到其他邮箱；
- 为你正在转发的消息添加语音介绍；
- 同时向多个用户传递语音消息；
- 无限期存储语音消息；
- 通过电子邮件和手机接收语音信箱的通知；
- 向不同的用户提供不同的问候。

此类供应商不仅包括本章前面列出的公司，还包括威瑞森公司（Verizon，网址：www.verizonwireless.com）、家庭办公室公司（Soho，网址：http://soho66.co.uk）和免费转接公司（Switchboard Free，网址：www.switchboardfree.co.uk）。

使用应答服务

以上描述的系统只能收发消息，都没有涉及真人的回应。你可以让真人接听你的电话，但不用让他们进驻你家。如果你要接听的电话的内容很复杂，那么这可能是一项有价值的服务，例如要求提供几个信息包之一、访问或下订单。如果你希望在短时间内获得大量高价值的电话，或者需要24/7的全天候保障以支持你的产品或服务，那么这样的服务也很有价值。

应答直通车（Direct Response，网址：www.drltd.com）的服务计划的售价为每月300英镑；办公应答服务（Office Answers，网址：www.office-answers.co.uk）建立一个服务项目需要25英镑，然后每月的订购费用为20英镑，接待员的时间按每分钟85便士收费。

传真机

在你想传送图片、图表和诸如价目表这样复杂的文本或者收件人没有计算机时，传真机仍然发挥了作用。如果你起初购买的答录机或打印机组合包附带传真机的功能，那么你将获得最大价值，但其实在任何情况下传真机的成本都很低。预计支付30多英镑你就可以拥有一台普通的传真机，最精尖的传真机的成本约为100英镑。亚马逊列出了500多种传真机。

电子邮件

电子邮件现在比较普遍，几乎可以用作任何通信系统的载体，包括基本的打电话、收发传真和其他文档以及应答服务。电子邮件对商业用户来说有许多重要优势：

- 如果你有宽带互联网，使用电子邮件基本上是免费的。
- 电子邮件可以节省时间，因为你可以同时发送尽可能多的邮件副本。

- 你可以选择在最适合的时间发电子邮件，而打电话可能会打断你这一天的工作。
- 与基于电话的信息不同，因为有书面记录，电子邮件可以减少混淆或错误的可能性。
- 你可以从任何地方发送电子邮件。

互联网服务提供商几乎肯定会在它的服务中为你免费提供十几个或更多电子邮件地址。微软电子邮件（Hotmail，网址：www.hotmail.com）、谷歌邮件（Google Mail，网址：www.google.co.uk> more> Google Mail）和雅虎邮件（Yahoo，网址：www.yahoo.com> Free mail）都提供免费电子邮件服务，并提供大量免费的存储空间，有 2~8 GB（千兆字节）。请参阅第八章“选择互联网服务提供商”部分的内容。

远程访问你的日志和数据

大多数电子邮件服务都包括在线管理日志和地址簿的选项，这表示即使你不在家也可以随时访问你通常需要的信息而不必随身携带大量纸张文件。你也可以通过电子邮件发送你可能需要参考的文件，方便随时随地使用它们。

寻找网吧或 Wi-Fi 热点

免费 Wi-Fi 现在几乎无处不在。World 66（www.world66.com/netcafeguide）上拥有你所需要的全世界网吧的所有信息，并向公众开放，这表示任何人都可以编辑并复制它。热点映射器（WifiMapper，网址：www.wifimapper.com）是一个免费的应用程序，声称已映射全球5亿个免费Wi-Fi热点。它还有关于每个热点信号质量的历史信息，因此你可以找到信号质量最好的Wi-Fi热点。

收发室事宜

虽然技术促进了商业交流，但它并没有取代邮箱里被慢腾腾寄来的优质老式邮件。然而，当你在家创业时，如果邮件数量急剧增加，或者信件和包裹的尺寸对于你的信箱而言太大，你家的邮筒可能就无法正常工作了。这时，一个简单的选择是做一个更大的开口或把一个锁着的邮箱放在你的门口。如果这些不可行，那么请考虑以下选项之一。

收集你的邮件或使用邮箱

美国邮政服务处（the US Postal Service，网址：www.usps.com）、邮政总局（the Post Office，网址：www.postoffice.co.uk）以及大多数其他国家的邮政服务处都提供许多服务，旨在为那些在家办公的人提供更多的便利。比如安保（Keepsafe），英国皇家邮政（Royal Mail）的一家服务公司，你每个月只需支付4英镑，它就可以帮你保管时间长达66天的快递。使用邮政服务，你实际上可以为自己的快递创建一个新地址，不过你必须每月（或按照你的喜好频率）去取货。这可以树立一个专业的形象，让你决定何时处理快递，而不是在你不方便的时间把快递堆在家门口。

其他邮政事宜

如果你确实希望处理大量的快件，你就还需要考虑其他一些问题。

- 机器邮资盖印是一种确保你永远不会用完邮票的方法，并且无论是白天还是晚上，你都能根据快件的大小及其目的地盖上对应的票面价值邮票。当邮政资费改变时，这些系统会自动更新（www.royalmail.com/business/services/sending/pay-for-mail/franking）。这种机器的供应商声称可以帮客户节省高达 20% 的邮资成本。
- 如果你正在邮寄或接收大量快件，自动打开或折叠快件的机器可能就会很有用。这些机器的成本超过 250 英镑。
- 一旦你开始运营企业，粉碎保密性文件可能就会变得非常重要。任何包含银行账户信息、供应商折扣和客户地址信息的文件或你不希望竞争对手看到的文件，都应该被粉碎。办公室碎纸机的成本超过 40 英镑。

英国皇家邮政（www.royalmail.com/business）提供一份服务指南，以及一份已获批准的邮资和收发室设备供应商名录。英国办公室直通车（UK Office Direct，网址：www.ukofficedirect.co.uk）提供一系列综合的邮件收发室设备和指南，可以帮助你找到适合你的需求的服务。

电脑：重要的工具

电脑及其软件几乎是所有类型企业的最重要的工具，其实际上已经消除了大型企业和新进入者之间的竞争差距。事实上，随着电脑及其软件价格的大幅下跌和规格的升高，现在购买电脑的人会比那些前两年购买电脑的人获得更大的优惠。

通用规范

如果你只是处理一般的业务需求，运行一个基本网站并设计和打印一份时事通讯，那么你只需要一台满足以下规格的入门级电脑。

- 一台可以使用 Windows 10（微软公司开发的操作系统）操作系统的个人电脑。如果是苹果电脑，则需要 macOS Sierra（苹果公司开发的操作系统）操作系统。操作系统是计算机硬件和软件之间的智能链接：实际上是用于向计算机“讲话”的语言。这两个操作系统是最新版本。
- 硬盘容量至少要达到 500 GB，足够在任何时候一次性容纳 120 万页的文本。如果你正在使用多媒体应用程序，则需要 1 TB（万兆字节）或更大的容量。
- 随机存取存储器（RAM）是可用于处理程序而不是存储数据

的存储器。如果你要编辑高端图形，你至少需要 4 GB 大小的随机存取存储器和双倍空间。

- 选择一个 19 英寸的平面屏幕显示器，可用于准备和编辑价目表、新闻稿和传单。
- 大多数信息和计算机程序都是可以直接从互联网上下载的，所以企业很少使用 DVD 或 CD（光盘）驱动器，而且现在都是用云平台和外部硬盘进行备份。云存储服务，如多宝箱（Dropbox）和谷歌云端硬盘（Google Drive），是物美价廉的备份方式，你可以在远程访问的同时持续备份数据。
- 你至少需要 3 个 USB（通用串行总线）端口。
- 寻找酷睿双核处理器（Core Duo），其实质上是把两个独立的计算机驱动器压缩到一个中央处理器（CPU）中。这意味着它可以同时处理两个任务，比单一驱动更好。

若要了解电脑的最新规格和优惠信息，请阅读苹果电脑世界（PC World for Apple），参阅 Mac 评论（MacReview，网址：http://macreview.com）。

笔记本电脑与台式电脑

选择笔记本电脑而不是台式电脑表示你在价格、性能和轻便性中选择了轻便性。实际上，作为一名企业主，用笔记本电脑几乎可以完成你想做的任何事情，但经过粗略估算，相比台式机，笔记本电脑要多花费 20% 的资金，并且功能要降低 20%。如果你会经常出差，那么花费额外的成本是很值得的，但当笔记本电脑在超市只卖 299 英镑时，你可以考虑既拥有笔记本电脑也拥有台式机。

还有一个考虑：便携式笔记本电脑更容易损坏或被盗。所以，你需要确保你的保单涵盖这些意外事件。

你可以在手提电脑世界（What Laptop，网址：www.whatlaptop.co.uk）上随时了解笔记本电脑的最新发展动态。

智能手机和个人数字助理

“个人数字助理”（PDA）对于过去只有电子日志本和地址簿的时代而言是一个相当自命不凡的名字。现今，你可以获得智能手机或个人数字助理：拥有足够的内存来储存你正在处理的所有文件，包括演示文稿和电子表格；可以连接互联网；发送和接收电子邮件；与电脑同步；像手机一样开展工作；允许你观看电影和听音乐；作为数码相机使用；充当 GPS（全球定位系统）导航地图系统。

很多网站都提供关于智能手机的最新报价信息，包括可信评论网站（Trusted Reviews，网址：www.trustedreviews.com）和技术雷达网站（Techradar，网址：www.techradar.com）。一部优质的中国智能手机的价格大约相当于同等规格的苹果手机或三星手机的价格的 1/4。

安全和备份系统

每个人都觉得电脑很棒，直到出现问题。你可能无法保证电脑永远不出问题，但你可以采取一些基本措施来控制损失。

保存副本

使用电脑的基本原则是经常进行备份，并将工作副本保存在当时正在工作的驱动器以外的其他地方。你有多种可供选择的备份方案，所以除了心不在焉或懒惰（这两者都不是企业家应该有的行为）外，你没有任何借口不做备份。病毒、盗窃、计算机崩溃和物理损坏都是最可能导致数据丢失的问题，而在家工作只会增加这些问题出现的概率。

你至少应该在每天结束时备份正在使用的文件，在每周结束时备份整个系统的文件。以下是一些主要的备份方案：

- 如果你有的话，备份到你空置的笔记本电脑上。这样做的好处是，如果主计算机出现问题，你仍然可以处理这些文件。如果电脑对你的业务至关重要，这是最受欢迎的选择，但新笔记本电脑的售价约为 300 英镑。
- 使用在线备份系统。供应商安装在你的计算机上的软件，会自动检测到文件的任何更改情况，并实时进行复制。多宝箱、谷歌驱动器和安全数据（SecuriData，网址：www.securidata.co.uk）都提供备份服务。请检查你的互联网服务提供商是否提供此项免费服务。

- 使用单独的硬盘驱动器。例如艾美加公司（Iomega，网址：www.iomega.com）或西部数据公司（Western Digital，网址：www.wdc.com）提供的硬盘驱动器，起始价格为 50 英镑，预计 1 TB 需支付 70 英镑。
- 使用 USB 笔式驱动器。这种存储器可插入有 USB 端口的小型点烟器大小的设备上，存储空间多达 64 GB。美国晟碟公司（Sandisk）有一个经常被人们提到的 Smart 闪存驱动器，可以自动备份电子邮件、日记本、我的文档文件夹，网络收藏夹和 Skype 电话系统。其价格在 4 英镑左右，而晟碟巡洋舰（Sandisk Cruiser，网址：www.sandisk.com）这种自动备份数据的系统的售价为 18 英镑。亚马逊以极具竞争力的价格提供这些产品中范围最广的一种。

不间断电源系统

如果你用笔记本电脑办公，那么家里断电并不会造成太大的问题，至少在电池电量耗尽前的一两个小时内不会出现问题。但是，如果你碰到电暴，或只是洗碗机、洗衣机、电视机和电钻的其中一个超负荷，把你的家用电源推至极限，那么你的系统可能会因保险丝熔断而停止工作。如果发生这种情况，那么你的台式电脑将立即关闭，你可能会丢失正在进行的所有工作的信息，并且你还必须等电来才能开展工作。

你可以使用基本备用电源系统，其售价为 40~200 英镑。当你的电源关闭时，备用电源系统将自动启动，并提供长达 1 个小时的电脑使用时间，足够你进行备份，处理重要的电子邮件并找到保险丝盒。马普林（Maplin，网址：www.maplin.co.uk）和电力对策能手（Adept Power Solutions，网址：www.adeptpower.co.uk）提供一系列应对电力中断的产品。

过载保护

在停电时，如果电力供应突然增加，电压急剧上升，则会发生一件相当不同的麻烦事。当这种情况发生时，你的计算机以及其他任何连接电源的设备都处于危险之中。过载保护器相当于制动器，能确保无论电源发生什么变化，设备的实际功率都保持在安全范围内。你的计算机系统如果使用的是不间断电源系统，则肯定会内置过载保护器。对于打印机、传真机和扫描仪等其他设备，你应该考虑使用过载保护器。最多可处理 6 件设备的过载保护器的价格约为 15 英镑。美国消费电子制造商贝尔金（Belkin，网址：www.belkin.com）和上述两家提供不间断电源系统的公司都提供过载保护器。

其他硬件需求

如果没有连接其他设备，那么你的计算机本身将无法发挥多大用处。以下是构成一个完整的家庭办公系统的最常见元素。

- 无线网络。这是一种将计算机连接到互联网和将它们相互连接的无线方式，对多个用户之间共享打印机、扫描仪或任何其他设备来说很有帮助。你需要互联网服务提供商将你连接到互联网。你可以使用 Broadband Choices（www.broadbandchoices.co.uk）和 Broadband Speed Checker（www.broadbandspeedchecker.co.uk）来了解你所在地区提供的服务。

- 电力线网络。这是一个使用电力线路传输数据的系统。你可以把其中一个插头连接到路由器上，使用其他插头连接电脑和互联网，无论它们是不是在那个电路上。如果你需要在某些区域接收网络，但无法通过路由器单独获取，该网络可能派得上用场。家庭插电联盟（Homeplugs，网址：www.homeplugs.co.uk）和马普林公司提供这些系统。
- 打印机和复印机。打印机和复印机处理的任务大致相同，但打印机的输入直接来自计算机。有两种主要类型的打印机可以供你选择：喷墨打印机（有时称为泡沫喷射）和激光打印机。使用喷墨打印机，墨水可以被喷射到纸上形成文字或图片。喷墨打印机的优点是价格低廉，并且可以进行彩印；缺点是墨盒昂贵，打印速度慢，打印质量可能也不是那么好。激光打印机使用硒鼓和碳粉，能更快速地打印出线条更加分明的复印件，且每张的打印成本更低。激光打印机比喷墨打印机的成本高很多，如果你想要它具备彩打功能，那么价格还会更高。如果你只需要打印或复印内部文件，则喷墨打印机就能满足你的所有需求；如果你要把文件发送给客户，并且非常看重质量，或者你正在制作数千份副本，那么请考虑使用激光打印机。可信评论网站和电脑顾问新闻网（PC Advisor，网址：www.pcadvisor.co.uk）会定期对打印机进行评估，你可以参考这两个网站列出的规格和价格。

- 扫描仪。通常情况下，你通过敲打键盘把数据输入计算机，但有时你可能需要把纸张上的东西（如图片或图像）传输到计算机上。扫描仪的功能通常是和打印机的功能结合在一起的。一台能胜任基本功能的打印机或扫描仪的成本不到 50 英镑。

重要的软件

以下软件可能是满足你最低需求的软件。（第九章和第十一章会分别介绍会计软件和商业计划书软件。）

办公程序套件

微软提供最通用的商业软件程序，其最新版本是 Office 365 Business（https://products.office.com/en-gb/sbusiness/office），包括整套办公应用程序（如 Word、Excel、PowerPoint、Outlook、Publisher、OneNote）以及少量需要额外付费的高清视频会议功能，每个用户最多可以安装 5 台个人电脑或 Mac。它包含 50 GB 的邮箱、1 TB 的云文件存储和共享空间以及用于手机和平板电脑的应用程序，每个用户每月需支付大约 8 英镑。

有一些免费的程序套件具备很多功能，即使不能满足小型企业的全部需求，也可以发挥很大的作用。有许多替代软件包声称与微软兼容，如果你正在共享或交换文档或与使用微软的人员协作，这一点非常重要。这些替代软件包总是更便宜，而且大多是免费的。谷歌文档（Google Docs，网址：www.google.com/docs）有一个类似于 PowerPoint 的文字处理器、电子表格和演示程序。WPS Office（金山软件有限公司开发的办公软件）Free（www.wps.com）有 3 种主要工具，可以用于处理文档、演示文稿和电子表格，并能够将 PDF（便携式文档格式）文件转换为 Word 文件。Apache Open Office（https://openoffice.apache.org）和 SSuite Office Premium HD+（www.ssuitesoft.com）也都是实用的免费软件包。

杀毒软件

随着网络攻击现象频现，勒索软件进入人们的视线，这些情况在 2017 年得到了一定程度的改善。有几乎同病毒一样多的程序可以保护你的计算机免受病毒侵害。Grisoft（http://free.grisoft.com）公司有一个免费系统，效果不错。该公司的 AVG 防病毒免费版软件可以给电脑提供基本的保护，但不提供任何技术支持，你只需支付 27 英镑即可获取。诺顿（Norton，网址：www.symantec.com）和迈克菲（McAfee，网址：www.mcafee.com）是该领域的市场领导者，但也请关注有关十大杀毒软件（The Top Ten Anti Virus，网址：www.thetop10antivirus.com）的信息。

<<<待办的重要事项>>>

- 确定你的电话需求并列出所需的关键设备。
- 考虑你的邮政需求并为收发邮件制订计划。
- 确定你的计算机硬件和软件需求，并为必要的采购规格制定详细说明。
- 评估有关数据、文档、软件的病毒风险和电源中断的通信风险，并确定减轻此类风险所需的资源。

第七章

把产品和服务推向市场

- 确定产品种类或服务范围
- 设定标准
- 领会成功的因素
- 制订推广计划
- 拟定价格
- 选择销售渠道
- 确定付款方式
- 查证法律相关事宜

营销组合是指营销策略中可被开发和执行的因素的组合。最初被称为 4P 的因素是价格、产品或服务、促销、地点这 4 项，现在扩展到 7P，增加了人员、流程和有形展示这 3 项，以适应日益强调以客户为中心的商业。就像烹饪一样，采用不同比例的相同或相似的原料可能会烹饪出迥异的菜肴。营销组合中的因素仅大体上代表在公司控制范围内的要素（虽然不是全部）；无法控制的因素包括：经济状况、立法变化、新的强大的市场进入者以及飞速更新的技术。改变这些因素的组合方式，企业就能生产出适合特定细分市场需求的产品。

决定你的产品种类或服务范围

奇妙盛开公司（见第 35 页）在创业之初这样定位市场：专注时尚度不减的孕妇装。这种定位从某种意义上来讲很具体，但仍有这样一个问题，即它们究竟是什么样的衣服：连衣裙、运动衫、大衣、短裙还是牛仔裤？在约翰尼 · 博登（Johnnie Boden）（参见第十一章，第 271 页）刚开始创业时，他的商品目录中只有 8 件手绘物品。

一种产品是否足够

家庭企业在刚起步时自然会先经营单一产品，尤其是那些具有创新特性的企业。但这些企业极易受到竞争、潮流变化和技术过时的影响，同时，只有一种产品也会限制企业的增长潜力。这样的企业不可避免会面临以上问题，除非它们能够扩大产品种类，最好是将业务扩展到相关系列的产品或服务上。

<<< 案例研究 >>>

卡兰·比利莫里亚（Karan Bilimoria）有着剑桥大学的教育背景，且最近又获得了会计师资格，他开始进口并分销660毫升标准瓶装的蛇王啤酒，并且将这种酒专门供应给开在英国的印度餐厅。很快它变成了“产自班加罗尔（Bangalore），在贝德福德（Bedford）酿造的啤酒”，升级成330毫升瓶装，还出了桶装，随后又推出低酒精版本。后来，卡兰扩大了产品种类以满足印度餐厅的需求，并且在家开了一家名为“比利将军酒”（General Billy's Wine）的公司。截至2016年12月，这家公司的销售额每年增长超过两亿英镑。

制定质量标准

对于新企业来说，最大的难点之一是如何在客户心中树立产品质量好的形象。曾经有一种“动态淘汰”的理念风靡一时，其是指低劣产品会遭到频繁淘汰和额外的替换性销售。日本汽车制造商通过提高质量、可靠性和性价比，对西方汽车制造商发起的冲击已经清楚地证明这是一个谬论。

你不能出售一种连你自己都不认可的产品，正如一家以农场为基地的苹果酒公司的创始人解释的那样："在不请自来的营销中，产品质量是让顾客摒弃不屑态度的唯一砝码。"

质量不仅包括你的业务内容，也包括你开展业务的方式。客户与公司的每一次接触都至关重要，无论是在电话中、柜台上还是在收银台。比起你再也见不到的客户，抱怨的客户可能是你最好的朋友！让你的客户监督你保持质量和标准也许是企业成功的关键之一。企业重视质量的原因显而易见：如果你不抓住质量，你将无法生存。

评估关键的成功因素

虽然你可能相信自己的产品或服务有许多优点，但在一天结束时，你的客户选择你而没有选择你的竞争对手，原因只有几个。这些关键的成功因素（CSF）实际上是你必须做对 4~5 件事（除了价格之外，你总是要提供物有所值的东西），才能让你的产品成功。

你应该为自己的产品或服务确定这些关键的成功因素，并就它们的重要性进行排序，比如将它们的份额分配成百分比来评估，然后对自己和竞争对手进行评分。如表 7–1 所示，你可以看到店铺位置被认为是最重要的因素，并且它占了购买这种产品的原因的 40%。你的竞争对手在位置上的得分很高，可能会得到 4 分，满分为 5 分。通过用得分乘以重要性，我们可以得出竞争对手的加权分为 1.6 分。以同样的方式，我们可以看到我们的总加权分是 4.0 分，竞争对手是 2.8 分，这说明我们的产品或服务有明显的优势。

表 7–1　评估书店的竞争优势

关键的成功因素	重要性（%）	竞争对手得分（0~5）	加权得分	你的得分（0~5）	加权得分
书店位置	40	4	1.6	3	1.2
书籍种类	20	4	0.8	4	0.8
知识渊博的员工	20	1	0.2	5	1.0
营业时间	10	1	0.1	5	0.5
舒适的环境	10	1	0.1	5	0.5
总分	100		2.8		4.0

当然，要得到表 7–1 中的精确数据并不是一件容易的事。最初，你将不得不依靠自己的判断以及家人和朋友的意见。但是，之后你可以通过市场调查询问客户来获得。

促销和广告

这 5 个问题的答案会对你的保销和广告策略有帮助。

- 你想要发生什么？
- 如果发生这种情况，有多大价值？

- 什么消息会促使它发生？
- 什么媒体最适合？
- 你将如何衡量你的努力和支出的价值？

你想要发生什么

你希望潜在客户访问你的网站，给你来电，写信或发邮件给你，回复卡片或通过邮件下订单吗？你是期望他们立即需要你推广的东西，还是期望他们在将来某个时间需要你销售的产品或服务时想起你？

你越能识别客户在订单、访问、电话或资料请求方面的特定回应，你就越能针对顾客量身定制促销活动，达到设定的目标，并且清楚地评估促销效果及其成本与收益之间的关系。

这对你有多大价值

一旦你清楚特定促销活动的目标，你就更容易估算成本。假设一个 1 000 英镑的广告预算会带来 100 次客户对你产品的询价。如果按照经验，平均 10% 的询价会带来订单，而你的利润是每件产品 200 英镑，那么你可以额外获得 2 000 英镑的利润。收益远远大于 1 000 英镑的广告成本，因此它似乎是一次有价值的投资。然后，根据你的目标来确定每月的广告预算，并根据经验修改该预算。

决定宣传内容

你的宣传信息必须围绕公司和产品的真实情况而定。这里的重点在于“真实性”这个词，尽管围绕着你和你的产品的事实可能有很多，但你的客户只关心两种：影响他们购买决策的因素，以及你的企业和产品在竞争中脱颖而出的方式。

这些真实情况必须转化为功效（参见第三章“特点、功效和认证”部分）。有一种假设认为，每个人购买东西都是出于明显的逻辑原因，但无数例子表明现实情况并非如此。人们只在衣服旧了的时候才买新衣服吗？老板的办公桌比下属的大，是因为老板要堆放更多的文件吗？

选择媒体

市场调查应该让你清楚谁是你的潜在客户群，反过来又可以指引你如何接触这些潜在客户群。但是，即便你知道你的广告信息要传递给谁，事情也不会是一帆风顺的。比如，《渔讯报》（*Fishing Times*）对喜好钓鱼的客户群有影响力，却很难打动那些想购买渔具并将其作为圣诞节或生日礼物的合作伙伴。《渔讯报》与同行之间竞争激烈，为了避免与竞争对手正面交锋，比如以发放赠品这种方式来抢占市场，其可以考虑在网页上投放广告，给出潮汐表供钓鱼爱好者查阅。

市场营销人员所称的“影响力等级”是你选择媒体时需要考虑的另一个因素。这是按媒体对客户产生的正面影响力给媒体排序的一种方法。个人推荐处于这一等级的顶端，因为人们知道这个人不偏不倚，值得信任。得到不在利益链上的行业专家的认可也是一个例子，比如和潜在客户使用相同业务线上的商品或服务的现有用户。这种方法虽然效果显著但难以实现，并且可能昂贵又耗时。影响力的第二等级是销售人员采取的推销方法。尽管人们可能认为你知识渊博，但如果产品或者服务被成功销售，你显然会获利，所以你很难做到不偏不倚。无论如何，使用电话推销接触客户都是一种很昂贵的方式，特别是在他们的订单可能很少且不频繁的情况下。

第三等级就是常见媒体上的广告：网站、博客、社交媒体、新闻、广播、电视等。然而，尽管这些方法可能会降低影响力等级，但可以覆盖更多的市场，而且如果做得好也可以很有效。

测量结果

表 7–2 中的广告分析会告诉你如何解决这个问题，它展示了在伦敦运营的一个小型商业课程的广告效果。乍一看，周日报有最多次的问询。尽管它的费用最高，为 3 400 英镑，但每次问询的成本仅略高于使用其他媒体的成本。不过，这个广告的目标不仅仅是赚取利润，它还打算出售课程名额。事实上，75 个查询的人中只有 10 个人订阅了课程，即每人的广告成本为 340 英镑。在这个基础上，周日报比任何其他媒体的成本高出 2.5 倍 ~3.5 倍。

表 7–2 广告效力测定

使用的媒体	每次广告的成本（英镑 / 美元 / 欧元）	问询次数	每次问询的成本（英镑 / 美元 / 欧元）	客户数量	每个客户的广告成本（英镑 / 美元 / 欧元）
周日报	3 400	75	45	10	340
日报	2 340	55	43	17	138
海报	1 250	30	42	10	125
本地周报	1 400	10	40	4	100

高端孕妇装公司奇妙盛开的联合创始人朱迪 · 利弗（Judy Lever）不仅十分赞同评估广告效果的行为，还认为要检查特定媒体吸引客户的能力。“我们首先只在专业媒体上刊登 1/16 版面的广告，”朱迪说，“然后，如果效果不错，我们会逐渐增加到半个版面，经验告诉我们这是最佳尺寸。平均每年有 70 万人怀孕，但是相关专业杂志的年发行量只有 30 万份。我们还没有找到一种在合适的时间接触到所有潜在客户的方式，换句话说，合适的时间就是怀孕的早期。”

广告方案

实际上，大多数家庭企业在广告上几乎没有花费，而市面上有许多投放广告的方案可供这些企业选择。

根据可靠的广告统计数据，即广告协会暨世界无线电行政大会支出报告（the Advertising Association/Warc Expenditure Report）的统计数据（见表 7–3），经过一段相对稳定的时间后，自 2010 年以来，英国的广告支出正在以历史最快速度增长，每年增长约 8%。互联网广告支出是增长最快的媒体渠道，其中移动广告有近 80% 的增长。英国是迄今为止欧洲最大的互联网广告市场，在全球排名第三，仅次于美国和中国。

表 7–3　英国广告支出

媒体	费用（亿英镑）	费用占比（%）
网络	86.06	42
电视	52.70	25
直邮	18.71	9
全国新闻	12.20	6
地区新闻	11.76	6
海报、电子屏等	10.59	5
杂志	9.42	5
广播	5.92	3
电影	2.38	1
总计	200.87	100

数据来源：广告协会暨世界无线电行政大会支出报告，2016 年 4 月。

对于一个新的小型企业来说，媒体的使用可能仅限于直接发送在线和离线邮件，或是一些本地广告和传单。但这一切都取决于你的业务安排和对前期费用的预算。

印刷品的力量

线上广告或线下印刷品可能仍是大多数小型企业与公众沟通的主要方式。写作规范也适用于广告文案，具体的内容要求是：

- 清楚明了，使用简单的英文，即简短的单词（最多3个音节）和短句（不超过25~30个单词）。文本应该布局简单，易于阅读。
- 简明扼要，尽可能少使用词汇，不要使用行话或晦涩的技术术语。
- 拼写正确，因为拼写错误或不正确的信息会破坏别人对你和你的产品或服务的信任值。
- 信息完整，提供读者所需的所有信息，以达到你的广告目的。

名片和信纸 你从家里发出的每件东西，包括发票、账单、价目表和技术规范，都需要附上你的联系方式和说明业务内容的信息或口号。这可能是其他人了解你和公司的一种途径。如果这些东西起作用了，人们会记住你，更好的是，他们会记得将信息分享给其他人，这些人中可能有你的潜在客户。

直邮（电子邮件、传单、卡片、小册子和信件） 这些是新公司与潜在客户沟通最实用的方式。这些沟通方式的优点是价格相对低廉，操作简单快捷，可以分发到任何地方，并且可以通过手工来邮寄或分发。最后，检验效果也很容易。

<<< 案例研究 >>>

2015年4月，克兰菲尔德（Cranfield）大学的工商管理硕士尼克·詹金斯（Nick Jenkins）有理由对他人生的新阶段感到兴奋。他参加了一档被英国电影和电视艺术奖（Bafta）提名的BBC节目龙穴（Dragon's Den），讲述了创业新手为争取创业基金而奋斗的故事。46岁的尼克在1999年成立了他的在线个性化贺卡公司“月亮小猪”（Moonpig），当时他虽然自信能够成功，但他不知道自己的创意的发展空间究竟有多大。

2011年7月，在成立仅12年后，他就把自己的企业以1.2亿英镑的价格卖给了一家提供在线相册业务的法国相册公司（Photobox）。那时月亮小猪公司的年营业额超过3 200万英镑，净利润为1 100万英镑。月亮小猪公司本身提供了超过1万张可定制的贺卡，用户可以在上面添加照片、姓名和个人信息。

尼克的第一次营销活动，用他自己的话来说，是一次成功而又不成功的活动。他尝试了许多关联交易、公关项目、投资搜索引擎的优化项目，但这些都没有病毒式营销（网上口碑营销）那么有效。推广策略的第二步是推出广告歌曲，这首歌曲现在被公认为电视广告中最让人讨厌又最让人难忘的歌曲之一。超过一半的英国人现在还记得这个

> 品牌，但是尼克认为这不仅仅是一首朗朗上口的曲调。尼克说："我们成功的关键，在于它是人们喜欢并愿意分享的产品。如果电视广告中的产品不值得人们津津乐道，这则广告就不会成功。"
>
> 月亮小猪公司的客户服务是其成功的另一个关键驱动力。据尼克说，月亮小猪公司在伦敦桥总部拥有自己的客户服务团队，所有训练有素的客服人员都可以用"反映我们品牌"的方式与客户交谈。

这些组织可以提供信息，帮助你制作宣传单、小册子和其他形式的直销函件。

- 英国文化委员会（the British Council，网址：https://eal.britishcouncil.org/resources/persuasive-writing-adverts-and-leaflets）拥有"一整套资源来支持广告形式的写作教学"，对预算紧张的家庭企业很有帮助。
- 直销协会（Direct Marketing Association，网址：www.dma.org）是有关所有直销活动的贸易协会。该组织的目录清单（www.dma.org.uk > DMA List Manager）允许你搜索消费者和企业两个数据库。在这些清单中，你可以按国家、商业部门、年龄、性别、收入、兴趣、房屋所有权等条件搜索消费者名录。
- 亿图（Edraw，网址：www.edrawsoft.com）有许多有用的免费

内置传单模板，可以在几分钟内创建并呈现你的宣传单和宣传册。

- 益百利（Experian，网址：www.experian.co.uk/business-express）提供清单生成器（List Builder）服务，可以让你立即访问 520 万条记录，帮助你找到新客户。你可以根据地理区域、商业类型、营业额、员工数量等因素对数据进行筛选。这个选择权在你。其表示："没有前端收费或隐性消费，单次访问只需花费 10 便士。"

报纸、杂志和分类广告 你可以直接从报纸、杂志、英国费率和数据（BRAD，网址：www.brad.co.uk）上获取读者总数、发行量和读者简介。英国费率和数据上有英国和爱尔兰共和国所有媒体每月分类的目录，你可以通过本地商业图书馆查询此信息。全国读者调查（the National Readership Survey，网址：www.nrs.co.uk > Top Line Readership）提供大约 260 种英国书刊和大量其他数据的平均读者数据，其中大部分数据是免费的，并向非订阅者在线开放。

但是，除了分类广告之外，全国性的报纸可能会超出大多数新公司的预算。如果是这样的话，不要失望，因为当地报纸也有大量的读者群，每周大约有 4 000 万成年读者，其广告费用明显低得多，而且他们的读者群更加集中。头条媒体（Hold the Front Page，网址：www.holdthefrontpage.co.uk >Newspaper websites）上有 200 份左右的当地日报和周报的链接。在目录部分，你可以找到所需的关于英国地区和当地的报纸、报纸网站、报纸出版公司以及相关工作人员的所有信息。

海报、广告牌和标牌 如果你知道你的潜在客户的必经之处，你就可以在他们的视线范围内放置海报或广告牌。这可以是在当地报刊亭窗口、公共汽车候车厅或超市留言板贴上 A4 纸大小的海报，也可以是在路边竖起昂贵又精美的广告牌。

正如一位年轻的创业者在自己的教训中学到的那样，广告牌的定位是有规则可循的。来自切达的 13 岁儿童史蒂夫·塞耶（Steve Sayer）偶然蹦出在互联网上出售父亲马厩里的粪便的想法，每袋售价 2.5 英镑，这个产品受到了当地园丁的欢迎。他没有花大力气把自己的网站放到搜索页面的顶部，而是把一块大的广告牌放在毗邻公路的一块土地上。他的生意蒸蒸日上，在区议会让他摘下这块广告牌之前，他已经存了 2 000 多英镑。

大多数企业的门外都有一个标牌，以告诉路人公司的业务内容。公司如果本来就在人流量很大的地方，就可以用很少的资金获得很大的曝光量。显然，你不能随心所欲地贴上你喜欢的尺寸或颜色的标牌，因为它需要契合当地的环境。当地的规划部门将会根据你所在地区的规章制度向你提供建议。

你也可以考虑在出租车和公共汽车上投放广告，小型公司可以很好地控制这方面的成本。关于户外广告的信息和事宜请访问英国户外广告协会网站（Outdoor Advertising Association of Great Britain’s website，网址：www.oaa.org.uk）。

使用其他媒体

越来越多的媒体，比如曾经是大企业特有的广告投放之地的电视和广播，已经降低了收费，因为它们通过引入数字技术进一步细分了自己的市场。

<<< 案例研究 >>>

家庭式宠物寄宿服务公司汪不停（Barking a Lot）使用的是名为斑点狗（Spot Runner，网址：www.spotrunner.com）的广告代理商，这是一家自 2006 年以来在英国获得许可的互联网广告代理商，它彻底改变了电视广告的使用方式。在斑点狗的广告数据库里投放广告大约需要 300 英镑，买入广告时间需花费 1 500 英镑，家庭式宠物寄宿服务公司汪不停在两个周末的时间里在当地有线电视上播放了 144 次广告。斑点狗有数千种为特定细分行业创建的定制服务，以此保证服务质量。客户呼叫家庭式宠物寄宿服务公司汪不停的次数狂增 20%，该公司已预留两万英镑用于未来的电视广告。

当地广播、电视和电影　这些媒体根据受众情况定价，你需要确定与你所瞄准的细分市场相匹配的受众类型。由于这些媒体与文字形式不同，不会在发布结束后保留，因此，你还需要通过本地新闻广告，或可以指示人们找到目录的条目来支持这些媒体。广播、电视和电影受众可以记住并做出反应的信息，请参阅黄页中我们的条目和本周的康沃尔曼广告。

无线电广告局（the Radio Advertising Bureau，网址：www.rab.com）和广告协会（Advertising Association，网址：www.adassoc.org.uk）提供了有关这些媒体的详细信息以及相关专业人员的联系方式。无线电联合观众研究有限责任公司（Radio Joint Audience Research Ltd，简称 Rajar）每季度会发布广播观众数据（www.rajar.co.uk）。

互联网和博客 你的网站（参见第八章）是一个明显的广告载体，但其他数百万个网站和搜索引擎也提供了大量让你的信息得到展示的机会。广告的一般规则（参见第 144 页“促销和广告”部分）适用于网络空间和任何其他媒体。以下是一些主要方案：

- 搜索引擎广告有两种主要形式。点击即付费（PPC）是你购买了某些关键词项目，这样用户搜索某个产品时就可以在搜索结果旁边看到你的“广告”。例如，谷歌就提供了这样的服务：只有在用户点击你的广告时你才需要付费，并且你可以设置一个每日预算说明你准备花多少钱，每天 5 美元是最低预算。
- 电子邮件营销同传统直销一样，只不过电子邮件是一种媒介，你可以购买目标客户群的电子邮件数据库。
- 展示类广告像新闻广告一样，以文字和不同大小的图像的形式被投放在网站上，寻找你的产品的顾客可能会看到这些广告。流量审计局（the Audit Bureau of Circulations Electronic，网址：www.abce.org.uk）会监控网站流量。
- 病毒式营销是这样一个过程：商家推出一个火热的主题，受众会把这个主题分享给朋友和同事，进而在分享过程中产生额外的需求，如笑话、游戏、图片、测验和调研。

- 博客是一个分享特定人群的想法和经验的在线空间，例如在线社区聚友（MySpace）就是这个想法的延伸。社区圆桌会议（the Community Roundtable，网址：www.communityroundtable.com）自2010年以来一直在记录这类在线社区的发展情况，它在2017年的时候做出预测，即到2019年这类在线社区将发展成一个价值230亿美元的产业。维基百科这类网站是一种特殊类型的博客，允许用户贡献和编辑内容。在此类博客上投放广告可以确保你的产品或服务获得一定的知名度。博客目录（Blogcatalog，网址：www.blogcatalog.com）和英国博客目录（UK Blog Directory，网址：www.ukblogdirectory.co.uk）提供博客索引服务，可帮助你搜索适合你业务内容的博客。
- 播客，互联网用户可以从播客免费下载声音和视频，其现在已成为电子广告库的重要组成部分。

互联网广告局（the Internet Advertising Bureau，网址：www.iabuk.net）有关于互联网广告策略的丰富信息，并且有一份可以帮助你推广业务的代理机构目录。

参加贸易展览会　展览会是把你的产品或商业理念当面呈现给潜在客户的一种方式。这可以让你通过市场调研得到客户需求这类第一手资料，以及竞争对手的数据。

英国贸易投资总署（UK Trade & Investment，网址：www.exhibitions.co.uk）是一个英国政府组织，负责所有的贸易促进和发展工作，提供了一份在英国各地的主要场馆举办的消费展、公众展、工业展和贸易展的列表。你可以按展览类型、展览日期、展览组织者或展览场地这些条件来搜索展览名单。它还包括一份涵盖主题分类、主题词、英国主要展览场馆和展览组织者的完整列表。

该网站涵盖了未来两年或更长时间内在英国举办的所有展览，每月会定期更新两次数据。（另见附录三。）

创造有利的宣传

这是为了让你和你的企业以很少或没有成本的方式向各类“公众”展示良好的一面，也是一种比普通广告更有效的传播方式，因为人们相信社会舆论。

<<< 案例研究 >>>

尚塔尔·科迪（Chantal Coady）是英国著名百货公司哈罗兹培养出来的一名巧克力师，她创立了洛可可（Rococo）。22 岁时，她写了一份商业计划书，获得了 2.5 万英镑的启动资金。精心策划的公关活动是她早期实现盈亏平衡的战略基础。通过给巧克力及其包装注入时尚元素，她打开了时尚通道，获得在时尚杂志（Vogue）、哈珀斯杂志（Harpers & Queen）和彩刊等杂志上投放广告的资格。而且她设法以

一些邮票的价格获得了价值超过 4 万英镑的杂志广告空间。这不仅让她的公司起步平稳，而且让她最终与贾斯帕·康兰（Jasper Conran）签约，为其春季系列产品提供巧克力盒作为配饰。今天，洛可可在贝尔格拉维亚（Belgravia）、切尔西（Chelsea）、切斯特（Chester）、考文特花园（Covent Garden）、马里波恩（Marylebone）及全英国的数百家百货商场内设有分店。2014 年，尚塔尔·科迪因对巧克力行业做出的贡献，在女王诞辰时被授予大英帝国荣誉勋章。

撰写新闻稿

新闻稿只有能立即吸引大众眼球，时效性强且易懂才能获得成功。学习和效仿你想要你的新闻稿出现的报纸、杂志或网站的特定风格，可以使成功发布自己的新闻稿变得更有可能。

- 布局。内容要能打印在一张 A4 纸上，使用双倍间距和宽边距，使文章更具可读性且易于编辑。大胆标上新闻稿的标题并注明日期。
- 标题。标题要吸睛，要能引起编辑继续阅读的兴趣。如果编辑失去阅读兴趣，新闻稿很快就会被弃之不用。编辑寻找的是具备时尚性、原创性、个性以及幽默的主题。
- 引言。这部分应当内容有趣、用词简洁、故事完整。这可能是一段报价内容，也可能是新闻稿中唯一会被发布的内容。该段落中不要有以销售为导向的吹捧性广告，因为这会冒犯新闻工作者的正直感。

- 后续段落。这些段落应扩充引言中的细节并进行润色。最多用 3~4 个段落讲完故事，因为编辑一直在找内容填充空余版面，所以简短稿件的发表机会更大。
- 联系方式。在新闻稿结尾处列出你的名字、手机号码、其他电话号码和电子邮件地址，作为进一步获取信息的方式。
- 风格。语言要简单，句子要简短，避免使用技术术语（除非是专业性很强的技术杂志）。
- 图片。你可以发送本人、产品或与本故事相关的任何其他标准图片进行推销，但你还应该通过电子邮件给有关的媒体工作人员发送一份相关电子版本的图片。
- 跟进。有时需要通过电话或电子邮件来确认编辑是否打算采用这个新闻稿，这些跟进手段可能有用，但是你必须根据自己的判断来决定跟进的频率。

你可以找出编辑、相关作者或记者的名字，亲自写信给对方。请记住，你的新闻稿的目标受众是专业编辑，由他或她决定版面内容。所以新闻稿不是“推销类信息”，而是旨在吸引编辑注意力的事实陈述。以下内容可以帮助你寻找适合你的新闻稿的媒体：

- RAD 集团（电话：020 8102 0904；网址：www.brad.co.uk）。

- 英国特许公共关系学院（Chartered Institute of Public Relations，电话：020 7631 6900；网址：www.cipr.org.uk），该中心拥有免费搜索系统，能帮你找到你所在地区或所在业务领域的专业公关团队。
- 营销甜甜圈（Marketing Donut，网址：www.marketingdonut.co.uk）提供了一份撰写新闻稿的完整指南，还给出了一些用来处理客户投诉和不良宣传的实用建议。

定 价

公平的定价是一个难题，尤其是对具有像“情人眼里出西施”这样的价值观念的人来说。这种主观性意味着公司在定价领域有很大的自由裁量权。

质量好的产品定价太低的话，通常就得不到公众的认可。人们非常认可物有所值这样的观点。

竞争对手：他们的价格与价值

虽然了解成本很重要，但成本只是定价的参考因素之一。此外，你还必须考虑市场、竞争对手和你的产品定位（例如定位为奢侈品）。

你应该使用表 7–4 所示的评分系统与你的竞争对手进行详细比价，这很重要。你还应该在不同细分市场尝试不同价格，以了解市场的承受力。

表 7–4 定价与竞争对手的对比

产品或服务属性	更差			相同	更好		
	–3	–2	–1	0	+1	+2	+3
设计							
性能							
包装							
描述和外观							
售后服务							
实用性							
交付							
颜色、口感、气味或手感							
形象							
说明书							
支付方式							
其他							

你在评分系统中的得分越高，说明你的定价就可以比竞争对手的定价更高。

制定定价策略

你的定价将直接影响你找到一个愿意购买你的产品或服务的市场的能力，并且定价的灵活性可能不如你预期的大。在制定定价策略时，你要考虑以下因素：

- 撇脂定价与渗透定价。你应该先在这两种通用的定价策略中选其一，再调整你的计划。撇脂定价是指把价格定在你认为市场能承受的最高点。如果你的产品可供销售的数量非常有限，并且你宁可限量售卖也不想让客户失望，那么你可以采取撇脂定价策略。要想成功实施这一战略，你需要确保竞争对手不能介入并吸收你创造的需求。渗透定价是表面现象，即让价格处于市场价的低点，但高于成本价。渗透定价的目的是在竞争对手介入之前尽可能多地抢占市场，并尽量锁定市场。开发高级智力游戏的龙天锁（Dragon Lock）公司，是克兰菲尔德企业项目的参与者，其在推出新产品时采用了渗透定价策略。该公司的产品很容易复制，不可能获得专利，所以其选择将低价作为一种策略来阻止竞争对手入市并迅速占领市场。实际上，很少有新企业认为这是一个安全的策略。

- 低定价的危险。人们有这样的误解：新企业和小型企业可能会削弱成熟同行的影响力。这种误解通常是基于对企业的日常管理费用的含义和特征的误解，以及未能认识到单位成本与经验值成反比。如果你把第一次处理问题所需的时间和更有经验后处理同一问题所需的时间做对比（例如更换保险丝，更换吸尘器包等），你就能很容易地理解最后一点。显然，你必须考虑竞争对手的定价标准，但要记住，价格是一个成熟公司的营销组合中最容易变化的因素。它们可以跟踪你的价格曲线，并设法迫使你破产，这比你打价格战赢得顾客更容易。如果你判断失误，提高价格要比降低价格困难得多。
- 实时定价。股票市场通过收集供求信息来开展工作。如果购买股票的人比抛售股票的人多，价格就会上涨，直到供求关系达到平衡。如果信息是完美对称的（即每个买家和卖家都知道正在发生什么），价格就会得到优化。对于大多数企业来说，这是理想情况，并不真实。它们的客户期望每次都能用相同的价格获得相同的产品或服务，而客户完全不清楚自己在什么时候有需求。但是，对于采用网络销售的企业而言，它们可通过网络随时查看特定产品的消费者需求量。任何有销售终端的人都可以这样做，但报告可能会在几周后发布。这意味着在线公司每天可以根据特定情况对某些市场做数百次价格调整，从而大幅提高利润率。易捷航空（EasyJet）是一家廉价的航空公司，它就实行了浮动价格。浮动定价是为了达到满座，根据市场对飞机的需求情况，同一张机票你可能会支付 30~200 英镑的价钱（包括机场税）。根据基本规则，瑞安航空（Ryanair）和欧洲隧道（Eurotunnel）采用相似的浮动价格——提早预订可享受折扣价，临飞前购买则需支付全额票价！

分销和销售

尽管营销组合中的关键要素是产品、促销和价格，但它们本身并不足以完成销售过程。营销过程的最后一步是得到订单，将产品送到客户手中或完成服务并获得报酬。

销 售

销售背后的思考过程是营销。换句话说，你需要找到合适的人来购买你的产品或服务，并让他们知道你能够以有竞争力的价格满足他们的需求。但是，仅仅让客户知道你有现货供应并不足以让他们购买你的产品。即使你出售的是一种物美价廉的产品，他们也可以不买账。

把产品推向市场这一过程中的倒数第二步，就是让目标对象在签名栏签字，这涉及销售。商人不得不在很多场合使用这一招，而不是只说服顾客购买。他们必须让银行经理觉得借钱给他们是值得的投资，也必须向他们的合作伙伴传达腾出家中部分空间开展业务是值得的这样的想法，并最终向员工传输为自己工作是很好的职业发展这样的想法。

销售如何运作

有人认为销售人员同艺术家和音乐家一样是天生的，这种观点是错误的。与任何其他商业活动一样，人们可以通过学习和改进的方式来增强销售知识和技能。首先，你需要了解销售的 3 个要素：

- 销售是跨越某些阶段的一种目标实现过程。首先，你需要听取客户的心声，了解他们想要从购买你的产品或服务的过程中达到的目的，然后证明自己能如何满足他们的需求。接下来你要处理问题和反对意见，而这是一个好兆头，因为这表明客户有兴趣参与。最后是订立合同，这只不过是以微妙的方式来促成客户下单。
- 销售需要计划，因为你需要保留关于客户和潜在客户信息的记录，了解他们准备购买或重新订购的时间。

- 销售是可以通过培训和实践来学习和提高的一种技能，如下面的案例研究所示。商会（Chambers of Commerce）为会员和非会员都提供了有关销售课程和其他商业课程的信息。Coventry Chamber 有一个在线课程数据库，网址为 www.cwtcov.co.uk/businesscourses/sales-marketing。

<<< 案例研究 >>>

当苏美尔·卡拉伊（Sumir Karayi）在伦敦西伊灵市（West Ealing）的公寓客房创业时，他希望自己的生意能够与众不同。他曾是微软的技术专家，和两位同事一起创立了 1E 公社（www.1e.com），旨在打造一个聚集该领域的顶级技术专家的公社。1E 公社的名称源于计算机崩溃时显示在屏幕上的提示。在开始的一年内，该团队学到了两条重要的经验教训：一是企业如果要快速发展，需要的是领导而不是公社；二是需要有人去销售。

根据一个顾问的建议，卡拉伊参加了一个销售课程，在几个月内赢得了第一批客户，这些客户后来成为蓝筹客户。目前，该公司是泰晤士河畔发展最快的 10 家公司之一，年营业额接近 1 500 万英镑，利润率为 30%，在全球都有合作伙伴和经销商。

使用代理商

如果你不打算亲自销售自己的产品或服务，那么你每年需要花费 5 万英镑左右的资金来雇用一位优秀的销售人员，这笔费用包括薪水、佣金和开支。

把销售外包给自由销售人员，是一条风险较小的销售途径。你有两个选择：一是雇用一个销售外包公司，例如自由职业者（Freelancer，网址：freelancer.co.uk）或每时每人（People per Hour，网址：www.peopleperhour.com），它们可以在短期内为你找到并管理销售人员；二是亲自找一个代理商，理想情况下他是你所在行业的现有联系人，私下认识买家，并可立即开展工作。制造商代理协会（the Manufacturers Agents Association，网址：www.themaa.co.uk）有一个佣金代理商目录，涵盖所有领域的销售业务，但你必须支付 240 英镑才能在一次搜索中获得 20 位代理商的联系方式。

国际商业代理和经纪人联盟（the International Union of Commercial Agents and Brokers，网址：www.iucab.com）声称它们在欧洲、北美和南美拥有 47 万在册的商业代理商。

电话销售

电话销售本身就是一门艺术。因为看不到客户的反应，所以你需要其他技巧来展示你的产品或个人能力。以下是专业人员推荐的 5 条成功秘诀：

- 站立或坐直，因为躺着的状态会让顾客感觉你很随意。
- 在打电话之前先对自己进行调整，让自己清醒并充满正能量。
- 微笑，微笑可以放松喉咙肌肉，让你的声音听起来更亲和友善。

- 表达要清楚，使用肯定的语句，而不是像“可能”或“也许”这样的词。
- 想象正在和你说话的人的样子，并使用你和这类人面对面交谈时的那种手势。这有助于你进入情绪，你的热情也会显现出来。

如果你想提升自己的电话销售技巧或找到一个为你工作的组织，请联系中心协会（Call Centre Association，网址：www.cca.org.uk）。

把产品推向市场

营销过程中的这一步被称为分销。这已经成为一门科学，因为现在的企业不仅在提供产品和服务的能力上竞争激烈，在营销过程的方方面面的竞争也同样激烈。例如，把食品和服装产品送到客户家门口的路程和由此产生的碳足迹活动，已经成为绿色消费者战场的前线。

如果你处在服务行业，那么你就有机会亲自提供服务，像经营酒店、宾馆或餐厅一样。否则，你需要找到把你的产品送到客户手上最具成本效益和最可靠的方式。你对此也应该有所准备，例如，完全依赖皇家邮政的一些小型企业，在最近皇家邮政的一系列停工事件中已经接近破产。

付款方式

正如一位特别谨慎的销售总监所说，“客户付款了，使用了你的产品且没有因使用产品而死亡”，销售过程才算完成。尽管明文规定大型企业要及时支付应付款项给小型企业，但事实并非如此。访问私营企业论坛（Forum of Private Business，网址：www.fpb.org/your-voice/hall-of-shame），你可以查看付款商的信誉情况。新企业失败的三大原因之一是客户未能全额或按时付款。你可以采取一些措施来确保这种情况不会发生在你身上，比如设置谨慎的交易条件，并确保将产品出售给有信誉的客户。

检查信誉度

网上有许多关于个人和企业信用状况的信息，查询基础信息只需要 5 英镑，查询非常全面的信用状况则需 200 英镑，这是根据查询内容的复杂程度而定的收费标准。所以你没有必要在不知就里的情况下与那些有信用风险的个人或企业进行交易。

编写和出售个人信用记录和小型企业信息的主要机构是益百利，以及提供免费一次性试用版软件的安全信用（Creditsafe，网址：www.creditsafetrial.com/uk）。它们提供即时在线的综合信用报告，包括信用额度信息和郡法院判决（county court judgments，简称 CCJs）的信息。

这些组织大多提供覆盖海外市场的国际服务。例如，益百利在 200 多个国家提供信用参考服务。

设定你的交易条件

你需要设定销售条款和条件，并确保它们印在你的订单接受单上。该条款应包括关于何时支付以及如何支付款项，还有在什么情形下你可以接受取消或退款。诉讼小帮手（How to Law，网址：www.howtolaw.co/draft-terms-oftrade-392065）包含有关贸易关系大多数方面的信息。

现金或支票 现金的吸引力在于，如果你在交付产品或服务时收取现金，你当即就可以获得收益，而且不需要在管理工作时还要时刻关注欠款。然而，许多商业交易并不会采用这种立即支付的方式，除非是零售业，例如顾客购买时你就在场。假设担保有效，用银行担保卡承保的支票与现金一样安全，但支票的办理需要时间。在实践中，除非你已查清正在交易的客户信誉度，否则你最好等到支票兑现后再发货。

你在理解银行术语时需要小心。你的银行可能会声明支票已“兑现”，实际上它只是在通过银行系统中转。银行术语中表示你的资金确实存在的唯一一个术语是“既定价值”。如果你有任何疑问，请打电话给银行并特别询问是否可以从这张支票上安全取款。

信用卡 客户使用信用卡支付可以让购物更便捷，并能确保钱款即时到账。因为大家了解接受信用卡的过程，所有有账户的商家，只要遵守规则并获得授权，在信用卡公司扣除1.5%~3%的费用之后，剩余金额会在扣款当天到账。

你可以在没有交易记录的情况下申请一个商用账户，如果你在家经营，当然这要依靠你的信用记录。流线（Streamline，网址：www.streamline.com）、英国环球支付旗下分行或任何大银行都提供此类服务，小型企业的安装费用最低约为 150 英镑。它们声称可以在两周内申请成功并开始使用。

处理逾期债款

不管你的贸易条件有多严谨，信用审核有多严格，你都会碰到拖欠款项的情况，甚至碰到最坏的情况——拒绝付款。有很多办法可以用来处理这些情况，但必须提醒你的是，经验表明，一旦出现问题，情况通常就会变得更糟。“第一次损失是最好的损失”，这句古老的投资谚语在这里也适用。

追逐债务人　让拖欠款项的人按时还款最划算、最成功的方法是让对方明白：你知道他们逾期的情况。10 个小型企业中有 9 个不会定期发送提醒信函，提醒客户他们错过了付款日期。因此，请在付款日到期之后的第二天发出礼貌的提醒信给负责付款的人。如果你正在和大型企业做生意，负责付款的人几乎总是财务部门的某个人。之后的 5 天内你要跟进，保持稳定的压力，直到你得到款项。

如果你在不断提醒对方支付欠款时专业又不失礼貌，你们的合作关系就不会受到损害。不管怎样，你出售商品的对象和你催款的对象可能不是同一个人。

你要么通过法院提出索赔，要么找人进行调解并帮助解决问题。政府索赔服务（Government claim service，网址：www.gov.uk/make-court-claim-formoney）提供了以上两种方式的相关信息。

如果你仍然无法收回款项，那么你可以考虑雇用收债公司。你可以在信用服务机构（Credit Service Agency）的网站（www.csa-uk.com/csa > Members list）上找到注册代理商名录。

人员、有形展示和流程

新增 3P（我在本章开头介绍的）的发起人考虑到了在营销无形服务时产生的独特问题。但是由于几乎每个产品都有一个主要的服务元素，所以 7P 已被纳入主流营销组合理论。

了解人员在营销中的作用

营销经理常常认为，营销最重要的方面在于打造轰动性的推广活动，推出设计新颖的产品及树立品牌形象。你不要以任何方式轻视这些因素，但一个营销战略失败的最普遍的原因却在于它的实施，以及推广和执行营销任务的人员。挑选人员（通常被称为营销组合中的第 5 个 P）去实施战略和组织人员的方式对企业的成败影响最大。不幸的是，人们（无论是个人还是集体）对可能的情况的反应极其不同，这让他们的行为很难预测。

著名的德国军事战略家老毛奇（Moltke）说过一句话适用于此："没有任何作战计划在与敌人遭遇后还有用。"如果用"组织"取代"敌人"这个词，此言论也适用于商界。但是，通过理解和应用领导力、激励及团队建设领域的一些基本原则和概念，你可以提高组织实现其目标的概率。

有时候，一些基础的事情，比如如何让员工更恰当地带来客户群，可能同价格、促销方式、产品或地点的变动一样，会极大地改变你的商业理念。1989 年，英国乃至欧洲最大的家居和花园装饰零售商，居全球第 3 位的百安居（B&Q）对员工队伍进行了重大调整。为了满足客户需求——他们希望服务人员也有家可住并具有家居装修方面的知识，百安居在其 330 家英国门店都设定了一个目标，即雇用当地社区居民，重点是每个店的雇用人数都超过了 50 人。这一举措带来了 18% 的利润增长，员工流动率降低至之前的 1 /6。这使得股东高兴，员工也高兴。全球有 8 家企业获得过盖洛普最佳工作场所奖（Gallup's Great Workplace Award），而只有百安居是唯一一家连续 3 年获得此荣誉的企业。5 分是满分，它获得了 4.24 分，这是近乎世界顶级的成就。

有形展示

实体环境需要有吸引力，而且让人感觉舒适，特别是零售业。因此，对麦当劳来说，拥有儿童游乐空间是一个优点，但对银行来说这可能不合适。我们知道，服务在很大程度上是无形的，而客户在购买产品之前往往依靠有形的线索来评估产品。

为了让这一项服务对客户来说是有形的，营销人员开发了所谓的有形展示来取代服务中的这些有形线索。营销人员的职责是设计和实施这些有形展示，并在营销组合过程中酌情加以改变。

例如，氛围可以帮助客户体验你所提供的服务。在俱乐部里，嘈杂的音乐和闪烁的灯光是非常重要的；而在温泉疗养会所中，蜡烛和香味可以提供一个平静的休闲环境。营销人员的任务是提供氛围支持并加强销售服务。

流　程

如何提供产品或服务（流程）是营销组合中的另一个可以改变或改进的因素，你可以由此为你的企业带来竞争优势。复杂的订购系统、混乱的网站和无益的退货政策都将对你的业务产生不利影响。例如，度假的客户需要简化流程来确保一场满意的旅行——他们期望在网站上就能找到并预订假期行程，再通过电子邮件获取电子客票，不排队就可以办理登机手续并取回行李，从机场到酒店能一路顺畅，能迅速解决任何问题。

流程现在是营销组合中的一个关键因素，引出了一个全新的商业规则，即业务流程重组（BPR）。业务流程重组涉及对业务流程的基本反思和重新设计，试图在现代重要衡量指标方面实现显著改进，如成本、质量、服务和速度等方面。

"重组"一词于 1990 年 7 月或 8 月在《哈佛商业评论》（*Harvard Business Review*）的一篇文章《重组工作：不要自动化，消除自动化》（Reengineering work:Don't automate, obliterate）中首次出现。这篇文章的作者是麻省理工学院计算机科学前教授迈克尔 · 汉默（Michael Hammer）。之后，汉默与詹姆斯 · 钱匹（James Champy）共同编写了一本名为《企业再造》（*Reengineering the Corporation*）的书，书中进一步阐述了这一概念。

例如，IBM 国际商业机器公司在 1992 年开始进行再造，其目标是更加趋向以客户为中心。当时，该公司拥有 12 个客户关系流程，其中包括“交付解决方案”，这是 IBM 与客户之间就整套 IT 系统提出的全面定价方案，包括硬件、软件、技术支持、咨询服务以及外包产品。重新设计的流程使用了特别开发的定价软件，将定价责任转移到一线销售团队，这消除了原定价流程转到总部后出现的两个月的延迟，在此期间，IBM 有可能失去客户（特别是在时间紧迫的情况下）。

包括小型企业管理局（美国政府帮助新兴和小型企业的机构）、沃尔玛、福特、圣地亚哥市在内的许多组织都已经成功地使用了业务流程重组。

营销法律

看到某些企业提出的索赔方案和客户受到不公正对待的情况，你可能会相信“概不退换”（提醒买家）是营销的规则，请远离这样的想法。你可以从第四章中了解管理企业结构和知识产权的相关法律，从第五章中了解在你的财产用于商业目的时你可以做和不能做的事情，从第十二章中了解对企业严格管制的劳动法。英国政府在把贸易和工业部（Department of Trade and Industry）更名为商业、企业与监管改革部（Department for Business, Enterprise and Regulatory Reform）时，明确承认了各种条例和章程对企业造成的负担。

以下几个部分涉及你在家创业时需要考虑的主要市场法规。

获得许可证或执照

一些企业，例如食品业、酒业、职业介绍所、小型出租车和理发室，只有获得许可证或执照才可以开业。当地政府规划部门会告诉你哪些规则适用于你的业务。你也可以在 www.gov.uk/browse/business/licences（www.businesslink.gov.uk > Your type of business）网站上点击政府许可证和执照申请链接，用它们的交互式工具找到适用的执照、许可证和注册信息，并由此了解从何处可以获取更多信息。

遵守广告业标准和描述标准

你不能随便发任何你认为适合你的业务的广告声明。此类声明必须得体、诚实和真实，要考虑到你对消费者和可能受到影响的其他人的更广泛的责任。如果你说了任何有误导性或者未能满足这些规则的内容，都将有可能让你处于被起诉的境地。

政府关于“营销和广告：法律”的网页（www.gov.uk/marketing-advertising-law）提供了现行法规的详细信息，这些法规对广告和广告业务守则都有影响。

处理退货和退款

购买产品的客户有权期望商品“符合目的”，因为企业声称商品具备该价值和功能，并且如果客户已经向企业告知他们的特定需求，那么这些商品就应该满足这些需求。商品还必须具有“令人满意的质量”，即耐用，并且没有会影响性能或破坏商品享用的缺陷。对于服务而言，你必须以合理的技巧和谨慎的态度进行工作，并在合理的时间内提供服务。“合理”一词并不明确，适用于各种类型的服务。例如，修鞋需要一周，这是合理的时长，但 3 个月则不合理。

如果商品或服务不符合这些条件，客户可以要求退款。如果客户在投诉前已经更改了商品或服务，或者过了很长时间，或者以其他方式表示他们已经接受，则可能不能获得退款，但仍可在长达 6 年的时间内要求退回部分款项。政府网站上的 www.gov.uk/accepting-returns-and-giving-refunds 链接，以清楚的文字为相关法律做出了总结性指南。

远程销售和在线交易

若你通过互联网、电视、广播、电话、传真或目录以邮购方式销售产品，你就必须遵守上述销售商品和服务的相关规则。总之，你必须提供书面信息、订单确认书以及取消合同的机会。在等待期，客户有权在 7 个工作日内以书信、传真或电子邮件等形式无条件取消订单。

但是，取消权有各种各样的豁免，包括住宿、交通、食物、报纸、音频、录像以及客户定制的商品。由特许贸易标准协会（Chartered Trading Standards Institute）免费提供的“商业伙伴”（Business Companion）服务，为销售合同、服务合同和数字内容提供了公正的指导（www.businesscompanion.info/en/quick-guides/distance-sales/consumer-contracts-distance-sales）。

保护客户数据

如果你在电脑上保存了任何活着的人、客户或员工的个人信息，那么你很有可能需要根据《数据保护法》(Data Protection Act) 进行登记。该法律规定，所持有的信息必须是公平、准确的，而且仅在必要的时间内持有和仅为合法目的持有。

你可以查看自己是否需要在 www.gov.uk/data-protection/the-data-protection-act 网站上注册。

获得消费信贷许可证

如果你计划让客户以赊账的形式购买，或者你将向个人或企业出租或租赁产品，那么你很可能需要申请获得授权才能提供信贷。如果你觉得你需要获得许可，请阅读 www.gov.uk/ offering-credit-consumers-law 网站上的规定。

国际营销法律问题

有关全球营销法律问题的信息，请联系：

- 美国：Lawyers.com (www.lawyers.com)。
- 全球：全球税收 (见附录三)。
- 欧洲：欧盟委员会 (http://ec.europa.eu/index_en.htm> Judicial atlas)。

<<<待办的重要事项>>>

- 使用表 7-1 评估你相对于竞争对手所处的位置。
- 你想通过广告和促销获得什么，以及你打算投资多少来实现这一目标？
- 审查可能帮你实现目标的媒体。
- 为你的初创公司准备一份新闻稿，并汇总一份要发送的媒体清单。
- 你将如何把你的产品或服务卖给客户？
- 概述你将采取的步骤，以确保客户及时、可靠地付款。
- 查看销售和分销产品或服务的法律含义。
- 检查有关“人员、有形展示和流程”的计划。

第八章

建设和使用网站

- 了解网络营销
- 链接到网站
- 拓展网站的用途
- 寻找互联网服务提供商
- 保障网站正常运行
- 确保可见性

根据零售研究中心（Centre for Retail Research，网址：www.retailresearch.org）的数据显示，电子商务是欧洲发展最快的零售市场。2016 年，英国的电子商务市场的销售额达到了 600 亿英镑，并且以每年 17% 的速度递增。在你阅读这本书时，网上销售额将占到整体零售额的 1/5 以上，而 5 年前只比 1/10 多一点。该中心的研究表明，根据许多零售商反馈，顾客通过智能手机和平板电脑浏览网站约占网站整体浏览量的 2/3，但是他们很少用这种方式下单购买。

在线销售的产品范围正在大幅扩大，业务运作方式也正在随之发生变化。例如，汽车购买者过去在下定决心购买之前，通常和经销商有过 5 次或更多次接触，但现在，据白金汉大学（University of Buckingham）的研究，86% 的人会在网上进行大部分的了解，比如轮胎测试信息，几乎没有去过实体店他们就决定购买了。所以，实体展厅可能将要被诸如脸谱网和推特这类的网站和社交媒体所取代。

因此，让你的线上业务发挥作用非常重要。本章为你奠定了良好的基础，可以帮助你了解互联网，进而利用互联网的力量。

许多小型企业一开始都是从网上业务起步的，但是迅速对这种开展业务的方式感到失望。英国微软总经理解释了部分原因：

“许多网站只是一个在线宣传册，而真正的电子商务解决方案是可以让客户像在传统供应链中那样买卖产品和服务的。”不要将网站做成一个静态的且很少更新的购物网站，而要做成一个定期更新的购物网站，比如盖璞（Gap）可能会在第一年花费7位数的资金来维护其网站，而亚马逊的“虚拟购物世界”起初花费的资金更是高达8位数！

网站基础知识

自从亚马逊和其他一些勇敢的先驱开辟出这条道路之后，网络世界已经走过了很长的路。对于以家庭为基础的企业而言，如果你想对更广阔的商界产生影响，那么企业在网络空间中的可见性就显得非常重要。网络被更广泛使用的同时，上网的成本和电脑价格都在急剧下降，而更低的价格所能买到的产品的质量和功能也大大提高了。

网上销售

从书籍、DVD、药物、金融服务，到汽车和房产，所有东西都正在通过网络出售，或者成为在线销售的主要部分。假日、机票、软件、培训甚至大学学位，都与沃尔玛、家乐福、麦德龙和乐购等大量传统零售商捆绑在一起，争夺不断增长的在线市场份额。

并非所有的业务领域都以相同的程度受到互联网的渗透。据互联网研究公司弗瑞斯特（Forrester，网址：www.forrester.com）

的研究显示：尽管在线销售服装和鞋类业务的规模已达数十亿美元，但它仅占每年总销售额的 8%。与此形成对比的是，电脑的线上销售额占到了总销售额的 41%。

据电商市场营销者（eMarketer，网址：www.emarketer.com）的统计数据显示，88% 的人更喜欢网上购物，因为他们可以随时购物；66% 的人喜欢同一时间在多个商店购买多种产品；54% 的人声称自己能够找到只在网店供应的产品；53% 的人不喜欢与销售人员打交道；44% 的人认为在线产品的信息更全面。或许最能说明问题的统计数据是，与线下购物相比，40% 喜欢网上购物的人是因为能找到更低的价格。

自己动手

虽然网上销售可能是进入市场的良好途径之一，但你仍有其他选择。你可以和别人合作，就像将产品销售到商店一样，或者你可以自己开店。网上销售，除了要有自己的网站以外，还需要有显示和描述商品或服务的系统，以及订购、付款和完成交易的系统。本章其他部分包含这些内容。

建立自己的销售渠道的主要优点在于，你可以更好地控制产品出现的位置，这对于对自己的创业充满热情的人来说很重要，并且你可以完全保留利润率，而不是与他人分享分销渠道。你最终可以通过这种方式获得高达 1/4 的利润。但建立自己的在线销售业务前期需要投入数千英镑，并需要持续投入以保持系统的最新状态，就像零售商需要新的商店设备一样。

投放到其他网站上

然而，还有另外一种方式可以让你的商品和服务进入互联网市场：搭载成熟的、现成的电子零售平台。其中最为人熟知的是易贝（eBay），附录二中有关于它的介绍。你还可以在其他几十个网站上销售，这些网站有些有拍卖过程，有些没有。英国近期在其他供应商网站上的销售额约为20亿英镑，高于2004年的6亿英镑。

把产品和服务投放在成熟的、现成的电子零售平台，是把你的产品和服务推向互联网市场的另一种方式。以下是一些最受欢迎的网站：

- 亚马逊（www.amazon.co.uk/gp/seller/sell-your-stuff.html）将通过其分销系统展现、付款、投保，并在必要时挑选、包装和交付你的产品。亚马逊提供的工具可以让你轻松上传库存商品的信息至网站，将无限的商品出售给数百万的客户。合同无固定期限，根据销售产品的类型进行收费。
- 易贝（http://pages.ebay.co.uk/businesscentre）不仅是一个可以讨价还价的平台，而且还是一个可以转卖诸如去年的滑雪装备的平台。当然，这只是易贝业务的一方面。易贝还有一个被称为超级卖家（Power Sellers）的群体，这个群体在英国有16万人左右，他们做几十、几百，甚至几十万英镑的生意。当你的销售额达到750英镑时，你可以成为青铜级超级卖家。
- IBidFree.com（www.ibidfree.com）由前易趣卖家沙恩·麦科马克（Shane McCormack）创立，你可以免费拥有类似易贝的所有功能。IBidFree.com 创造了一个绝佳的机会，让在家创业的人可以在利润不被该网站的各项费用吞噬的情况下推销自己的产品。规则很少，并且与易贝不同，其卖家被鼓励将他们的拍卖链接放进自己的网站。买家和卖家也可以直接发电子邮件，以便更好地沟通。

你需要一个网站的其他原因

你要是觉得网站只适合那些在互联网上做销售的人，也无可厚非。然而，这只是网站众多用途中的一种，网站还有其他有价值的用途。

- 产生广告收入。一旦你有了网站，你就可能有了读者，而其他人愿意为这些读者付费，就像你有一本杂志影印本一样。你可以在你的网站上出售广告位，但你可能忙于运营企业而没有精力为此事分神。获得广告收入的最简单的方法就是让别人去做这项繁重的工作。例如，谷歌广告联盟（Google Adsens，网址：www.google.com/adsense）会把广告与你的网站的内容进行匹配，每次有人点击广告时你都可以赚钱。你可以查看其他几十种广告方案，例如网络广告销售网站（Internet Ad Sales，网址：www.internetadsales.com）上有网络广告速点（FastClick Ad Network）、点击库（Click Bank）和收益领跑员（Revenue Pilot）的服务项目，该网站审查所有在线广告产品和趋势。
- 招聘。当你的业务开始发展时，你可以在自己的网站上投放员工招聘广告。通过这种方式，你可以确保求职者了解你的业务，并且可以削减大部分招聘成本。

- 市场调查。通过在网站上开展调查（参见第三章第 60 页“开展自助市场调研”的内容），你可以了解更多关于客户需求的信息，查看新产品或服务是否会吸引他们，监督他们的投诉并防止投诉演变成问题。
- 常见问题。企业收到的几十个电话和信件所询问的问题基本相同。通过在网站上设置常见问题解答部分，你可以避开大部分问询并节省时间和金钱。CSG 网络（www.csgnetwork.com/csgfaqsgen.html）有一个免费的常见问题解答生成器。只需输入你经常收到的问题和相应的答案，点击生成按钮，就会呈现出一个完整的常见问题解答页面。
- 365 天和 24 小时在线自动销售。一旦你建好网店，弄好购物车，安装好支付系统并有序完成一系列动作，你所要做的就是“往货架上堆放商品”。

选择互联网服务提供商

互联网服务提供商可以让你连接到互联网。如果没有快速、可靠、经济高效且支持良好的服务，你的网站可能就无法充分发挥潜力。20Mbps 的网速是有效进行在线工作的最低要求，理想的超快宽带是 50Mbps 及以上，这对于无限制使用而言是理想的。安装费用、每月费用、合同期限和支持也是需要你注意的因素。

宽带搜索器（Broadband Finder，网址：www.broadband-fnder.co.uk）

和宽带检查器（Broadband Checker，网址：www.broadbandchecker.co.uk）可以根据你的需求提供参考信息并对互联网服务提供商进行评级。

检查竞争对手的在线状态

要了解你的网站应包含哪些内容，请查看竞争对手的网站以及你评价较高的任何其他小型企业的网站。你还可以从网络营销协会（Web Marketing Association）的 WebAwards（www.webaward.org > Winners > Search Winners Database）中看到每个商业领域的最佳网站，Good Web Guide（www.thegoodwebguide.co.uk）网站则包含数千条详细的网站评论。

建好网店，设置购物车并安装支付系统

如果你在商店出售商品，那么你会设置展示橱窗，并为顾客提供购物筐或购物车，方便顾客在付款前放置挑选的商品。而你的线上商店也有很多相同的功能，订单页面附近设有按钮和方框，允许客户选择颜色、尺寸、数量，以及下订单、支付和追踪交货进度。你需要决定自己的网店做什么，就像其他服务的链接一样，你可以安排付款、送货甚至是重新订货，所有这些功能都在以越来越高的价格侵蚀你的利润率。

该领域有几十家公司可供你选择，如 Altcom（http://altcom.co.uk）和 ekmpowershop（www.ekmpowershop.com），它们提供每月 19.99 英镑的交钥匙网店服务（一条龙服务）。GoECart（www.goecart.com）成立于 2000 年，不收取任何开店费用或交易费用，商户每

个月交600英镑左右的费用就可开店。这笔费用包括所有你需要的：网店、购物车设置、支付系统设置、欺诈保护、竞争订单、库存管理以及网络流量统计。此费用最多可覆盖5位管理员用户的费用。GoECart还宣称自己拥有最适合搜索引擎的架构。

在线支付：贝宝等

如果你要在互联网上进行交易，那么拥有某种形式的在线支付工具（例如信用卡商户账户）至关重要。另一种做法是选择一家为互联网量身定制的新型企业，这类新型企业的领导者是贝宝（www.paypal.com），它声称在全球拥有1亿多个账户，而使用它们服务的公司的平均销售额提高了14%。

使用贝宝，你实际上可以把所有主流信用卡和借记卡与商户账户绑定在一起，无须安装费用或漫长的申请流程，在几分钟内就可以接受付款。贝宝不是免费的，采取的是浮动收费制：每笔交易需支付20便士，如果你的交易额达到1 500英镑，还需支付3.4%的费用，如果你的销售额每月高于5.5万英镑，则费率降至1.4%。

环球支付（www.worldpay.com）和杜兰戈（Durango，网址：www.durango-direct.com）也提供类似的服务。你可以阅读由理查德·亚当斯（Richard Adams）设立的免费电子报《商业账户论坛》（*Merchant Account Forum*，网址：www.merchantaccountforum.com），了解各种各样的服务。理查德·亚当斯在为自己的首家在线企业建立商业账户时受到过挫折，于是决定自己建立一个网站来审查商家账户。

让客户看到

每 10 位访问者中有 9 位是通过搜索引擎或类似的工具来访问网站的，因此，你需要通过利用搜索引擎可以锁定的关键词语，把搜索结果填满你的首页。

这个过程被称为搜索引擎优化（SEO），优化你的网站，从而提高它在搜索引擎排名中的位置。如果你对搜索引擎的工作原理有所了解，也会对此有所帮助。

寻找搜索引擎

谷歌虽然是最著名的搜索引擎之一，但肯定不是唯一的搜索引擎，也不一定是每种业务类型的最佳搜索引擎。搜索引擎指南（Search Engine Guide，网址：www.searchengineguide.com）上有一个目录按商业领域列出了搜索引擎，其中一些可能比市场领先者更适合你的产品和服务。搜索引擎观察（Search Engine Watch，网址：www.searchenginewatch.com）提供的技巧和信息，可以帮助网站所有者提高网站在搜索引擎中的可见性。

你可以在密歇根大学设立的美国客户满意度指数（American Customer Satisfaction Index，网址：www.theacsi.org）上跟踪用户对搜索引擎的满意度，这是判断是否值得使用它们的网站的一个很好的参考。最新的调查显示，谷歌的满意度最高，达到 84%，比 2015 年上涨了 8%，高出临近的竞争对手必应（Bing）9%。

列出产品或服务

如果你想确保搜索引擎正确列出你的产品或服务，请首先列出你认为搜索者在寻找你的产品或服务时最有可能使用的词语。例如，彭赞斯（Penzance）的一个维修车库可以在网站主页中包含“汽车”、“维修”、“便宜”、“快速”、“可靠”、“保险”、“碰撞”和“彭赞斯”这样的字眼，吸引那些搜索具有竞争力价格和快速修复服务的服务商的客户。根据经验，你需要在每 300 个字中出现关键字或短语 10~15 次。搜索引擎倚重内容，所以相关的内容越多越好。你可以使用关键词公司（Good Keyword，网址：www.goodkeyword.com）提供的产品，它有一个免费的 Windows 软件程序，可以帮助你找到与自己业务相关的单词和短语，并提供使用频率的统计数据。关键词策略工作室（Keywords Strategy Studio）是它的一款付费产品，售价为 38 英镑，其中有几个额外的过滤器和工具可帮助你完善你的关键字列表。你可在购买时先试用一次。

搜索引擎的算法也喜欢重要的、权威的和声望高的术语。因此，尽管你可能无法夸耀自己的产品是“皇家御用”，但如果《金融时报》引用了你的产品新闻稿，热门博客上对你的产品有评价，或者你具有专业机构和协会的会员资格，你被看见的机会将会大大增加。

接下来的策略是让你的网站与其他相关网站相互连接，但这个网站不能出现竞争信息。因此，如果你出售花盆，那么访问出售植物、园艺工具、栅栏或堆肥网站的顾客很有可能对你很有价值。与其他几十个网站相关联可以提高你被搜索引擎发现的机会。作为交换条件，你可以把相关网站链接到自己的网站，这可以使你们在这种关系中彼此受益。

使用提交服务

你可以通过在自己的网站上设置关键词来帮助搜索引擎找到你，也可以寻求专业人士的帮助。速递网站（Submit Express，网址：www.submitexpress.co.uk）、Rank4u（www.rank4u.co.uk）和关键词追踪工具（Wordtracker，网址：www.wordtracker.com）都有优化程序，可以帮你挤进搜索引擎关键词排名的前 10 名。你的目的很重要，这些服务不保证任何东西，只有试过才知道。如果该项服务有效，你可以再次使用它。

付款方式各不相同。例如，Rank4u 有一个无销售即免费的付款方式，只有在你获得所需展位后，它才开始收取费用。这项服务并非时时刻刻向企业开放，所以你需要亲自查看一下。123 排行榜（123 Ranking，网址：www.123ranking.co.uk）针对小型企业和新企业推出了优惠套餐，年费起点为 344 英镑。搜索引擎指南（www.searchengineguide.com）有一个包括各种搜索引擎营销信息的指南。

为展位支付费用

如果你不想被动等待搜索引擎找到你的网站，那么你可以付费让你的网页被包含在搜索引擎的目录中。但这种方法不能保证广告的位置，例如，如果你的网页在谷歌列表中出现在第 9 870 位，那么就有可能出现顾客点击率为零的情况。在展示位的付费列表中投放广告是确保你的广告快速出现在搜索页面的第一页或第二页的唯一方法。主要的搜索引擎，如谷歌关键字广告（Google AdWords，网址：www.google.co.uk/adwords）和微软的必应（https://secure.bingads.microsoft.com），会邀请你通过每次点击收取一定金额的方式，针对你希望展示的关键词出价。

如果你的建议让人无法抗拒，那么你可能会说服搜索引擎为你提供一项绩效薪酬交易。在这个交易中，你需要分享自己从额外可见性中获得的利润。你可以通过 http://pay-for-performance-seo.topseosratings.com 网站查看以这种方式运作的公司。

跟踪流量

你可以获得大量关于访客的信息：他们来自哪里，他们使用什么搜索引擎和搜索关键词，他们进入网站的位置（主页、常见问题解答页、产品说明页、价格页、订购页面）以及他们在网站的各个位置停留了多长时间。这些信息是你通过订单、查询或电子邮件联系人自动获得的基本信息之外的信息。

你可以根据访客数据来调整你的网站和内容，改善用户体验，从而实现网站目标。例如，你可能会发现许多访问者是通过搜索引擎上的链接进入你的网站的，相比之下，你更希望访客能首先了解你的产品优势或成功故事，而这些链接却把访客带到了网站的一个不适当部分（如价目表）。通过更改和优化你网站的关键词，或者通过在网站中添加更多可见的链接，你可以按照你选择的路径推动流量。

请检查你的网站是否可以随时访问并且有良好的用户体验。很多人在使用网络时都很不耐烦，如果一个网站不能快速运行，他们就会去找别的网站！

衡量网站成功与否的一个好方法是利用谷歌网站（https://analytics.google.com）提供的免费谷歌分析软件包。谷歌分析会跟踪所有反向链接带来的流量：电子邮件营销、搜索引擎、付费点击下载、显示广告和PDF文档中的链接。这样，谷歌分析会收集并报告你的网站效果的数据，让你能够了解所有这些信息。该软件包还会给你提供统计信息和访客的详细信息，允许你跟踪目标网页的效果以及查看访问者正在查看的特定网页。

移动起来

《互联网协会全球报告》（*The Internet Society Global Report*，2015年）列出了以下几点，作为在市场营销中应该关注手机端的重要原因，以及世界互联网用户将在2020年之前从30亿增长到40亿的主要原因。

- 192个国家拥有活跃的3G移动网络，覆盖全球近50%的人口。

4G 和 5G 移动网络已经覆盖了发达国家的大部分地区。

- 智能手机的销量占全球手机销量的绝大部分；平板电脑的销量将很快超过个人电脑的总销量。
- 目前可供使用的应用程序超过 100 万个，下载次数已超过 1 000 亿次。
- 人们使用应用程序的时间超过了在移动浏览器上花费的时间，而在美国至少超过了使用桌面和移动浏览器的总时间。
- 由于固定网络的覆盖范围有限，移动互联网的用户在许多国家已经超越了固定接入网络。在肯尼亚和非洲其他地区，农业和渔业部门由于能够通过移动网络获得定价情报，在市场影响力方面获得显著提升。

谷歌的网站管理员网站提供如何走向移动和如何避免犯错的信息（https://developers.google.com/webmasters/mobile-sites/get-started）。

设计网站

良好的网站设计是必不可少的：加载时间短（使用图形，而不是照片）、文本简洁明了和布局有吸引力。研究表明，访客点击 3 次之后，要么被吸引，要么离开网页，所以你的网站上需要有清晰的标识，包括每个页面上的菜单，以便访客返回主页，或只需点击一下即可跳转到其他部分。

你可以把自己的网站链接到其他商业网站上来推广你的网

站，使用关键词来确保你可以被找到，并选择互联网之外的方式进行宣传，比如在所有产品和出版物上标注你的网站地址。你可以在主页上推出定期更新的“成功案例”，为首次购买者提供折扣，并要求客户收藏你的网站，或将其添加到他们使用的浏览器的网站列表中。你也可以尝试与制造商和分销商合作，开展相关业务。

网站设计的注意事项

该做的事

- 考虑设计。创建一致的视觉主题，把元素分类，以便读者轻松地理解你呈现的信息。
- 准备好内容。网站内容应该关注目标受众的需求，并且是可信的、原创的、最新的和多变的。
- 规划网站导航。你的页面需要直观的布局，便于浏览。
- 考虑可用性和可访问性。谨慎使用图片，因为不是每个人都拥有超快的访问速度。优化你的超文本标记语言（HTML），特别是你的主页，通过删除多余的空间、评论、标签和说明来最大限度地减少文件大小和下载时间。
- 优化搜索。构建关键字、标签和标记，方便访客轻松找到你的网站。

不该做的事

- 出现长页面。超出首页 1.5 倍 ~2 倍长度的内容通常会被忽略。
- 出现无意义的动画。许多动画在颜色和字体方面设计不佳，会让人分心，并且不必要地增加了文件大小，减慢了读者的搜索速度。
- 使用错误的颜色。颜色的选择至关重要：白色背景上的黑色文字是最容易阅读的，而红色和绿色等其他颜色的文字则难以阅读。查看 Visibone 网站（www.visibone.com/colorblind），模仿该网站的网页设计师所采用的浏览器安全颜色调色板。
- 主页上出现过时的信息。没有什么事情比看到非常久远的事情更让客户失望了，例如在复活节时看到圣诞布丁的食谱。
- 浪费读者的时间。让读者在你的网站上注册可能对你有用，但除非你能提供一些令人信服的价值，否则不要这么做。如果你必须要让读者注册，请仅用几行字写明注册详情。

自己动手

你可能已经有了一套基本的网站编写工具与办公软件。如果你使用微软办公软件，那么你可以在软件的 Publisher 部分找到免费的网页设计工具。有了基本的工具，你就可以着手制作网站并营运。

你还可以找到售价为 50~500 英镑的、数百个支持不同服务的软件包，它们可以帮助你创建自己的网站。你也可以看看这些网站：

- BT Business（http://business.bt.com）有许多关于如何改进网站设计的文章。
- Top Ten Reviews（www.top10bestwebsitebuilders.co.uk）提供了一份关于最佳网站模板的定期报告，通过易用性、有用性、支持性、物有所值和其他因素对这些模板进行评分。就在我写这本书时，这个网站正在提供一个无限期免费试用的模板，这是个很好的购买时机，尽管它的功能略有减少。除非你升级到每月 6.39 英镑的一个套餐，否则你将无法获得电子商务功能。
- Web Wiz Guide（www.webwiz.co.uk/kb/website-design）有一个教程，专门介绍网页的页面设计和布局的基础知识。
- 内容编辑、每月的网站站长协助时间、域名、托管、电子邮件以及更多信息，需要更多付费才可添加。

获得外部帮助

有成千上万的顾问声称能够为你创建一个网站。他们稍微调整其中一个现成的网站包即可满足你的需求，售价为 300 英镑，而为你量身定制的服务，售价约为 5 000 英镑。需求不同，价格不同。设计顾问目录（Directory of Design Consultants，网址：www.designdirectory.co.uk）和网站设计目录（Web Design Directory，网址：www.web-design-directory-uk.co.uk）列出了数百名顾问，有一些是私人顾问，有一些是其他更大型的顾问团。你可以在网站上查看他们的作品，看看你是否喜欢。网站设计目录有一些关于选择设计师的有用指南。如果你有预算，你就可以考虑竞拍你的网站设计项目。通过诸如寻找自由职业者（Get a Freelancer，www.getafreelancer.com）等网站，你可以列明准备支付的费用，并且对项目进行说明，而全球的自由职业者会根据你的需求做报价，最低报价的人会中标。

<<<待办的重要事项>>>

- 查看哪些竞争对手在网上销售，以及网络销售对于它们的重要性。
- 详细查看与你的市场相关的其他网站，并甄别你喜欢和不喜欢的内容，把这些发现融入你自己的网站设计中。
- 确定你的搜索引擎优化策略，最大限度地提高网站的知名度。
- 明确你希望你的网站做什么，诸如通知、沟通、履行订单和接受付款。
- 鉴于网站目的，查看网站设计方案。
- 查看使用社交媒体的最佳方案，从查看竞争对手的网站开始。

第九章

做　账

- 决定簿记系统
- 制定现金流预测
- 做出销售预测
- 制定利润预测
- 管理账簿
- 计算比率
- 取得收支平衡
- 处理税收

生意不仅仅是关于数字，就像足球比赛不仅仅关于进球一样。但就像足球比赛一样，任何观众或球员都希望至少定期知道比分，而在一天结束时，获胜者的分数自然要高于失败者的分数。

本章提供的是会计报表的简化版本，方便大家理解会计报表的布局、基本规则和原则。你可以从财务报表委员会（Financial Reporting Council，网址：www.frc.org.uk）的网站上下载最新的规则，即小型实体企业的财务报表标准（Financial Reporting Standards for Smaller Entities）。

记 账

一些企业是因为时运不济才倒闭的，而大部分企业倒闭是因为缺乏可靠的财务信息。你需要完成的工作就是整理和记录有关收入和支出的信息，使财务状况变得清晰。记录财务信息的方式被称为簿记。

不仅仅是公司所有者需要这些财务信息，银行家、股东和税务稽查员也需要，他们对于没有充分的财务记录来支撑自己的这类群体，会依法处理。即使记录最简单的账目信息（比如只在存款单上或支票簿上记下存款来源），然后在本子或账簿中记录相应的交易事件，也会让你与税务稽查员和银行家之间的工作进行得更顺畅。

如果你只是将账单、收据和支票存根堆入旧鞋盒，并在年末（或者当你现金用完时）将其交给会计师，那么整理账簿的成本要比你一开始就做好记录的成本要高得多。此外，你会度过一段很有压力的时期，因为你不确定自己的业绩表现。

你必须做账的账目

簿记系统对格式没有明确的规定，你可以在纸上、分类账中或计算机上做账。但是，你必须要说明你所有业务的收入来源、你的支付对象以及支付事由。如果你注册了增值税（参见第 231 页），那么你还需要记录每个发票和账单对应的增值税信息，并为你的增值税申报所涵盖的每个会计期间做一份汇总。

从简开始

如果你采用手工记账且没有多少笔交易，那么单式记账法是最容易接受的方式。单式记账法需要记录每笔交易，最好在分类账账本上记录。根据企业的需要，你应该每天、每周或每月记录和汇总收支情况。在年底（到了你纳税的时间），你需要汇总 12 个月的账目信息。

这种简单的记录系统被称为现金账簿，如表 9–1 所示。

表 9–1 简单的现金账簿系统

收入				支出			
日期	名字	明细	金额（英镑 / 美元 / 欧元）	日期	名字	明细	金额（英镑 / 美元 / 欧元）
6.1	余额	上期结转	450.55	6.4	Gibbs	进货	310.00
6.4	Anderson	销售额	175.00	6.8	Gibbs	进货	130.00
6.6	Brown	销售额	45.00	6.12	ABC Telecoms	电话费	55.23
6.14	Smith & Co	退货退款	137.34	6.18	Colt Rentals	雇车费	87.26
6.17	Jenkins	销售额	190.25	6.22	VV Mobiles	手机费	53.24
6.2	Hollis	销售额	425.12	6.27	Gibbs	进货	36.28
6.23	Jenkins	销售额	56.89				
							672.01
				6.3	余额		808.14
			1 480.15				
7.1	余额	上期结转	808.14				

在表 9–1 左边的 4 列中，记录的是当月的实时进款，还包括一些基本的明细和金额。第一列顶格显示的是前一个月结转的现金数额。

支出以同样的方式在右边列出。本月的收入总额为 1 480.15 万英镑（美元或欧元），支出为 672.01 英镑（美元或欧元）。收入减去支出就是当前业务中的现金数量，而由于表 9–1 中所示的业务收入大于支出，该数字高于本月初结转的数额。808.14 英镑是收回的应收账款，并需结转到下个月。该月的支出总额加上结转的金额等于左栏中所有收入的总和。

如果一个企业有相当多笔交易，把上述简单的现金账簿扩展成能对数据进行基本分析的现金账簿是明智之举，这种扩展版本被称为分析型现金账簿。表 9–2（收入方类似，但分类不同）就是分析型现金账簿中支出的示例，你可以一目了然地查看收入和支出，包括总额和主要类别。例如，通过这些明细，你可以了解你的企业在每个主要领域花费了多少，或者你最重要的客户是谁。支出同表 9–1 一样，但在表 9–2 中我们可以看到我们在进货、车辆和电话方面的支出明细。这些合计金额都显示在金额列和整个分析部分，最终支出和分析部分两边的金额相等，为 672.01 英镑（美元或欧元）。这既是有用的管理信息，也对你的纳税申报至关重要。

表 9–2　分析型现金账簿示例

支出				分析			
日期	名字	明细	金额（英镑 / 美元 / 欧元）	库存	交通费	电话费	其他
6.4	Gibbs	进货	310.00	310.00			
6.8	Gibbs	进货	130.00	130.00			
6.12	ABC Telecome	电话费	55.23			55.23	
6.18	Colt Rent als	雇车费	87.26		87.26		
6.22	VV Mobiles	手机费	53.24			53.24	
6.27	Gibbs	进货		36.28			
总计			672.01	476.28	87.26	108.47	

如果你正在接受或给予授信业务，无论是否需要对数据进行分析，你都需要保存比现金账簿更多的信息——保留已付和未付

的销售发票的副本以及进货单和银行对账单的副本。然后，你需要把银行对账单与你的现金账簿核对，把所有事情串在一起。比如，表 9–1 中的银行对账单在 6 月底的账户上应显示 808.14 英镑（美元或欧元），图 9–1 显示了这个流程。

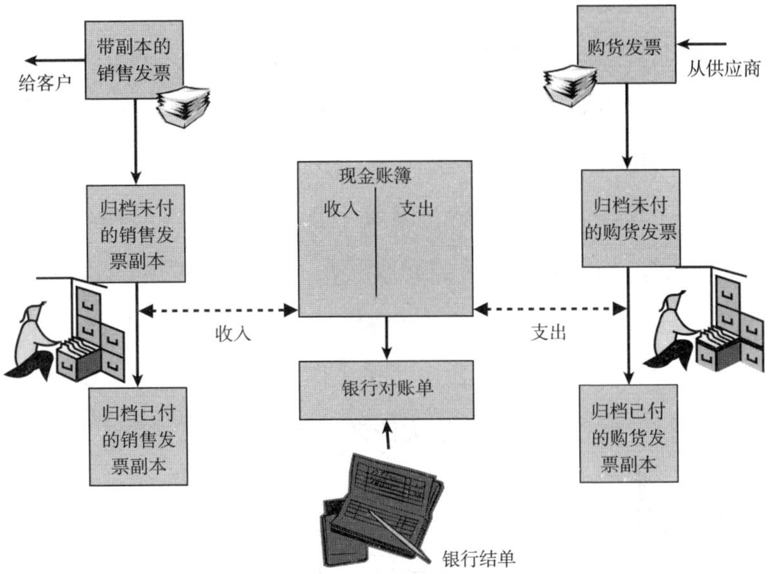

图 9–1 业务记录的简易系统

建立簿记系统

如果你经营着一家合伙企业，并打算以公司的身份进行交易或计划扩大规模，那么你需要一个复式簿记系统。这需要一系列的日记账、分类账、小额现金账簿、工资簿以及一些发票和收据副本的文档。

复式簿记系统要求每次交易都有两个录入项，这为你提供内部校验和平衡以确保记录的准确性。每笔交易都需要录入借方和贷方，这听起来可能有点复杂，但你只需了解大概的意思。

如果手工使用复式簿记系统记账，会更加复杂且耗时，因为每件事都要记录两次。如果手工操作，该方法就需要一套正式的簿记——日记账和分类账。所有的交易都要先录入日记账，然后再写到分类账中——金额相同但在不同的地方记录。典型的分类账户包括用于收入、支出、资产和负债（债务）的账户。

举一个例子，在复式簿记系统中支付租金可能会产生两个单独的日记账，如 250 英镑（美元或欧元）的借方和相应的贷方（见表 9–3）。复式簿记系统的借方金额必须始终等于贷方金额。如果它们不对等，你就知道某处出错了，因此，复式簿记系统可以让你平衡账目，而单式簿记系统无法做到这点。

表 9–3　复式簿记系统示例

	安德鲁书店的普通日记账		
日期	分录描述	借方（英镑 / 美元 / 欧元）	贷方（英镑 / 美元 / 欧元）
7.1	租金	250	
	现金		250

纸质簿记系统

如果你预计每月的交易低于 50 单，无论是买入还是卖出，那么你都可以简单地使用分析纸，这些分析纸可以是分散的，也可以是从任何较大的文具店都可以买到的账本。这些 A3 大小的纸张，已经有十几列横行，因此你可以输入数字并进行扩展分析，如表 9–2 所示。或者，你可以从辛斯顿出版集团（Hingston Publishing Co，网址：www.hingston-publishing.co.uk）处花 20 英镑（美元或欧元）购买一个手工会计系统，该会计系统带有全套分类账本和账簿，或购买在大部分大型文具店都有售的柯林斯记账簿（Collins Account Books）。

获得帮助

你不必自己记账，但如果你在第一年左右就开始记账了，你就可以从财务角度对自己的业务运作情况有一个很好的认识。有许多方法可以减少甚至消除记账任务中比较乏味的方面。

簿记软件和会计软件

基本的计算机簿记和会计系统的成本不到 50 英镑，软件包的合理成本在 200~500 英镑之间，如果你计划从一开始就使用这种系统是很有意义的。没有更多的算术错误，能快速准备增值税申报表，以及在年底梳理账目将会简单得多，这些都是使用这种系统的主要优势。

采购会计软件和簿记软件 市场上有许多非常令人满意的基本会计和簿记软件包。主要的提供商有：

- 马姆特（Mamut，网址：www.visma.co.uk/mamutone）是危马

（Visma）的一个产品，提供一系列会计包系统。其马姆特办公室会计（Mamut One Office Accounting）系统的价格为 407 英镑，这包含增值税和一年的技术支持。

- 出品者（QuickBooks，网址：www.intuit.co.uk/quickbooks）提供一系列产品，购买系统的价格每月约为 8~30 英镑，该系统可以自动生成增值税申报表，协助预算编制、订单采购和库存管理。出品者是基于云计算运行的。
- 赛奇一系（SageOne，网址：http://shop.sage.co.uk）是赛奇（Sage）的入门级产品。它每月的花费是 5 英镑加上增值税，更高级的桌面产品的一次性购买价格加上增值税高达 619 英镑。

使用簿记服务

专业协会，如国际簿记员协会（International Association of Bookkeepers，电话：01732 897750；网址：www.iab.org.uk）、认证簿记员协会（Institute of Certified Bookkeepers，电话：0845 060 2345；网址：www.book-keepers.org），提供免费的配套服务，帮助小型企业寻找簿记员，满足它们的特殊需求。预计每小时支付 20 英镑以上的服务费用，你就可以享受到从简单地记录你账本中的交易、创建账户，到准备增值税申报表或制作工资单的一系列服务。

雇用一名会计

如果你计划以合伙公司或有限公司的身份进行交易，或者你的企业看起来税前净利润超过 3 万英镑，你可能就需要聘请会计师来帮你记账。

找到一名会计 你商业圈中的个人推荐是寻找会计师的最佳起点。同这个人见面，如果你认为你可以与他或她共事，你就需要查看对方的履历，就像查看你要雇用的员工的履历一样，还要确保他或她是一个专业协会的合格成员。特许公认会计师公会（the Association of Chartered Certified Accountants，网址：www.accaglobal.com）、特许会计师协会（Institute of Chartered Accountants，网址：www.icaew.com）或美国注册会计师协会（American Institute of CPAS，网址：www.aicpa.org）都提供合格会计师的在线目录，你可以按姓名、地点、所在行业或任何特定的会计技能来进行搜索。

企业会计报表

会计并不是一个新课题。卢卡·帕西奥利（Luca Pacioli）早在500多年前就写了一本实质上是世界上第一本关于会计的书。

作为一名企业所有者，你需要掌握企业的这些重要的财务领域的信息：现金流、盈利能力、资产和负债。有了这些信息，你就可以如愿以偿，引导企业按照自己的规划发展。

衡量现金流

在商界有一种说法：利润是虚荣，现金流是理智。两者都是必要的，但在短期内，现金流对想要在流沙般瞬息万变的交易中占有一席之地的新企业来说至关重要，关乎企业的生死。

建立假设

你无法非常精确地预测未来，但可以预测可能的结果，并通过建立安全边界来处理随之而来的问题。你可以先对自己想要达到的目标做出假设，并对预期目标的合理性进行测试。

以家族企业映象唱片公司（High Note）为例，该公司向中小学和大学出售乐谱、小型乐器和CD，期望获得贸易信贷和能支付现金的客户群。企业所有者计划投资1万英镑（美元或欧元），并从银行获得1万英镑（美元或欧元）的长期借款。该企业将占用毗邻住宅区域的双车库，并需要1.15万英镑（美元或欧元）来安装窗户、暖气、灯光、电源、储物架和桌椅，还需要1 000英镑（美元或欧元）购买计算机、软件和打印机。扣除以上费用，还剩约7 500英镑（美元或欧元），用来支付即时的交易费用，如进货费和在初期投入的1 500英镑（美元或欧元）的广告费。该企业希望客户的付款能够迅速到账，用于支付其他费用，如簿记费、管理费和履行订单的其他费用。根据已达成的协议，前6个月的销售额预计会达到6万英镑（美元或欧元），再加上一些似乎总是出现的现金销售带来的收入。该行业的经验法则似乎是，库存产品的卖价会比进价翻一番，因此以3万英镑（美元或欧元）买入的商品会以6万英镑（美元或欧元）的价格卖出。

预测现金需求

根据上述假设，如表9–4所示，对现金流进行预测也变得可能。为了便于理解，表9–4是简化版，省略了增值税和其他税等一些要素。

表 9–4 映象唱片公司 6 个月的现金流预测 （单位：英镑 / 美元 / 欧元）

月份	4	5	6	7	8	9	总计
收入：							
销售额	4 000	5 000	5 000	7 000	12 000	15 000	48 000
所有者现金	10 000						
银行贷款	10 000						
总现金进账	24 000	5 000	5 000	7 000	12 000	15 000	
支出：							
进货	5 500	2 950	4 220	7 416	9 332	9 690	39 108
房租、电费、暖气费、电话费、网费等	1 000	1 000	1 000	1 000	1 000	1 000	
工资	1 000	1 000	1 000	1 000	1 000	1 000	
广告费	1 500	1 500	1 500	1 500	1 500	1 500	
固定装置或配件	11 500						
电脑等	1 000						
总现金支出	21 550	6 500	7 770	10 966	12 882	13 240	
每月现金盈余或赤字	2 450	–1 500	–2 770	–3 966	–882	1 760	
累计现金余额	2 450	950	–1 820	–5 786	–6 668	–4 908	

表 9–4 中的计算很简单：把各种来源的现金收入加总，支出也加总。从另一个账户中取钱，当月就会出现现金盈余或赤字，表 9–4 的最后一行显示了累积的金额。因此，例如，虽然该企业在 4 月底的现金盈余为 2 450 英镑（美元或欧元），但考虑到 5 月

会有 1 500 英镑（美元或欧元）的现金赤字，那么 5 月底可能仅有 950 英镑（美元或欧元）的现金盈余［2 450 英镑（美元或欧元）减去 1 500 英镑（美元或欧元）］。

避免过度交易

如表 9–4 所示，基于前述假设，该企业没有充足的现金。或许，当局外人、银行家在 8 月份看到这些数字时，他们可能会发现销售额增长越快，现金流的赤字就越大。我们通过预测知道，这种情况从 9 月份起将有所改善，只要我们能再坚持几个月，到时应该可以消除现金赤字的情况，甚至可能出现盈余。如果我们一开始就进行现金流预测，通过如透支的方式筹集更多资金，花费更少的资金重新装修车库或设定一个更温和的销售目标（故而需要更少的库存和广告费），那么我们本来可以是一家运行良好的企业。这些数据表明，这家公司的交易超出了其经济资源，这种状况被称为过度交易，全世界的银行家对这种状况都唯恐避之不及。

你可以使用电子表格进行更多假设预测，来微调你的现金流预测。中小企业工具包（SME Toolkit，网址：www.sme toolkit.org）提供免费的 Excel 电子表格。

估算启动资金的需求

表 9–4 中的示例只做了 6 个月的现金流预测，而你应该预测 12~18 个月的现金需求。你需要对不同的假设情况做出资金

预测，例如，如果企业的订单减少，消费者的购买周期变长，或者办公室的改造成本比预期的高，会发生什么。最后，当你得到一个你有信心的预测，并相信自己可以证明所需的现金是合理的时候，你就可以把这个现金预测构建到商业计划书的融资需求部分。

如果这个预测所需的资金超过你准备投资或从外部筹集的资金，那么你不要一味向前冲，也不要抱着最好的希望。这时，很可能出现银行不再给你的企业提供资金的局面，即便成功近在咫尺。商业计划书网站（BusPlans，网址：www.bplans.co.uk）上有一个实用的电子表格，可以为你提供最常见的成本类型的信息。

计算利润

你现在可能会担忧映象唱片公司的财务状况。毕竟，这家企业已经卖出了价值 6 万英镑（美元或欧元）的商品，但只支付了 3 万英镑（美元或欧元），所以它有一个可观的利润率。虽然已支付 39 108 英镑（美元或欧元）给供应商，但只有 3 万英镑（美元或欧元）成本价的商品已售出，这意味着价值 9 108 英镑（美元或欧元）的乐器、乐谱和 CD 仍在我们的库存中。销售也存在类似的情况。我们已开出 6 万英镑（美元或欧元）的账单，但仅收到 4.8 万英镑（美元或欧元）；余额记在借方。在现金流预测底部赫然在列的数据显示映象唱片公司的负债总计为 4 908 英镑（美元或欧元），这似乎缺少一些重要的事实支撑。

利润和现金的区别

现金是即时的，并没有考虑任何其他因素。然而，利润是衡量经济活动的一个指标，它把可以确定价值或成本的其他因素考虑在内。支配利润的会计原则被称为匹配原则，这意味着收入和支出与它们发生的时间相匹配。

因此，映象唱片公司前 6 个月的利润表如表 9–5 所示。

表 9–5　映象唱片公司 4~9 月的利润表　　（单位：英镑 / 美元 / 欧元）

项目	金额	金额
销售额		60 000
扣减待售产品的成本		30 000
毛利润		30 000
扣减支出		
电、热、电话费、网费等	6 000	
工资	6 000	
广告费	9 300	
总支出		21 300
息税前和折旧费前的利润		8 700

构建利润表

利润表更加详细，在你了解企业的业绩时会更有用。例如，虽然示例中显示的映象唱片公司的利润是 8 700 英镑（美元或欧元），但实际上的利润会更低，因为用于现金流的 1 万英镑（美元或欧元）的长期贷款会产生到期利息。

实际上，我们有 4 个层次的利润：

- 毛利润是从收入中扣除所有同待售产品相关的成本后剩下的利润。
- 营业利润是从毛利润中扣除营业费用后剩下的利润。
- 税前利润是扣除所有融资成本后剩下的利润。
- 税后利润就是企业所有者用于支出或再投资的利润。

映象唱片公司的利润表如表 9–6 所示。

表 9–6 映象唱片公司扩展版的利润表 （单位：英镑 / 美元 / 欧元）

项目	金额
销售额	60 000
扣减待售产品的成本	30 000
毛利润	30 000
扣减运营费	21 300
营业利润	8 700
扣减银行贷款和透支的利息	600
税前利润	8 100
减少税收	1 377
税后利润	6 723

你可以在中小企业工具包（www.smetoolkit.org-search for Income Statement Template）上找到一份电子表格，帮助你构建自己的利润表。

平衡资产和负债

到目前为止，在我们的例子中，花费在资本项目上的资金［例如在计算机上花费的1.25万英镑（美元或欧元）]，以及把车库改造成适合商业目的的场所的资金都被忽略了。同样，价值为9 108英镑（美元或欧元）的等待出售的乐谱库存，以及客户没有付清的1.2万英镑（美元或欧元）都没有被计入。你必须要对出现现金赤字的环节做出假设，而最合理的短期资金来源便是银行透支。资产负债表是一种把所有这些长期因素考虑在内的会计报告，可以显示企业在任何时候的财务状况：帕西奥利账户的资产负债表能给交易者提供实时的资产和负债信息。

表9–7是映象唱片公司9月底的资产负债表。

表9–7 映象唱片公司9月30日的资产负债表 （单位：英镑/美元/欧元）

项目	金额	金额
资产		
固定资产：		
车库大改造费用等	11 500	
电脑	1 000	
固定资产总额		12 500
营运资本：		
流动资本		
库存	9 108	
借方	12 000	
现金	0	
	21 108	
减：流动负债		
透支	4 908	
贷方	0	
	4 908	

（续表）

项目	金额	金额
营运资本		16 200
总资产		28 700
负债		
所有者投入的资金	10 000	
长期贷款	10 000	
留存的利润（查看利润表）	8 700	
总负债		28 700

你可以在 www.smetoolkit.org-search for Balance Sheet（Projected）上找到一份电子表格模板来帮助你构建自己的资产负债表。

资产负债表中的术语

财务报表中使用的术语通常看起来很熟悉，但它们的使用方式通常非常特殊且可能让人混淆。例如，查看表 9–7 所示的资产负债表，你会看到术语“资产”和“负债”。你可能会认为，企业所有者投入的资金和年度交易中保留的利润绝不会是负债，但会计学中的“负债”是用来表明资金来源的术语。相应地，“资产”在会计学中则表示资金的用途。

你也会注意到资产和负债在中间被混合在一起，用以抵消流动资产和流动负债，最终得到营运资本的金额。会计学中的“流动”表示处于交易周期内，通常是一年。库存将清空，债务人将在一年内支付，而按要求偿还的透支也显示为短期债务。

表 9–7 所示的资产负债表没有显示其他一些应该显示的项目，例如尚未支付的税费和增值税，这些负债应该显示为流动负债。

折旧问题

我们简化的资产负债表中未显示的另一个重要项目是如何处理固定资产随着时间的推移产生的资本支出问题。这些固定资产通常是在其工作年限内折旧，而不是计入利润表。关于不同资产折旧的适当期限，会计规则规定的通常是 3~20 年。

如果我们认为计算机的使用寿命为 4 年，并且会计规则允许我们这样计算，我们就以折旧方式，即每年花费 250 英镑（美元或欧元）作为相关年度利润表中的支出项目。折旧尽管对你管理账户至关重要，但作为税务用途来说，这不是一项可列的支出费用。税务机关允许资产减值税务津贴，如一项年资产成本的 25%，这可以作为税收用途的支出。有些时候，政府想要刺激企业投资，比如投资计算机，会相应地提高资产减值税务津贴。该金额肯定不符合你的折旧估算金额，所以你需要为税务用途和管理目的赚取利润。你可以在表 9–8 中看到折旧对账户的影响。固定资产因折旧减少 125 英镑（美元或欧元），并且年度利润留存相应减少，从而确保资产负债表平衡。

你需保留一份资本登记簿，记录所有固定资产的成本和折旧情况。另一条会计规则，即重要性规则，在这里产生了效力。从技术上来说，一台售价在 5 英镑（美元或欧元）以上的便携式计算器是固定资产，因为它是被买来使用而不是出售，并且使用寿命超过一年。但由于涉及的金额太小而不可能成为实质成本，因此将其视为支出。

表 9–8 纳入折旧费时映象唱片公司资产负债表的变动（单位：英镑 / 美元 / 欧元）

资产负债表	金额
资产的变动：	
固定资产成本	12 500
减：6 个月的折旧	125
账面资产净值	12 375
负债的变动：	
损益账户的利润减少 125 英镑	8 575

对于什么水平的成本是重要的并没有明确的规则。对于一个大的组织来说，可能几千英镑的花费才重要；而对于一家小型企业来说，100 英镑可能就是合适的成本支出。

看懂账簿数据

如果你不能分析和解释企业的会计账簿，那么拥有它们本身并没有多大用处。有两套工具可以帮助你分析和解释企业的会计账簿：使用基本比率和计算收支平衡。这两套工具都涉及对各种性能要素之间关系的衡量，以确定情况是在变好还是变差。

使用基本比率

比率表示其他事物的占比，旨在对所发生的事情进行评估。

比率可以用来比较一个时期（比如说上个月或去年）与另一个时期（比如本月或本年）的表现。比率也可以用来查看你的企业相对于另一个企业（如竞争对手）的表现如何。你还可以使用比率来比较你的目标或预算完成情况。在财务领域，计算比率的情况很多，但计算有用比率的情况并不是那么多。在这里，我们将集中解释家庭企业的重要比率。

利润水平

回顾一下表 9–6，你可以看到映象唱片公司在利润表现方面的一些明细。使用那些数字来计算以下比率：

- 毛利润。这是通过毛利润除以销售额再乘以 100 来计算的。在映象唱片公司这个例子中，金额为 30 000/60 000 × 100=50%。这是用以衡量该公司为制造产品或服务所购买的材料和服务增加的价值：这个数据越高越好。
- 营业利润。这是通过营业利润除以销售额再乘以 100 计算出来的。在这个例子中，数额为 8 700/60 000 × 100=14.5%。这是在没有考虑融资成本和税收的情况下，衡量该公司运营情况的一种标准。鉴于利息和税率会定期变化，且不在公司的直接控制范围之内，所以该金额不包括利息和税率。排除利息和税率后，映象唱片公司可以更容易地比较一个时期与另一个时期的表现，或比较它的业务与其他公司的业务。这里的规则仍然是：这个数据越高越好。

- 税前净利润和税后净利润。这是通过税前和税后净利润分别除以销售额再乘以 100 计算出来的。在这个例子中，金额分别为 8 100/60 000 × 100=13.5% 和 6 723/60 000 × 100=11.21%。考虑到融资成本和税收，这是衡量我们经营业务有效程度的一项指标。后一个数据表明，我们在创造额外资金方面取得了成功，不管是再投资企业还是以提款或股息分配的方式返给企业所有者。这里的规则仍然是：这个数据越高越好。

营运资本的关系

与日常活动息息相关的资金被称为营运资本，其等于流动资产减去流动负债的金额。在映象唱片公司这个例子中，有 21 108 万英镑（美元或欧元）的流动资产和 4 908 英镑（美元或欧元）的流动负债，所以营运资本是 16 200 英镑（美元或欧元）。

流动比率 作为一个数字，营运资本并没有给我们太多的信息。这就好像你知道你的车已经使用了 20 加仑的汽油，却不知道你行驶了多远的距离。知道流动资产比流动负债多多少会更有帮助。这将让我们知道，这些资金是否能够用于进货、支付税款，以及支付可能出现的任何其他短期债务。流动比率是资金使用的衡量标准，等于流动资产除以流动负债。映象唱片公司的流动比率是 21 108/4 908=4.30，根据惯例表述为 4.30∶1，该比率的合理范围在 1.5∶1 和 2∶1 之间。企业的流动比率很难低于此区间，而高于此区间则表示资金被不必要的事物占用了。

平均收账期 我们可以看到，映象唱片公司的流动比率很高，这表明营运资本的某些要素的使用效率不高。该企业在6个月内的销售额为6万英镑（美元或欧元），客户欠款为1.2万英镑（美元或欧元）。映象唱片公司收取欠款所需的平均时间的计算方式是：赊账收入除以所欠款项，再乘以所欠款项的时间（以天为单位），计算如下：12 000/60 000×182.5=36.5天。

根据上述计算的结果，如果赊销付款条件是订货现付或7天付款，则表示某些环节出了严重的问题；如果是净30天的回收期，那么可能比较合理。在这个例子中，所有的销售都假设是赊账进行的。

库存的持有天数　映象唱片公司持有价值9 108英镑的乐谱、CD等库存，并在此期间以成本价出售3万英镑（美元或欧元）的存货［3万英镑（美元或欧元）的销售成本用以支持6万英镑（美元或欧元）带发票的销售额，因为在这种情况下，利润要翻一番］。使用与平均收款周期类似的总额，我们可以计算出所持库存足以支撑55.41天的销售（9 108/30 000×182.5）。如果映象唱片公司的供应商每周都可以交货，那么这个库存数据太高了。从近8周（55.41天）减少到1周（7天）的库存将减少48.41天或价值7 957.38英镑（美元或欧元）库存的营运资本，这反过来会让流动比率下降到2.68∶1。

投资利润率

企业的基本财务目标是为投资资金取得令人满意的回报。投资回报率是按百分比计算的，就像你在银行存入任何资金获得的利息一样。映象唱片公司投入了2.87万英镑（美元或欧元），包括银行借贷在内的各种资金来源，产生了 8 700 英镑（美元或欧元）的经营利润，这是在我们偿还银行欠款或税款利息之前的盈利。投资利润率为 8 700/28 700 × 100=30.31%。

洞悉举债经营的意义 投资回报率是在考虑所有资金来源的情况下得出的。然而，映象唱片公司的所有者只有 1 万英镑（美元或欧元）的投资，支付 600 英镑（美元或欧元）的银行利息后的利润是 8 100 英镑（美元或欧元）。因此，企业所有者的投资回报率为 8 100/10 000 × 100=81%，按任何标准这个回报率都可以被接受。

如果企业所有者能够获得 1.5 万英镑（美元或欧元）而不是 1 万英镑（美元或欧元）的透支，并且只有 5 000 英镑（美元或欧元）的自有现金，那么投资回报率本可以更高。利息成本将增加到 900 英镑（美元或欧元），所以扣除利息后的利润将下降到 7 800 英镑（美元或欧元），但所有者的投资仅为 5 000 英镑（美元或欧元），这意味着投资回报率将增加到 156%（7 800/5 000 × 100）。

与企业所有者投入的金额相比，银行的投资金额是有限制的。通常情况下，银行只会相应地匹配企业所有者的资金，并且在任何情况下，银行都希望借助一些有形资产（如房产）进行放贷。

比率分析电子表格

簿记软件和会计软件通常具有报表生成器的功能，可以为你生成比率，有时还会提供关于需要进一步探究的领域的有用建议。财务管理卓越者（Excellence in Financial Management，网址：www.exinfm.com）拥有这项功能和大量其他有用的财务电子表格模板。

计算盈亏平衡点

虽然你通常需要预先投入一些资金才能开展业务，但你必须要知道什么时候可以盈利。这个众所周知的过程就叫盈亏平衡分析，它是一个重要的工具，可用于制订商业计划书和日常运营计划。

对成本进行分类

当人们搞不清楚不同的成本特性时，他们通常会陷入困境。比如，有一些成本，无论你的销售量是多少都不会改变。例如，在家工作时，任何商业费率、互联网连接费用、清洁费用，以及在空间稀少的情况下租一个相对稳定的活动房屋的租金，都是相对稳定的数字，同销售量完全没有关系。另一方面，你所售产品（如映象唱片公司的乐谱、DVD 和乐器）的成本完全取决于成交量。你卖得越多，需要用于进货的资金就越多。前者被称为固定成本，后者为可变成本，而且除非你对销售额做出了一些假设，否则你不能将它们简单的加在一起得出总成本。

计算盈亏平衡点

我们举一个简单的例子：一家企业计划只销售一种产品，并且只有一种固定成本——租用活动房屋产生的相关年租金和商业费率，活动房屋建在花园中并挨着企业所有者的家。在图 9–2 中，纵轴表示销售额和成本（以英镑 / 美元 / 欧元为单位），横轴表示售出的单位数量。第二条水平线代表固定成本，不随着成交量的增加而变化。在本例中，它是 1 万英镑（美元或欧元）的租金。

从固定成本线起始端开始的斜线是可变成本。在本例中，该企业计划以 3 英镑（美元或欧元）每单位的价格进货，因此其销售的每个单位都会给固定成本增加 3 英镑（美元或欧元）。

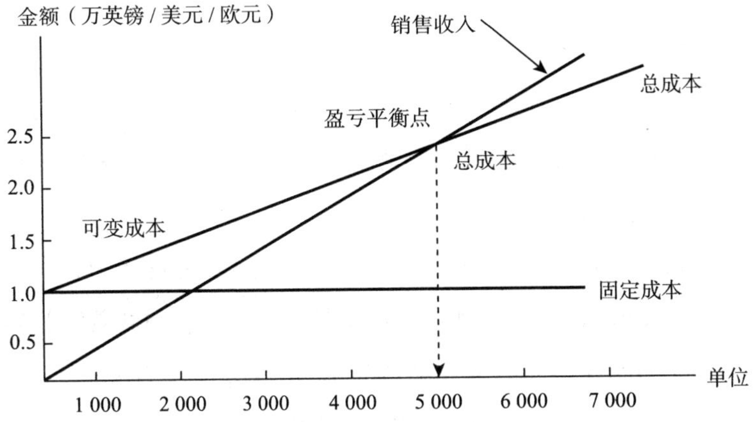

图 9–2 显示盈亏平衡点的图表

只需要销售线这一个元素就可以计算盈亏平衡点，这条线从图表的左下角以一定角度向上移动。该企业计划以 5 英镑（美元或欧元）每单位的价格出售，所以销售额等于售出的单位数量乘以单价。

盈亏平衡点是指企业开始盈利的阶段，即销售收入开始超过固定成本和可变成本的阶段。图 9–2 显示该企业的盈亏平衡点为 5 000 单位。

从图中推导出的公式可为你节省计算时间：

$$盈亏平衡点 = \frac{固定成本}{售价 - 单位可变成本}$$

$$即，\quad = \frac{10\ 000}{5-3} = 5\ 000\ 单位$$

设定利润目标

为了完成盈亏平衡，我们需要增加利润这个维度。认为利润只需在年底计算是一种错误的想法。利润是你一开始就需要设定的一个具体化和可量化的目标。

让我们回到前面的例子，你计划在企业固定资产中投资 1 万英镑（美元或欧元），而且你还需要持有价值为 5 000 英镑（美元或欧元）的库存，你的资产总计为 1.5 万英镑（美元或欧元）。如果你把这笔钱留在银行或投到建房互助协会，你就可以获得 1 500 英镑（美元或欧元）的利润，因此，在设定利润目标时，你可以设定为 4 000 英镑（美元或欧元）（相当于 27% 的高投资回报率）的回报，以弥补自己创业需要承担的风险。现在让我们看看你什么时候能达到收支平衡。

新的等式必须包含你期望的利润，所以它看起来是这样的：

$$保本盈利点（BEPP）= \frac{固定成本 + 盈利目标}{售价 - 单位可变成本}$$

$$即，\quad = \frac{100\ 000+4\ 000}{5-3} = 7\ 000\ 单位$$

由此我们知道，要实现目标，我们必须以 5 英镑（美元或欧元）的价格出售 7 000 个单位，并且固定成本不能超过 1 万英镑（美元或欧元)。

设置安全边际

这个等式的强大之处在于，如果情况不按计划进行，每个元素就可以在实验的基础上依次改变，从而保留安全边际。例如，假设你制定了 7 000 个单位的销售量，但真实销售量可能低至 6 500 个单位。那么为了获得同样的利润，你的销售价格应该是多少?

使用保本盈利点等式并将 x(未知)代入销售价格，可以计算出答案:

$$\text{保本盈利点(BEPP)} = \frac{\text{固定成本} + \text{盈利目标}}{\text{售价} - \text{单位可变成本}}$$

$$\text{即，} \quad 6\,500 = \frac{14\,000}{x-3}$$

你现在需要一点关于代数的知识，因为 x−3 必须与 6 500 交换位置，移回到等号左边的位置，如下所示:

$$x-3 = \frac{14\,000}{6\,500} = 2.15$$

$$x\text{(英镑)} = 2.15\text{(英镑)} + 3 = 5.15\text{(英镑)}$$

如果你的市场可以承受的售价是 5.15 英镑(美元或欧元)而不是 5 英镑(美元或欧元)，则万事大吉；如果情况不是这样，那么该到你做决定的时候了。你必须找到降低固定成本和 / 或可变成本的方法，或者提高销售额，而不是仅仅认为这样低的利润是不可避免的。

处理多种产品

上述用来说明盈亏平衡点的例子很简单。很少有企业只销售一种或两种产品，所以如果你的企业销售数百种产品（如真实的店铺），那么更通用的方程式可能会更有用。

在这样的企业中，要计算盈亏平衡点，你必须首先确定你的毛利润。如果你已经交易，则可以用从客户那里收到的资金减去支付给供应商的资金来计算。如果你还没有交易，那么研究一下你的竞争对手会给你一些启示，这可为你指出你应该瞄准的利润目标。

例如，如果你的目标是毛利润率达到40%，以小数表示为0.4，你的固定成本为1万英镑（美元或欧元），你的总体利润目标为4 000英镑（美元或欧元），那么保本盈利点如下所示：

$$\text{保本盈利点} = \frac{10\ 000+4\ 000}{0.4} = \frac{14\ 000}{0.4} = 35\ 000\text{（英镑）}$$

因此，要达到目标，你必须达到3.5万英镑（美元或欧元）的营业额。[你可以自己检查一下：回顾一下前面的例子，保本盈利点是7 000单位，售价是每单位5英镑（美元或欧元），这些数字相乘后得到3.5万英镑（美元或欧元）。在这个例子中，毛利润率为2/5，即40%。]

获得收支平衡方面的帮助

有几个方案可以帮助你进行盈亏平衡计算。你可以请你的会计师向你演示，或者你也可以选择一些在线电子表格，例如财务管理卓越者（www.exinfm.com-for instance Breakeven Analysis）和活力商业（BizPep，网址：www.bizpeponline.com/PricingBreakeven.html）。活力商业公司销售一种软件程序，可以根据建议销售价格的正负50%来计算你的保本价格。你可以通过调整成本来了解如何优化你的售价，从而达到你的利润目标。

计算税费

作为一家企业，你有责任向政府支付一定数额的税款和其他费用，这既代表你自己，也代表你可能雇用的任何员工，并且你还需要充当一名无偿收税员来对终端消费者的支出进行核算。

如果纳税行为不端，就会受到处罚。你必须将账目保留6年，因此，即便是税务机关已经认同你的数字，但他们在任何时候起疑，都可以翻查过去的记录。在涉嫌欺诈的情况下，查看多久以前的记录是没有限制的。

增值税

增值税是欧洲普遍征收的一种税，虽然税率不同，但都是由企业征收的一种消费者支出税。基本上，这是一个击鼓传花的游戏，注册了增值税（请参阅下文的“起始阈值”部分）的企业，互相缴纳增值税并扣除所缴纳的增值税。在每个会计期末时，你已支付的增值税金额将从你已缴纳的金额中扣除，余额将支付给英国税务海关总署（HM Revenue & Customs）。

在英国，增值税的标准税率为 20%，但有些类型的企业收取的税率较低，有些则完全免税。处理从其他欧洲国家购买和销往其他欧洲国家的商品和服务的增值税方式则受制于另一套规则和程序。英国税务海关总署（www.gov.uk/topic/Business-tax/vat）提供了对现行增值税法规的综合指导。

起始阈值

如果你的销售额预计会达到阈值，你应该注册增值税。2017 年 4 月的阈值为 8.3 万英镑，在这个级别上，每年增加 1 000 英镑左右。你可以在低于这个数值时注册增值税，因为你可能会从营业费用中追回增值税，例如购买设备或为汽油支付增值税。

你在注册增值税时会得到一个增值税号码，你应该把这个号码在所有发票上注明。

支付方式

通常，每季度都要缴纳增值税，但小型企业可以利用一些方案来简化流程或改善自身的现金流。年度会计方案允许你按月或季度缴纳估算费用，并在年末提交一份带有任何尾款的单一年度申报表；现金会计方案则允许你在未收到客户付款之前延迟支付任何增值税。统一税率方案允许你计算你的增值税占总销售额的百分比，而不必记录单次购买和销售所收取的增值税。

利润入账

你需要为你的企业赚取的任何利润纳税，而你支付的费率则取决于你所选择的法律结构。在英国，如果你经营的是独资企业或合伙企业，你将按照你的个人边际税率缴税。有限公司每年要缴纳20%的税，且每年都要审查。你可以在全球税务网站（Worldwide-Tax website）（见附录三）上找出所有主要国家的现行税率。

会计年度和付款日期

基于税收用途考虑的会计年度通常为4月5日至4月6日，但有些企业觉得日历年度更适合其业务类型，就会使用不同的日期。如果你希望英国税务海关总署计算应纳税额，你就需要在9月30日之前把你的纳税申报表返还给英国税务海关总署，或者如果你愿意自己做账或委托你的会计师做账，你可以在1月31日之前把你的纳税申报表返给英国税务海关总署。税款本身分7月底和1月底两个阶段支付。公司必须计算自己的应缴税额，并在年末9个月后支付。如果延迟纳税，你会被罚款并收取利息。

为公司注册账户

公司的财务情况属于公开信息。除了向英国税务海关总署通报情况外，公司还必须在英国公司登记处注册账户。公司应在会计年度结束后的10个月内申报账目。小型企业（营业额低于560万英镑）可以提供简化版的账户信息，其中只包括非常有限的资产负债表和利润表信息，这些账户信息不需要审计。若延迟申报，你可能会被罚款 1 000 英镑。在美国，只有上市公司才需要注册账户。

估算应纳税额

税是企业利润的应付款，这可能与你的利润表中的数字不同（见下文）。例如，你会包括折旧费、娱乐费和其他费用，尽管你知道这些费用的金额和用途很重要，但对于税务用途而言，这些费用并不是可列支费用。你的会计师会在这方面给你很好的指导。英国税务海关总署为家庭企业提供具体的指导。

预扣所得税体系

雇主负责从雇员账户中扣除所得税并向英国税务海关总署支付相关费用。如果你以有限公司的身份进行交易，那么作为董事，你收到的任何薪水都将被纳入预扣所得税（pay as you can，简称 PAYE）体系中。你将需要计算应缴纳的税款。英国税务海关总署详细介绍了预扣所得税体系（www.gov.uk–searchfor'employing people–payroll'）。

办理国民保险

几乎每个工作的人都必须缴纳由英国税务海关总署征收的一项单独税收，即国民保险（National Insurance），至少从理论上来说，这些税收是用于国家养老金和其他福利的。国民保险有不同的费率要求，自雇人员每年在自我评估纳税表上缴纳第 4 类税款。

所收取的国民保险金额取决于大量不同的因素，涵盖已婚妇女、志愿发展工作者、共享渔民、自营职业者和低收入者。这些因素让国民保险的比例在 1%~12% 之间浮动。英国税务海关总署的官方网站（www.gov.uk）提供了关于国民保险的所有信息。

税收方面的帮助和建议

英国税务海关总署(www.gov.uk/topic/business-tax/self-employed)提供了一些指引，税收咖啡馆（Taxcafe，网址：www.taxcafe.co.uk/business-tax. html)发布了一系列有用的指南，包括小型企业税务节省策略(Small Business Tax Saving Tactics)——284 页的节税理念——和增值税问答服务（VAT Question and Answer Service)。

<<<待办的重要事项>>>

- 回顾你的簿记需求并决定采取哪种系统。
- 做好你的初始销售预测以及随之而来的现金流、利润表和资产负债表。
- 使用前面生成的财务报表来计算和解读主要的比率。
- 计算出你的盈亏平衡点并评估何时能达到该点。
- 评估你的财务预测会产生的税务负担。
- 在英国税务海关总署网站上查看有关你的竞争对手和客户的账户信息。

第十章

筹集资金

- 理解债务融资的作用
- 了解权益的来源
- 查看拨款以及政府扶持对资金的帮助
- 营运资本融资
- 寻找免费资金
- 获取众筹资金

商业领域中的一个事实是，所有企业都需要一些现金才能运行，即使企业只是购买一些便宜的簿记软件、一个更大的办公桌或一些放在车库里用来放置库存的货架。如果你正在销售产品或者是身处需要支付劳工工资的服务行业，那么你越成功，你就越需要融资更多的资本或进货资金。为了保持竞争力和可见性，你的产品或服务需要随时更新，你的网站也一样，所有这些都需要额外的投资。

独资企业有很多资金来源，但是，并非所有的方法在任何时候都同样适合所有企业。对于可盈利的企业来说，这些不同的资金来源附带着不同的义务、责任和机会。了解这些差异，你就能够做出明智的选择。

在家起步的大多数企业将融资策略限制在长期或短期的银行贷款范围内，认为其他融资方式过于复杂或过于冒险。在许多方面，情况却正好相反。除了银行之外，几乎所有的融资来源都会或多或少地分担同资金收款人交易的一些风险。

预估资金需求量

毫无疑问，估算你需要多少资金以及你需要这笔资金的时长是筹集资金的第一步。估算融资需求不是一门精确的科学，任何复杂的电子表格都不能让你完全正确地计算出总数。首先，你需要根据自己预期的企业规模来确定你想达成的目标。然后，你就可以估算出你需要多少资金来实现这些销售额，以及何时需要这些资金。

现金流预测（请参见第九章）和你的商业计划书（请参见第十一章）会帮助你更充分地估算资金需求。

固定装置、配件和其他长期成本

购置家具，重新布置家中的某些区域以放置库存，改造一间隔开普通家庭生活喧嚣的办公室，以及几乎肯定要涉及的网站建设，这些都是你可能需要先花钱的最明显的项目。这些也都是你用于长期经营的项目支出，被称为固定资产，需要通过银行的长期贷款、租赁融资或投资者提供的资金来融资。本章后面的部分会对所有的融资方法做进一步的解释。

营运资本

如果你打算销售产品，那么你可能需要购买材料并加工，然后进行销售，或购进可以销售的货品。无论是哪种情况，你都需要从供应商那里进货，这些供应商可能会提供最小起订量的订单，或者提供吸引你大量买进的价格。在你的客户付钱之前，你将不得不自己先承担这笔购买费用。

这种在交易时流入和流出企业的短期资金被称为营运资本。你可以通过银行透支、供应商赊账、发票贴现或保理为营运资本提供资金。本章后面的部分会进一步解释所有的融资方法。

处理突发事件

生活中很少有事情会完全按照计划进行，而在商界中，也会有相当多意外的情况出现。这有可能是一个令人惊喜的消息，例如出乎意料的大订单或突然涌入的新客户群，也可能是不太愉快的消息，比如客户破产导致无法回款，你的网站成本比预算要高得多，或者你因为生病不得不停工休息。为了处理这些不可预见的事件，你应该在你已确定的项目之外再投入一些额外的资金。

关于准备金的具体金额没有硬性规定，但比现金流预测的精确金额提高 10% 左右会是谨慎的做法。

计算不同企业的启动成本

桑坦德（Santander）银行有一套灵巧的工具（www.santander.co.uk > business guides）。你先选择自己感兴趣的创业行业（该网站显示了数百个从针灸到挡风玻璃服务的行业），成本计算器会提供你可能需要购买的物品以及当前的成本列表。滚动浏览多达 8 屏的成本提示信息，你就会了解自己选定行业所涉及的成本。每种行业指南还会为你提供你可能需要的其他信息来源的链接。

利用自己的资源

你自己的资源应该是你寻求企业融资时的首选渠道，这通常比任何其他资金来源都更容易安排、更便宜、更快速且更省时。当然，还有一个重要的优点是：如果你不使用银行借款的途径和其他类似途径，那么一旦你的企业运行良好且蒸蒸日上，你可能就会在以后需要融资的时候享受到更好的融资待遇。

裁员的情况

随着变化的步伐不断加快，裁员是国际工业领域的一种持续性特征。如果你在就业并有资格裁员，这可能是一种为你企业融资的方式。不管怎样，如果你的企业正在迅速发展，你可能会忙得不可开交。以下是你要考虑的关键因素：

- 你是否有资格裁员？这是一个复杂的领域，但公民咨询局（Citizens Advice Bureau，网址：www.citizensadvice.org.uk > redundancy）对该主题有一份总结性指导，并提供关联其他信息的有用链接。
- 第一笔 3 万英镑的裁员费是免税的，之后，你需要按最高的边际税率缴税。裁员帮手（Redundancy Help，网址：www. redundancyhelp.co.uk）提供许多有用的指南，包括裁员方面的服务和免费的咨询服务。
- 如果你在规定的退休年龄之前领取退休金，那么你领取退休金的资格可能会受到不利影响。英国保险商协会和金融服务管理局（the Association of British Insurers and the Financial Services Authority）有一个退休金计算器（www.pensioncalculator.org），你可以通过在上面设置更少的时间和提前退休的选项来了解退休金会发生什么变化。

动用存款

如果你有以备不时之需的积蓄，那么你可以考虑现在就动用。你需要与你的财务顾问讨论此问题，因为可能会出现因提前兑现保险单而受到惩罚的情况。投资和财务顾问协会（the Association of Investment and Financial Advisers ，网址：www.apfa.net）可以帮助你在英国或海外寻找顾问。

转抵押借款

如果你在 5 年前或者更早以前购买了现在的房子，那么你很可能坐拥大量的资产净值，即房屋当前的市场价值与未还清的贷款额度之间的差额。你可以通过转抵押获得更高的价格和取出一些现金来进行投资。你应该能够拿出权益价值的 80%~90%，尽管这可能意味着你要为抵押贷款总额多支付 0.5%~1% 的利息以及一笔安排费。如果你需要相对较少的资金或者只需要短期资金来为营运资本融资，这可能不是最好的选择。

你可以在贷款分类器（Mortgage Sorter，网址：www.mortgagesorter.co.uk> Remortgages）上找到关于整个问题的指南，你还可以在该网站上找到一个转抵押报价服务。银行也提供有关这个问题的建议（www.barclays.co.uk > Mortgages > Remortgage with us）。

使用信用卡

如果人们能够以 6% 的利息获得银行透支，为什么还会有人愿意支付 18% 的利息呢？答案很简单，借款人要通过相当严格的信用审查才能获得银行透支（参见“使用银行”部分，第 246 页），而信用卡供应商靠大量的违约客户获取利润。换句话说，你想要来钱容易，就要承担违约的风险。

尽可能使用信用卡支付行程费用或相关费用。你手中要有一张信用卡，作为你应急计划的一部分，用来处理财务紧急事件，但这类资金不应成为任何企业核心资金的一部分。财富超市（www.moneysupermarket.com > Money > Credit Cards）提供了一个比较工具，对 300 多张信用卡进行了比较。另外，钱乎（About Your Money，网址：www.aboutyourmoney.co.uk > Credit Cards > Business Cards）提供一份商业信用卡 A~Z 的列表，对提供者、利率和其他费用进行了比较。

赚取血汗产权

你选择创业，并不意味着没有其他的赚钱方案。赚钱而不是借钱的吸引力在于，赚钱是免息的，永远不需要还款，但是从银行借钱需要支付利息。你工作越努力，你就可以获得更多的收入并投入到企业中，因此，得名血汗产权。

使用地方交易系统

本地交易所允许任何参与方案的人向其他成员提供技能或服务，例如水管装置、园艺或使用复印机。无论采用何种货币，价格都是一致的，但没有钱币易手。这个系统比直接易货更有野心。提供者在本地组织者所保存的账户上被标记为贷方，用户被标记为借方。贷方可以用同样的方式赊销其他服务。

使用本地交易系统的好处是，你可以在没有启动资金的情况下就开始交易和发展。你所需要的只是时间和销售的技能 ，一旦你售出你的商品，你就可立即通过本地信用交易系统进行支付。另外，使用本地交易系统意味着财富被保存在当地社区，这表示你所在地区的客户可能能够与你一起消费更多。成功使用本地交易系统的关键之一是要有一位积极进取的组织者，他可以制作、维护和传播本地交易系统的服务与输出目录。你可从联通英国（Letslink UK，网址：www. letslinkuk.net）上了解该系统的更多信息，并找到离你最近的组织者。

联通你我（LETS-Linkup，网址：www.lets-linkup.com）为来自 39 个国家的 1 500 多个本地交易系统群体提供了一份指南。

借　款

融资的一端是向企业出借资金的各种组织。这些组织都力图承担少量风险或不承担风险，而且无论借钱企业的业绩如何，它们都期望能获得一些报酬。它们通常希望借款能从第一天起计息。虽然它们也希望管理层能胜任工作，但它们更关心的是确保自己拥有对企业或其经理人的任何资产进行起诉的权利。在到期的那一天（可能比借款人希望的更早），它们希望所有的钱都回来，不多也不少。把这些组织视为帮助你将一部分非流动性资产（如房地产、待销库存或尚未付款的客户）变成流动性更强的资产（如现金）

的人，这样的想法会更加谨慎，当然这种帮助在效果上会打点折扣。

使用银行

每 10 家新创企业和小型企业中，有 9 家把银行视为主要且唯一的融资来源。世界各地的小型企业都依靠银行提供资金。

银行家以及其他任何出借资本的投资者都在寻求资产担保来保障他们的放贷，并要求借款人提供一种几近确定的回款保障。他们还会收取借款人一定的利率，该利率反映当前的市场状况，同时也反映投资人对提案风险水平的看法。

银行家们喜欢谈论信用分析的“5C”，这是他们在评估贷款申请时查看的因素。当你向银行申请贷款时，要处理好以下几点（5C）：

- 品性（Character）。银行家会借钱给看起来诚实并且信用记录良好的借款人。在申请贷款之前，获取信用报告的副本并清理任何不良记录对你来说是很重要的事。
- 能力（Capacity）。这是对借款人偿还贷款能力的预测。对于一个新企业，银行家会审视企业计划书。对于现有企业，银行家会审视财务报表和行业趋势。
- 抵押品（Collateral）。如果借款人缺乏资金，银行家通常希望借款人抵押可出售的资产以还清贷款。
- 资金（Capital）。银行家会仔细检查借款人的资产净值，即资产超过债务的数额。
- 条件（Condition）。银行家是否提供贷款可能受当前经济环境和贷款金额的影响。

寻找商业银行家

过去几年，小型企业对电话银行和网上银行的使用量显著增加。根据英国银行业协会（British Banking Association，简称BBA）的统计，智能手机和平板电脑上的银行业务已成为消费者管理金融业务的主要方式，手机银行已经超过了实体分行和互联网，成为最受欢迎的银行使用方式。实体银行分行的位置似乎不太可能成为影响未来银行客户的重要因素，因此你不必再局限于搜索附近有分行的银行。所有主要的清算银行都为其小型企业客户提供电话银行服务和互联网服务，或正在开展这项工作。

英国银行业协会（www.bba.org.uk/customers/business-banking/business-accounts/business-account-fnder-tool）提供一个商业银行账户搜索工具，可以让你把目前的银行与任何可以选择的其他银行进行对比。

提供担保

如果一家企业的资产规模很小，那么任何放款人都可以寻求额外的保护，要求企业所有者亲自为贷款担保。如果是有限责任公司，那么这种行为实际上剥夺了公司应该为风险承担者（即自营企业主）提供的一些保护。如果条件允许，你应该拒绝提供担保。如果你必须要担保，则尝试仅针对相关特定资产提供担保，并为该担保的结束设定明确的条件，比如当你的透支额或借款降至一定水平时，即可结束担保义务。

请记住，商业金融中的一切都是可以商量的，你与银行的关系也是如此。银行业也存在竞争，所以如果你向这家银行借款变得异常艰难，可能是时候换家银行了。显然，为了能够继续开展业务，你需要提前了解需要额外资金的时间。冲入一家银行寻求下周的额外资金，这很难让银行相信你作为战略思想家的能力。此时，商业计划书也应该派上用场了。

透　支

短期银行融资的主要形式是透支，以企业的资产为担保。所有提供贷款给小型企业的银行有 1/4 以上都采用透支的形式。如果你刚开始从事清洁业务，比如说签订一份有关清洁业务的大型合同，那么你最初需要足够的资金来购买拖把和水桶。在合同签订 3 个月之后，你就可以获得报酬，所以用 5 年期的银行贷款来支付这笔费用变得毫无意义，因为在一年之内，你就会在银行里有现金和一笔因提前赎回而需支付罚款的贷款！

但是，如果你的银行账户在一年内的任何阶段都一直亏损，你就需要重新审查你的融资。企业常常利用透支来获得长期资产，而这种透支似乎永远还不清，最终会制约企业的发展。

透支的吸引力在于，它们很容易协商且费时少，而这也是它们固有的弱点。协议文件中的关键词是“按需偿还”，这使得只要银行觉得合适，就可以自由地制定和更改规则。（这个条款正在不断被审查，一些银行可能会将其从协议中删除。）如果你借助其他形式的借款，只要你遵守条款和条件，贷款在期限内就归属于你，但银行透支并非如此。

定期贷款

定期贷款，也称长期银行借款，是银行给企业提供多年资金的一种方式。

利息既可以是可变的，随着一般利率而变化，也可以在未来几年内保持不变。固定利率贷款的比例原来只占全部定期贷款的 1/3，现在增加到约占全部定期贷款的 1/2。在某些情况下，银行有可能在固定利率和可变利率之间切换，甚至有可能在短期内暂停收取利息，给企业一些喘息的空间。如果在偿还、利息和保障等方面符合贷款条件，企业在贷款期间就可获得资金。定期贷款不同于透支，因为如果情况（或当地经理）发生变化，银行就不能破坏你的贷款计划。

超过 1/3 的定期贷款期限超过 10 年，1/4 的定期贷款期限为 3 年或更短。

政府企业融资担保方案

这些企业由银行在英国、澳大利亚、美国和其他地方政府的鼓动下运营。这些方案为银行和其他金融机构向有可行的商业理念的小型企业提供的贷款进行担保，这些小型企业由于缺乏安全性而未能获得传统的贷款。英国商业银行（the British Business Bank）是一家政府所有的商业发展银行，致力于为小型企业的金融市场提供更好的服务。自 2009 年启动以来，企业融资担保（Enterprise

Finance Guarantee，简称 EFG）已向 2.6 万多家小型企业提供了 27 亿英镑的资金。通常，企业融资担保贷款给这样的小型企业：有发展潜力，但由于缺乏安全性而无法满足放款人的正常安全要求，进而无法从出借人那里获得融资资金。

企业融资担保的担保贷款为企业的未来增长或扩张提供 1000~1 200 000 英镑的资金。对于定期贷款和资产融资，融资期限为 3 个月到 10 年，不过对于循环设施和发票融资则最多为 3 年。你可以在 http://british-business-bank.co.uk/ourpartners/enterprise-fnance-guarantee/ 上了解有关企业融资担保、相关费用、资格标准的所有信息以及 40 家左右的提供商。

在线个人对个人贷款平台

在过去的几年中，在线个人对个人贷款平台（online peer-to-peer platform，简称 P2PL）已经成为一个新兴企业和成长型企业快速增长和重要的融资来源。许多在传统融资市场被拒绝的企业所有者转而向同行筹集资金。放款人主要希望获得更好的回报，这是相比投资到其他地方而言的，因此这对于整个英国经济的持续增长而言是完美的协同合作，对双方都有利。

在线个人对个人贷款平台门户网站：

- 是贷方和借方之间的桥梁；
- 在线管理交易；
- 对申请人进行信用审查和尽职调查；

- 让放款人能够从寻求贷款的客户中进行选择；
- 提供比银行更广泛的廉价无抵押贷款服务。

仅英国的这些贷款平台，每 12 个月向企业提供的贷款就超过 3 亿英镑，并且该数字每年都在翻番。事实上，最近在线个人对个人贷款平台的贷款热潮非常成功，以至于主流银行、企业融资提供商、养老基金甚至政府部门也化身成贷款机构，加入了贷款平台的行列。

一些在线个人对个人贷款平台的门户网站已经很成熟，而另一些则是金融领域的新手。与传统银行机构相比，这些在线个人对个人贷款平台的门户网站的管理费用往往较低，因此转嫁给客户的成本也较低。个人对个人资金（P2P Money，网址：www.p2pmoney.co.uk/companies.htm）提供一份放贷人的目录。

通过信用社筹集资金

如果你不喜欢商业银行（也是人们所知的主流银行）提供的条款，你可以考虑组建自己的银行。这并不像听起来那么疯狂，由商界和有志创业的小型企业家组成的信用社在美国、英国和其他地方已经存在了数十年。对于低收入人群来说，信用社一直是一种有吸引力的选择，因为相比主流银行，信用社便宜又便捷。一些个体经营者如出租车司机也组成了信用社。然后，他们可以申请贷款，用于支付维修、翻新或技术升级的意外资本支出。

信用社的普及情况因国家而异。例如，在英国，300 个人中不到一人组建了信用社，而在加拿大、爱尔兰和澳大利亚3个人中就有一个以上的人组建了信用社。当然，几乎没人会质疑信用社的吸引力，因为其年利率低于主流银行30%，这也是信用社的目标。尽管没有最低存款的限度，但会员必须定期储蓄才有资格获得贷款，而在10周后，有良好记录的会员可以借到相当于其存款5倍的金额，尽管他们必须在偿还贷款的同时继续储蓄。虽然没有固定的利率，但任何盈余都会分配股息给成员（通常每年约为5%）。这同银行的存款利息相比也是有利的。

找到一家信用社

你可以从英国信用合作社有限公司（Association of British Credit Unions Limited，网址：www.abcul.coop）获取更多有关信用社的信息和你所在地区运行的信用社的详细信息。有关美国以及从澳大利亚到西印度群岛的信用社，请参阅信用联盟在线（Credit Unions Online，网址：www.creditunionsonline.com）。

世界信用合作社理事会（World Council of Credit Unions，网址：www.woccu.org > Member Services > Members）在109个国家拥有6.05万多个信用合作社的名录。

租赁和租用设备

通常，你可以通过租赁像汽车、货车、电脑、办公设备之类的有形资产来进行融资，而不是租用房屋或公寓这类有形资产。或者，你可以通过分期付款购买这些有形资产，这可以让其他资金自由地覆盖现金流中不太有形的项目。

租赁是一种无须一次性支付全部费用即可使用车辆、工厂和设备的方法。如果你使用设备（如汽车、影印机、自动售货机或厨房设备）的时间短于其全部经济年限，就可以采用经营性租赁的方式。出租人承担设备过旧的风险，并承担维修、保养和保险责任。由于承租人需要支付这项服务费用，因此这比融资租赁更为昂贵。因为在融资租赁中，你租赁设备的大部分经济年限并自行承担维修和保险责任。在后几年，租约通常可以延长，只需支付一点名义上的费用。

分期付款不同于租赁，因为你可以在一系列付款后最终成为资产的所有者。

找到一家租赁公司

英国融资与租赁协会（the Finance and Leasing Association，网址：www.fla.org.uk）详细介绍了所有提供此类融资的英国企业，也提供了关于贸易条件和行为守则的一般信息。

贴现和保理

客户通常需要时间来偿还资金，同时，你必须付钱给员工和不那么耐心的供应商。所以，企业成长越快，你需要的资金就越多。你通常可以把信誉良好的客户的账单保理给金融机构，这样在发货时你就可以收到部分资金，从而加快现金流。

保理一般仅适用于提供服务给其他商业客户并开具发票的企

业（无论是在本国市场还是在国际市场）。保理也适用于新的企业，虽然保理服务通常在企业增长的早期阶段最有价值。这种安排可以为你收取高达 80% 的客户欠款，而且比客户正常支付的速度更快。保理公司实际上是购买你的贸易债务，并且还可以为你提供债务人会计处理服务和管理服务。当然，你需要为保理服务付费。在客户付款之前获得现金将会使你的支出超出正常的透支率。保理服务的费用将占营业额的 0.5%~3.5%，具体金额取决于工作量、债务人数量、平均发票金额及其他相关因素。你可以提前获得发票价值的 80%，其余部分要减去刚刚提到的各种费用，并在客户结算时支付给你。

如果你直接向公众销售复杂且昂贵的资本设备，或者期望长期项目取得进展款项，那么保理并不适合你。如果你的扩张速度比其他资金来源所允许的要快，保理可能是一项值得探索的有用服务。

发票贴现是保理的变体，即你负责从债务人处收取款项。这不适用于新的或非常小的企业。

查找发票贴现或保理

资产型融资协会（the Asset Based Finance Association，网址：www.thefda.org.uk）是代表英国保理业务和发票贴现业务的协会，该网站链接指向它的成员目录。

卖方信贷

一旦你建立了良好的信誉，你就有可能利用供应商提供的贸易信贷，这通常可以让你在收到货物之后 7 天至 3 个月内再付款。即使你有时间支付商品和服务费用，你也必须仔细权衡获得这笔贷款与失去现金折扣的利弊。例如，如果现金结算可提供 2.5% 的折扣，那么每购买价值 1 000 英镑（美元或欧元）的货物就可以节省 25 英镑（美元或欧元）。如果替代方案是采用 6 周的信贷，那么节省的成本就是从银行透支的成本。而如果你的银行利率是每年 8%，那相当于每周 0.15%，6 周将为你节省 0.92%。因此，购买 1 000 英镑（美元或欧元）的货物，你只能节省 9.50 英镑（美元或欧元）的银行利息，这意味着现金折扣更具吸引力。

检查你的信誉

但是，在延长付款期限之前，你的供应商可能会对你进行信用调查。你应该时不时对自己的企业进行信用调查，看看别人怎么看待你的企业。你可以使用信用咨询机构，如企业类的 Snoop4 Companies（www.snoop4companies.co.uk）或个体营业者类的益百利（www.experian.co.uk），先检查自己的信用评级，然后再尝试获得卖方信贷。如果你对潜在客户的支付能力有任何疑问，也可查看对方的基本信用报告，费用在 3 英镑（4.3 美元或 3.5 欧元）到 25 英镑（36 美元或 29.5 欧元），这可以为你节省时间和金钱。

格雷顿机构（Graydon，网址：www.graydon.co.uk）为 190 多个国家的企业提供信用报告。

亲朋好友

那些你亲近的人可能愿意借钱给你或投资你的企业。这类投资可以帮助你在融资时避免向外人诉求，承受额外的文书工作和官僚主义拖延的煎熬。如果你曾经历过破产或者其他信贷问题，难以甚至无法从商业银行贷款，那么来自朋友、亲戚和商业伙伴的帮助可能特别有价值。

他们的参与带来了一系列额外的潜在收益、成本和风险，而这些并不是大多数其他融资类型的特征。你需要决定哪些是可以接受的。

向你熟悉的人借钱有如下优点：你可能会被收取较低的利率；你可能可以延迟还款，直到你的企业更加成熟；如果你陷入困境，可能会具备更多灵活性。但是，一旦达成贷款条款，你就需要承担与银行或其他任何资金来源相同的法律义务。

另外，向亲戚朋友借钱可能有一个主要的缺点：如果你的企业经营不善，导致你亲近的这些人最终亏损了这笔钱，那么这可能会破坏你们之间良好的关系。因此，在与朋友、亲戚和商业伙伴打交道时，你要格外小心，不仅要清楚地确定交易条款并写下来，还要非常努力地向他们解释风险。简而言之，如果你无法履行你的融资承诺，那么请你确保对你有帮助的朋友或亲属不会遭受真正的困苦，这是你的工作。

获得投资者的资金

如果你是以有限公司或有限合伙企业的形式经营的，你将有可能获得一个宝贵的机会来筹集相对无风险的资金。对于你这个企业创始人来说，这是无风险的，但对于任何预支资金给你的人来说这都是冒险的，有时甚至是非常危险的。像这样的企业有可以进行货币交易的股份，因此出售企业股份以筹集资金是启动或发展你企业的一种方式。股份还有很大的额外吸引力，那就是除了要付出心血、汗水、眼泪和灵感之外，不需要付出其他任何东西。

个人天使投资人或风险资本提供商与创业者一起承担企业的所有风险和经历变幻莫测的市场，并且如果事情进展顺利，他们希望获得相应的回报。他们并不特别关心股息流，因为几乎没有小型企业会向他们支付股息流。他们也不指望用建筑物或其他资产作抵押品来支撑自己的投资。相反，他们希望自己的投资价值能够激增。他们期望从其他投资者（这些投资者希望在公司成长周期的下一阶段取代他们的位置）那里获得这种价值，而不是从创始人的任何回报中获得这种价值。

天使投资人

拥有自己的资金且对你的企业类型有一定了解的私人个体，可能是权益资本或风险资本的第一来源。为换取企业股份，这些投资者将对自己投入的资金承担风险。他们被称为天使投资人，这一个词最初是用来形容那些支持百老汇或伦敦西区演出的私人富豪。

大多数天使投资人除了签署支票外，也可能希望以某种方式参与你的企业并发挥作用。他们希望获得巨大的回报：一位天使投资人在 Sage 第一轮价值为 25 万英镑的融资中投资了 1 万英镑，他的股份价值上涨至 4 000 万英镑。

这些天使投资人经常通过托管网络（通常在互联网上）进行操作。在英国和美国，有数百个网络，每年有数以万计的天使投资人准备投入数十亿英镑给新型企业或小型企业。

寻找天使投资人

英国天使协会（the UK Angels Association，网址：www.ukbusinessangelsassociation.org.uk）拥有一份英国天使投资人的在线目录。欧洲天使投资人网络（the European Business Angels Network，简称 EBAN，网址：www.eban.org）拥有一份欧洲内外国家的天使投资人协会目录，你可以从中找到个人天使投资人。

世界天使投资人协会（the World Business Angels Association，网址：www.wbaa.biz > Directory）提供全球各地的天使投资人网络链接，例如中国、印度和智利等。

<<< 案例研究 >>>

宝孕高①

当新晋妈妈朱莉·明钦（Julie Minchin）发现腰凳时，她知道自己找到了一种有用的产品。任何能够让整天背着

① 宝孕高（HiPPyCHiCK）是来自英国的母婴用品品牌，明星产品是婴儿腰凳。——译者注

婴儿的母亲免受腰痛的产品都是有益的。直到后来，她才意识到销售这种德国公司制造的产品可以让她进入商界。起初，朱莉是该公司的英国分销商，但后来她想对产品进行重大改进。这意味着要找一家制造商来专门为她的企业生产这种产品。中国是一个合适的地方，在那里她可以找到一家足够灵活的公司来生产少量产品，并且能够帮助她保持终端产品的成本竞争力。朱莉使用小额家庭贷款、透支贷款和各种政府补助资金创立了宝孕高公司。到第 10 个年头，该公司每年的营业额为 300 万英镑，销售 14 种针对婴儿市场的新颖独特产品。宝孕高公司也是博姿（Boots）和好妈妈等全国连锁企业以及独立企业的供应商。它还通过发放目录簿和网站进行销售，并正在为其品牌产品建立分销商网络。

宝孕高的网址是 www.hippychick.com。

风险投资与私募股权

风险投资人（VCs）通常从养老基金中利用其他人的资金进行投资。他们与天使投资人有着不同的计划，并且更有兴趣增加投资以获取更多的股份。

投资前，风险投资公司会进行一份被称为“尽职调查”的工作，这个过程包括对企业及其所有者的彻底检查。过去的财务表现、董事的业绩记录和商业计划书都会受到详细审查，通常是由会计师和律师执行审查。然后，董事需要保证他们已经提供了所有相关信息，否则会受到经济处罚。这个过程的成本将由筹集资金的公司来承担，但该成本将从筹集的资金中得到补偿，如果这算一种安慰的话。

总的来说，风险投资公司希望它们的投资在 7 年内得到回报，但它们是现实主义者。它们每 10 项投资中就有两项是注销的坏账，而其中 6 项的平均表现最好。所以，它们每做 10 次投资就要有一次来弥补其他很多失败的投资。风险投资人的目标回报率为 30% 以上，用以弥补这一糟糕的命中率。

筹集风险投资并不是一个便宜的方案，而且交易的安排也不迅速。6 个月并不少见，一年多也常有发生。每个风险投资公司都有在 6 周内完成一项交易投资组合的记录，但这确实是例外。

寻找风险投资

英国投资欧洲公司（the British Invest Europe，网址：www.investeurope.eu）、风险资本协会（Venture Capital Association，网址：www.bvca.co.uk）和私募股权公司（Private Equity）均提供在线目录和数百家风险投资商的详细信息。美国国家风险投资协会（the National Venture Capital Association in the United States）在美国境内外都有国际风险投资协会的名录（www.nvca.org >Resources）。

你可以在备资（the Funded[①]，网址：www. thefunded.com）网站上看到那些与创业投资公司谈判或接受风险投资利率的人是如何评估该公司的，这种评估主要围绕交易条件、监管能力以及管理能力进行。该网站还提供一个能跳转到风险投资网站的链接。备资网是一个由 2 万多名首席执行官、创始人和企业家组成的在线社区，主要负责讨论基金募集，评估审查天使投资人和风险投资家，并讨论增长和创业的策略。

众 筹

众筹融资是一个全新的、改变游戏规则的概念，它把权力交付给寻求融资的企业家。不是让一个大投资者投资公司，而是让大部分较小的投资者只投入 10 英镑来筹集企业所需的资本。然后，他们审查企业所有者提出的关于贷款或投资的建议，并就是否投资和投资多少做出个人决定。众筹允许你直接向个人投资者和放款人提出你的建议。你用你的商业理念说服的人越多，你就越有可能获得所需的全部资金。这个过程很快，你可将其视为商业中的快速约会。你可以在不到 30 分钟的时间内完成在线注册和申请，并在短短 3 天内将资金存入你的银行账户。由于投资者和放款人不得不竞标你的企业，所以你应该尽可能争取最佳条款。

众筹者不只支持股权投资，他们还可以借钱给你并资助你购

① 一家风险投资评论网站。——译者注

买房地产，而你可以为他们提供金钱之外的回报：健身房提供会员折扣，音乐家为筹集购买乐器的现金提供免费音乐会门票，餐厅提供免费餐点。

你可以通过几个组织查看众筹信息，它们分别是众筹库（Crowdcube，网址：www. crowdcube.com）、众筹投资者（Crowd Funder，网址：www.crowdfunder.co.uk）和资金圈（Funding Circle，网址：www.fundingcircle.com/businesses）。英国众筹协会（the UK Crowdfunding Association，网址：www.ukcfa.org.uk）由 14 家众筹企业于 2012 年成立，旨在“加快建立众筹作为英国企业、项目或创业者筹集资金的宝贵和可行的方式的步伐”。该协会估计，每年有超过 20 亿英镑的资金是通过众筹融资筹集的，单笔总额从几千到 150 万英镑不等。

私人资本预备

私人投资者把现金投入企业之前会经历两个重要阶段，这两个阶段的重点将根据交易的复杂程度、资金数量和有关基金的合法所有权而变化。例如，用自己账户资金投资的天使投资人可以接受更大的不确定性，而使用养老基金投资的风险投资人则不能接受。

尽职调查

通常情况下，私募股权公司会先签署提供资金的意向书，在你接受后，它们会对管理层和公司进行尽职调查。在此期间，私募股权公司可以在敲定交易之前对所有财务和其他记录、设施、员工等进行调查。除了丰富的财务记录和报表之外，要审查的材料还包括所有租赁协定、合同和贷款协议的副本。他或她会想要查看任何管理报告，例如销售报告、库存记录、资产详细清单、设施维护记录、账龄报告和应付账款报告、员工组织结构图、工资单记录、收益记录、客户记录和营销材料。他们会想知道任何悬而未决的诉讼、税务审计或保险纠纷。根据企业的性质，他们可能还会考虑进行环境审计和保险检查。尽职调查让人不悦的是，企业当前所有者将被要求亲自担保他们所说的或透露的一切都是真实和完整的信息。如果证明情况不属实，那么他们将个人承担那些购买股权人群的任何损失。

风险投资协议

风险投资协议是资本提供者的资金投资意向书，它列出了新投资者的投资金额和期望企业所有者使用借款的工作条件。

风险投资协议的第一页说明了投资的金额和资金形式（债券、普通股、优先股、期票或这些的组合）。价格，无论是每 1 000 英镑（美元或欧元）的债务还是每股股票，都被用来设定投资者进入你的公司的成本基础。之后，起始价格在决定资本收益和任何应缴税款时将非常重要。

风险投资协议的下一部分通常是一张总结公司资本结构的表格。如果企业倒闭并发生资产清算，投资者通常会从优先股开始获得分配优先权。处理这个问题的典型方法是按照投资者的选择以 1∶1 的比例将优先股转换成普通股，这样一来，优先股基本上是普通股，仅优先于创始人自己的普通股。

协议中列出的其他条款可能包括租金、设备、债务水平、权益水平、与股份转让相关的最短和最长期限、额外股份的归属、后续投资的期权期限以及将来寻求其他资金时的“优先拒绝权”。

使用免费资金

奇怪的是，金钱世界里竟然有免费午餐。它可能以政府倾向性政策的形式出现，其目的要么是让企业扎根到生态环境良好但客户不那么多的欠发达区域，要么是开拓新技术。此外，企业、报纸和杂志会举办大型竞赛，为经营最佳、增长最快、规模最大的出口企业等提供奖励。对于赞助商来说，奖励是一种宣传和善事；对于创业者来说，奖励就是资金。

获得拨款

拨款政策时消时现，没有任何系统可以让你自动知道，你必须时刻关注相关信息。

英国商业资助中心（the UK Business Funding Centre）是一家私营研究和咨询机构，其网站（www.ukbusinessgrants.org）上设有拨款搜索引擎。英国政府也有一个拨款资源项目（www.gov.uk/business-finance supportfinder）。政府拨款（Grants.Gov，网址：www.grants.gov）网站提供了一份申请美国 1 000 多项联邦政府拨款的指南。

赢得比赛

全世界有数以万计针对新型企业或小型企业的年度奖项，大多数奖项都是围绕企业的商业计划书或其他商业理念的情况介绍设置的。大多数情况下，这些活动由银行、主要会计机构、商会、地方或国家报纸、商业杂志和贸易出版社赞助。政府部门也可以举办自己的比赛，作为推动出口、创新、创造就业机会的一种手段。朱迪思·考茨（Judith Kautz）运营的小型企业笔记（Small Business Notes）网站上有一个商业计划书的竞赛目录（www.smallbusinessnotes.com/planning/competitions.html）。企业链接（http://onlinebusinesslink.gov.uk/bdotg/action/batsearch）上有一个企业奖项查找引擎：你只需输入邮政编码和商业部门，就可确定你可能会获得的奖项。

<<< 案例研究 >>>

无邪饮品

1998 年夏天，理查德·里德（Richard Reed）、亚当·巴伦（Adam Balon）和乔恩·赖特（Jon Wright）开发了他们的第一个冰沙食谱，但是否应该放弃自己的现有工作这一问题仍然让他们焦虑不安。他们购买了价值 500 英镑的水果，制成冰沙，并在伦敦音乐节的摊位上出售。他们张贴了一份标语说：“你认为我们应该放弃自己的工作来制作这些冰沙吗？”旁边有两个贴有“应该”和“不应该”字条的垃圾箱，邀请人们把空瓶放入适当的垃圾桶中。周末快结束时，

“应该”垃圾箱已满，所以他们第二天上班时递交了辞呈。其余的，正如他们所说，已经过去了。无邪饮品（Innocent Drinks）几乎是一个家喻户晓的名字，在饮料行业经历了10年的快速增长。

但是，该企业在2008年陷入停滞，销售额下滑，在欧洲的扩张举措迅速吞没企业的现金。该公司的两位创始人的平均年龄是28岁，他们认为自己需要有影响力的建议，于是与最大的手机零售商手机仓库（Carphone Warehouse）的创始人查尔斯·杜斯顿（Charles Dunstone）以及渣打银行董事长默文·戴维斯（Mervyn Davies）进行了交谈。对方强烈建议无邪饮品找到一个具有大量资金的投资者，并且如果情况理想，最好寻找有商业经验的投资者加入，以增加创始人年轻的热情。他们发起搜索投资者活动的那天刚好是雷曼兄弟申请破产的那一天。2009年4月，无邪团队接受可口可乐公司作为自己公司的小股东，投资自己的企业。可口可乐公司投资了3 000万英镑，持有10%~20%的股份。他们选择可口可乐公司，不仅是因为对方提供了资金，还因为对方可以帮忙把无邪品牌推广到更多地方，让更多人知道。他们也可以从可口可乐公司那里学到很多东西，从而一直活跃在商界，至今已有120多年的历史。

<<<待办的重要事项>>>

- 评估你的企业需要融资多少才能达到盈亏平衡。
- 计算来年的杠杆比率。
- 你计划在多大程度上利用各种借款来源？你的企业是否有资格获得借款或是否需要更多借款？
- 你打算在多大程度上利用各种权益来源？你的企业是否有资格获得权益或是否需要更多权益？
- 查看众筹和个人对个人借贷方案，了解你需要筹集的资金数额。
- 评估你从拨款和竞赛中获得免费资金的方案。

第十一章

准备制作商业计划书

- 理解为什么制作商业计划书能取得好结果
- 商业计划书的结构
- 如何向别人展示商业计划书
- 采用保密协议
- 电梯游说的作用
- 使用软件来改进商业计划书

鉴于大部分公司在创立时都没有商业计划书，你要是觉得商业计划书就像奢侈品那样可有可无，也是情有可原的。时间宝贵，找到客户并开始销售显然更重要。这个想法虽然听起来很诱人，却没有研究数据的支撑。根据克兰菲尔德管理学院（Cranfield School of Management）的研究结果，逾 70% 的发展迅猛的成功公司都始于一份书面的商业计划书。正如以下案例研究所示，你的公司可能不需要一份商业计划书也能存活，但就如案例中的创始人所发现的，他无论如何都需要一份商业计划书一样，如果一开始就准备一份，他就能少吃许多苦。

<<< 案例研究 >>>

约翰尼·博登[1]的首份产品目录是由一个朋友手绘的，里面只有 8 件商品。博登（Boden）品牌创立于 1991 年，因资金极其匮乏，办公场所就是由卧室改成的会议室。如今这家服装邮购公司可与盖璞、玛莎百货以及约翰·路易斯（John Lewis）竞争，在主流时装市场分得一杯羹。博登品牌

① 时装品牌创始人，于 1991 年创立时装品牌 Boden，其是英国人热衷的中高端品牌，主要分为男女装系列（Boden），童装系列（mini Boden）和青少年装系列（Johnnie B）。——译者注

（www.boden.co.uk）在英国、德国和美国有 100 万顾客（市值 2.44 亿美元或 1.98 亿欧元），博登有理由感到高兴，但这个成功故事差点就成了另一种结局。在接受《真实的商界》（*Real Business*）的采访时（请登录 www.realbusiness.co.uk 查看全文），博登谈起了这家服装邮购公司前 3 年一直亏本的原因："我们一直都缺现金，尽管公司的理念很好，但是我没有一份体面的商业计划书。"

为什么你需要一份商业计划书

如果所有公司在初创时就制作一份合理的商业计划书，那么它们在起步时就会比博登少些曲折，而不是在公司岌岌可危时再用一份商业计划书力挽狂澜。当然，准备一份商业计划书可能需要进行数个星期的艰辛工作，这还没有算上筹备时间。每个创业者都应该先制作一份商业计划书，这至少有 4 个令人信服的理由。

- 商业计划书让你对自己的理念充满信心。对基本客户和商业信息的调查是制作任何商业计划书的基础，这将让你更加确定计划是否可行。所有的公司都会在做商业计划书时发现一些问题，相比于之后由客户指出来，这样做的解决成本要低得多。

- 商业计划书让你梳理创业时所需的资源。约翰尼·博登虽没有承认过自己是含着金钥匙创业的，但他早前确实投入了 30 万英镑。后来他觉得投入加倍才可能成功，但是约翰尼·博登创业的钱来自他一位叔叔留下的遗产，他显然是不想靠这笔钱过活的。
- 商业计划书能帮你提升融资预期。约翰尼·博登用遗产创业，才得以避开融资带来的一些问题。但大部分新兴公司都需要资金，这些资金要么来自银行贷款，要么通过银行透支获得。你的企业越成功，就越需要钱。一般情况下，邮购行业每投资 1 美元（英镑或欧元），会获得 2 美元（英镑或欧元）的销售额，但博登在营业额不到 200 万英镑（折合为 290 万美元或 235 万欧元）时勉强投资了 30 万英镑，现在需要投资 5 000 多万英镑。
- 商业计划书能让你为未来做好准备。在你的企业成功、业务增长并要招募人才时，你需要定期准备和更新商业计划书。这是让公司的每一位员工参与进来一同制订未来计划，并将其付诸实践的主要方法之一。没人能肯定商业计划书所描绘的一切都能按照预期发生，但在制作商业计划书的过程中所获得的知识和理解可以让你处变不惊，迅速调整和应对任何变化。

商业计划书的内容

虽然没有放之四海皆准的通用商业计划书模板，但是某些商业计划书的排版和内容显然更胜一筹。下面提供了一些制作商业计划书的指导方针，可以帮你制作出一份吸引创业者和投资家的商业计划书。

封面和目录

首先，封面上要有公司名称、商业计划书的制定日期以及你的姓名、地址（包括邮箱地址）、座机号码和手机号码。阅读你商业计划书的人通常会先和你讨论方案的某些点，然后再安排会议展开深入的讨论。

你是商业计划书的撰稿人，非常清楚里面的内容，但是其他读者需要一些指引才能看懂，这时目录就派上用场了。给每个主要章节编号，比如将营销、财务和人员等标为 1、2、3，然后将每个章节内的重要内容用 1.1、1.2 来标注，以此类推。

概　要

概要是商业计划书中最重要的一部分，也是电梯游说（elevator pitch）的核心部分（参见第 279 页）。概要通常是最后写成，内容应当简洁有力（最好一页，不要多于两页），而且要吸引读者。概要的主要目的是让银行经理、天使投资人和潜在合伙人等局外人愿意继续阅读商业计划书的其余内容，并说服你的配偶或者室友你对空房间有更好的利用。概要应包括如下内容：

- 你的产品或服务是什么？为什么优于或者不同于现有产品或

服务？为什么客户会需要你提供的东西？

- 你多久能开始销售产品或提供服务？是否还有什么事情需要完善？
- 为什么你具备创业和运营公司的技能和专业知识？你的业务还需要什么人的帮助以及你如何招募他们？
- 财务规划说明你创业初期需要多少钱？如果资金不足，你需要融资多少，以及如果有贷方或者股权投资人，你能用什么做抵押。
- 你将如何运营公司，概述关键步骤，从买入原材料、销售、交付到收款。
- 为什么你要在家创业而不是其他地方？你需要多大空间？你能在家运营多久？

目录——填充细节

概要展示的是商业计划书的精华，而计划的制订应该遵循以下顺序：

- 营销：包括商品或服务信息、客户信息和市场规模、竞争对手信息、建议价格、促销和销售方式。
- 运作：包括生产、装配、采购、库存、交付以及门户网站等流程信息。
- 财务规划：提供未来 12~18 个月的销售和现金流信息，注明需要的资本总额、用途以及到位时间。

- 经营场所：在法律允许的范围内，你需要的空间和设备，以及你家如何适应业务发展。
- 人员：你自身具备哪些可帮助你运营公司的技能和经历，你需要哪些其他人才以及从哪里招募所需人才。
- 行政事项：你的产品或服务是否有知识产权，你需要哪种保险，将使用哪种记账和会计系统，以及你将怎样记录顾客、供应商和雇员信息。
- 重要时间表：列出在正式销售产品或服务之前你需要采取的重要举措，以及预期完成的时间。
- 附件：针对你在商业计划书中提及的任何大量资料，如市场调查、竞争对手的宣传页、客户的认可、技术数据、专利、简历等。

本书包括以上所有主题，通过使用索引和目录，你即可轻松找到相应内容。

使用商业计划书软件

许多免费软件包可以帮你轻松搞定商业计划书。下面列出了一些有用的资源、数据表和建议，可以帮你加快商业计划书的制作过程。不过，它们不能取代你对市场、客户和竞争对手基本情况的挖掘工作。

- 劳埃德银行（Lloyd’s Bank）向所有客户免费提供睿智商业计划软件（Sage Business Planning），详情请参考网页 http://businesshelp.

lloydstsb-business.com/starting/business-plan。

- 国民西敏寺银行（NatWest Bank）的商业计划软件操作简单，可以省去烦琐的过程（据说该软件可在一分钟内生成一份商业计划书）。这个软件 PC 版和 Mac 版都有。访问 https://app.natwestplanner.co.uk/signup 和 http://support.natwest.com/business-tools-resources 可获取下载商业规划工具的链接，不过你需要注册才能获取。
- 伊利诺伊州布拉德利大学（Bradley University）的网站提供大量的商业计划书资料，详情请参考 www.bradley.edu/academic/colleges/fcba/centers/turner/business/planning。

展示商业计划书的技巧

在向诸如家人或者朋友等局外人展示你的商业计划书时，你需要想办法确保商业计划书的呈现方式可以反映公司的主张价值和已经开展的工作。只有你认真准备了，才能期待别人也认真对待。

包　装

合适的包装让产品更出彩，商业计划书也是如此。简单的螺旋装订，配上前后的塑料封皮，可以方便读者翻页，而且这样包装的商业计划书经久耐磨。

书写清楚

你和合伙人应该亲自撰写商业计划书的初稿，语法和风格可以后期再润色。修改完初稿后，你要对计划书的内容进行编辑。此时，你要细心检查商业计划书中的语法、拼写和措辞，以确保内容简明准确、完整清晰，而且长短适宜（大多数情况下 10~15 页就足够）。

招股说明书（比如用于向投资者寻求融资的商业计划书）拥有法律效力，例如可将你关于销售和盈利的主张都变成契约。你的会计和法律顾问会帮你采用合适的语言传递你的想法，以避免使其具备合同效力。

这也是和某个友好的投资人探讨提案的好时机。投资人可以从圈内人的视角指出你提案的不足和强项。

演示技巧

如果说让别人对你的商业计划书感兴趣就等于融资成功了一半，那另一半就要靠你的演示。任何风投公司都会坚持让融资方的相关人员或团队演示他们的计划并进行答辩。因为它们知道自己要支持的既是想法，更是执行想法的人。放心，听你演示的投资人都会做足准备。

在准备演示商业计划时，你要注意以下几点。

- 了解演示时间，事前预演排练，留足问答的时间。
- 使用视觉辅助工具，如有可能，带上你的产品或服务进行展示。提供视频或者电脑生成的模型也比你空口讲的效果要好。

- 条理清晰地解说你的策略，展示你对市场竞争力的掌握。认真听取评论和批评，在回应时避免采取防御性的态度。
- 确保回答问题时切题简洁，如果他们想要更多的信息，他们可以问。有许多问题是迟早需要回答的，你只有通过了这一关，对方才会考虑投资。
- 你的目标是让听众和你产生共鸣。虽然你的风格难以改变，但你可以使用一些演说技巧。恰当的眼神交流、适宜的语调、饱满的情绪以及得体的肢体语言，都有助于演说成功。
- 穿西装永远都不会错，短裤和拖鞋就不合时宜了！大笔的钱只会投给认真的人。
- 准备充分。你要对商业计划书的方方面面了如指掌，并且知道你是如何向前、向后、横向地围绕着你的计划前进的。随时都可能有演示的机会，你最好分别准备一个 5 分钟、10 分钟和 20 分钟的陈述，以备不时之需。

做好电梯游说[①]

你要游说的人的时间通常很紧迫。根据经验法则，如果你越接近一个有决定权的人，你所拥有的游说时间反而越短。所以你需要准备一份简短的演示材料，以便随时使用，比如在机

① 电梯游说是一种场景，最早源于麦肯锡，指坐电梯从一楼到三十楼的这段时间里，要讲清楚一个方案。——译者注

场、飞机上或者电梯内，该方式因此得名为“电梯游说”。

<<< 案例研究 >>>

劳拉·摩根（Lara Morgan）是酒店洗浴用品供应商太平洋直通车（Pacific Direct）的创办人。起初，她在英格兰的贝德福德车库里创业，当时她获得一个向业内最有影响力的一个商家演示的机会，期望与其达成战略合作。双方原本定于在公园路（Park Lane）的多切斯特酒店（Dorchester Hotel）的咖啡厅里轻松地聊一聊，但她临时接到对方情况有变的通知。劳拉被告知，因对方日常行程的变化，她只有 15 分钟时间在对方去往哈罗兹百货公司的豪华轿车上做商业计划书展示。

劳拉早就做好了万全准备，完成演示，拿下了一项成就太平洋直通车集团的特色五星酒店战略的关键交易。太平洋直通车集团现拥有潘海利根（Penhaligon）、艾丽美兹（Elemis）、杰尼亚（Ermenegildo Zegna）、尼娜·坎贝尔（Nina Campbell）、弗洛瑞斯（Floris）、白色王国（the White Company）和天然乐园（Natural Products）等世界顶级的产品系列。17 年后，她以 2 000 万英镑出售了她的多数股权。

使用保密协议

如果你准备向商业合伙人展示或讨论你的商业计划书，而计划书的内容包括业务的保密信息或者酝酿中的创意时，你应该考虑让对方签订保密协议（DNA）。保密协议会要求对方保守你的“秘密”，而且不做出损坏这些秘密的价值的行为。

这意味着，起码在一段时间内，他们不可以同其他人分享信息或者自己执行这个创意。通过保密协议，你能在获得建议的同时受到保护，以免他人盗用你的信息，同你竞争。

知识产权办公室在制定保密协议方面能为你提供指导，详情请访问 www.ipo.gov.uk/nda.pdf。

<<<待办的重要事项>>>

- 审查你目前的商业计划书并与推荐的结构进行比较。
- 检查可用的软件，看看是否有可用的软件可以让生活更轻松。
- 检查当前确保商业计划书保密性的方法。
- 准备好电梯游说。
- 检查你的执行摘要，确保执行摘要能解释清楚且能让人为之兴奋。

第十二章

招聘员工

- 找到合适的员工
- 筛选员工
- 为员工的薪资和奖励制定规章制度
- 用金钱或者非金钱的方式激励员工
- 雇用员工以及相关法律事宜

招聘你的第一个雇员可能是一项令人不安的任务，因为你需要掌握新的技能。但是，如果你不招聘员工的话，企业的发展就会受限，而且可能永远无法发挥其全部潜力或价值。

招聘与选拔

与员工打交道从任何方面来看都不容易。很少有人在成功卖出他们的第一家企业后能在创立第二家公司时招聘到比以前公司更多的员工，这是一个有趣的现象。

决定你需要什么样的员工（例如有销售技能或能够胜任交货工作的人员）是招聘和选拔流程的起点，接着去寻找这样的员工，然后让他们在你的企业中高效地从事你希望他们做而他们也想要做的工作。

你需要谁

找出你需要的员工类型不能只看当前的问题。招聘员工可能需要数周甚至数月的时间，而根据劳动法，一旦你雇用了某个员工，没有充足的理由就解雇他将会很困难。所以你需要观察一年左右，或者提前决定你的增长目标。然后，确定你需要的员工数量、何时需要他们以及你的公司中可能出现的空缺职位。

在急于寻找全职员工之前，你应该考虑使用兼职人员或共享求职者的可能性。这样做有以下优势：首先，你可能找到更好的人才——那些希望以这种方式工作的人可能刚退休，或刚刚履行完家庭责任后等待重返工作岗位，因此他们可能拥有宝贵的技能和知识。其次，你可以尝试成为一名雇主，在深入之前先看看当老板是否适合你。

确定职位描述

雇主经常在找到员工后才制定职位描述，这是错误的做法。从一开始它就可以帮助你缩小对合适人选的搜索范围，让你将注意力集中在特定的搜索方法上，并为你提供正当理由拒绝来自家人和朋友的不受欢迎的工作请求。无论如何，你必须在雇用员工时同雇员签订一份雇佣合同，而职位描述会让这项任务更容易。

职位描述应该包括以下内容：

- 职务，如电话销售人员、簿记员或货车司机；
- 你期望这个人拥有或能获得的知识、技能和经验；
- 预期的主要职责和可衡量的产出；
- 工作地点和大致情况，例如工作时间、午餐时间和带薪假期安排；
- 薪酬结构和奖励；
- 员工的直接上级是谁。

你在哪里可以找到优秀的员工

找到员工有很多方法，但要找到优秀的员工，选择是有限的。克兰菲尔德的研究显示了一些令人担忧的统计数据：首先，约2/3的首次聘用都以失败告终，员工在一年内因不满意而离职；其次，成功率有显著差异，这似乎取决于招聘员工的方式。

利用家庭资源

雇用家庭成员有许多显著的优势。首先，人数是确定的，而且你通常可以保证他们的品行诚实可靠。其次，你可以让他们在其他员工既不能接受也不合法的条件下工作或长时间工作。与此相反，如果家庭成员无法按照标准或以你喜欢的方式进行工作，你就需要衡量你可能遇到的困难。

聘用代理商或顾问

这是最不受欢迎、最昂贵和最成功的招聘方式。只有1/15的公司会在早期招募员工时这样做，但一旦采用这样的做法，它们获得合适人选的可能性是其他公司的3倍。成功的部分原因是，代理商或顾问会帮助做好职位描述和薪酬包，并且该代理商或顾问已经预先对未来的员工进行了面试。下面这两个机构可以为你提供帮助：

- 工作匹配网站（Universal Jobmatch）是英国政府网关（Government Gateway）提供的一项招聘服务，而政府网关是英国电子政务服务的集中注册平台。此服务旨在帮助你找到并聘用最适合的潜在求职者。你可以在网站（www.gov.uk/advertise-job）上发布职位描述，查看简历并获得符合你要求的求职者的最新信息。

- 招聘与就业联合会（the Recruitment & Employment Confederation，网址：www.rec.uk.com/ membership）是一个专业协会，它支持和代表 8 000 多家招聘机构和 6 000 多名招聘专业人员。除了关于选择代理人的建议外，该协会还提供大量关于劳动法的信息，以及按商业部门和地理区域列出的成员名录。

在媒体中投放广告

在媒体广告方面，你有很多选择。招聘具有一般技能的员工，提供薪资与工作地平均收入水平相当的职位，在这些情况下使用当地报纸投放招聘广告都是不错的选择。在全国性报纸上投放广告的费用要高得多，但是能吸引更多拥有各种技能的求职者，包括在当地不一定能成功招聘到的求职者。如果你要寻找的员工必须具备特定的资格证明，例如在会计或计算机方面的资质证明，那么行业和专业报纸及杂志很有用。

招聘广告的目的不仅仅是获得合格申请人的回复，而且还要筛选明显不合格的申请人。如果你让这份工作听起来比实际情况更有吸引力，而且对招聘的人员定义太模糊，那么最终可能会有太多申请人。

撰写招聘广告时，你需要考虑以下几点：

- 标题。这通常是职位名称，也许带有一些相关的修饰，例如

"活力十足的销售人员"。

- 工作信息。工作的一般职责，通常占用一两行。
- 企业信息。一般包括企业业务的解释和工作地点。
- 资格。指定所需的任何资格和经验。你可以通过说明拥有某项技能是加分项但不是必需的，从而限定某些方面。
- 回复方式。告诉申请者如何回复以及需要提供的信息。

你应该尝试在广告中包含关于你企业文化的内容。有一家小型公司把广告横着放，所以申请人不得不把报纸翻过来阅读这些信息。该公司声称，这可以让那些不以常规眼光看待事物的人们看到自己想看的内容然后再申请，并且表明自己的公司不是像其他公司那样平庸。使用积极而不是消极的语言会给你的广告带来动力和热情。

使用网络

通过互联网寻找求职者是最快的途径。近年来，提供就业机会的网站数量呈爆炸式增长，而且互联网招聘对候选人和客户的优势显而易见。互联网招聘与传统的招聘方法相比，提供了一种快速、直接和便宜的服务。许多招聘网站在欧洲和美国建立了强大的声誉，这些招聘网站包括：

- 未来之步（Futurestep，网址：www.futurestep.comwww.futurestep.com）现在是传统招聘机构光辉国际（Korn Ferry）的一部分，它涵盖了所

有的工作职能和行业部门。

- 巨兽（Monster，网址：www.monster.co.uk）为雇主提供一个强大的简历搜索功能，可以快速筛选出最合适的人选。该网站每月吸引约 10 万人次访问，并包含 100 多万份简历。其空缺职位覆盖每个行业部门和地区。
- 网站招聘（Web Recruit，网址：www.webrecruit.co.uk）已在 10 年内成功招募超过 6.5 万名员工。

在自己的网站上创建招聘版块是另一种方案。这种方式完全免费，虽然你肯定是在一个小池中撒网，投放面不广。如果合适的人已经访问了你的网站，那么投放面不广可能无关紧要。至少他们在申请之前已经知道你的产品和服务的一些信息，这样你可以按国家、地区、最适合空缺职位的人群和所在行业找到雇员。

使用你的人际网

几乎 2/3 的小企业会在招聘时使用企业的人际网。这种招聘方式很受欢迎，因为它便宜且不那么正式，而且不用写没完没了的职位描述就可以实现。实际上，这种招聘方式可以无限变化，以适应可能出现的求职者。

不幸的是，统计数据表明，通过业务关系招聘到的 2/5 的员工会在 6 个月内辞职，企业要再次回到招聘游戏中。这种方式不理想的原因在于该方法的信息匹配不精确。只有你全面了解职位与被推荐者并且非常清楚某人被推荐给你的真实原因时，你才能采用这种方式招聘。

雇用人员

一旦你找到空缺职位的候选人，下一个任务就是面试、筛选和任命。如果你已经完成前面所提到的准备工作，那么你可能会有十几个或更多的申请者，太多的人无法面试。所以这个过程有点像一个漏斗，不断缩小，直到你找到理想的候选人。

选择一位候选人

你需要找到至少 2 个，最好是 3 个可以胜任你空缺职位的人，这 2~3 个人可以达到你满意的标准。这给你提供了对比，有助于你澄清工作中的想法，并且如果第一位候选人另有选择或者让你失望，你还有备用人选。筛选的阶段有如下步骤：

- 列出最适合你的职位定义标准的 3~4 名候选人。
- 最好在同一天面试每位候选人，这样所有的信息都能很清晰地存在你的脑海中。提前计划你的问题，但一定要让候选人来做大部分的演讲。用你的问题来填补你对候选人信息的任何空白。巨兽（www.monster.co.uk > Resource Centre）上有许多招聘和招聘实践指南，以及很多有关就业其他方面的指南。
- 如果空缺的是高级职位，如会计或销售经理，你应该使用测试来评估应聘者的能力和知识。你可以找出一种测试方法来衡量应聘者的技能、态度、能力和任何你关心的其他方面。有成千上万最成功的公司都在使用测试来招募人才，并声称通过测试能雇用到更好的候选人以及有更高的员工保留率。测试费用为每人 10 英镑。英国心理学会（the British Psychological Society，网址：www.bps.org.uk）的心理测试中心和特许人事与发展学院（Chartered Institute of Personnel and Development，网址：www.cipd.co.uk）列出了各种类型的测试，以及测试的目的，如何使用测试并解释测试的结果。

提供录用通知书

找到理想的候选人后，你需要雇用他或她并使之乐意为你工作。然而，不管面试进展得如何完美，都不要当场给其发放录用通知书。你和候选人都需要冷静下来，好好考虑，这样你就有机会同你的合作伙伴讨论并考虑面试的结果。

获取求职者的证明材料 在提供工作之前，一定要收取对方求职时所用的证明材料。同时，你应该通过电话和书面形式查询对方的情况，并检查任何必要的任职资历是否真实有效。这可能需要一些时间和精力，但对于防止不合适或不诚实的申请人来说是必不可少的。

以书面形式提供录用通知书 虽然你可以通过电话、面对面或电子邮件提出工作邀请，但始终需要提供书面的录用通知书。录用通知书应包含薪水、地点、时间、假期、职位、职责、目标和所有重要的起始日期。录用通知书实际上是候选人开始为你工作后不久你必须提供的就业合同的基础。

让新员工受到欢迎　当新员工加入你的企业后，请立即与他们见面，传授工作技巧给他们，并将其介绍给他们可能会接触到的其他人。如果他们要和你一起在家里工作，这一点是至关重要的。这些介绍应该延伸到你的配偶、你的孩子、邮递员和邻居（甚至你的宠物），即便这些人并没有在你的企业里任职。

他们还需要了解为你工作的实际方面：他们可以在里面或外面哪里吃东西或煮咖啡，以及工作中需要用到的设备在哪里。如果他们将在你家里办公，那么当互联网或电话出现故障时，他们需要知道保险丝在哪里以及和谁联系。

通知落选的候选人　根据招聘任务的性质，成功任职的人只是求职者和被面试者的冰山一角。你必须回应其他人，告知他们这份工作已找到了合适的人选。对于你的第一份备选名单，即那些面试约定因任何原因出现错误的人，你需要特别注意你的答复。在这里，你可以强调他们具有应聘的实力，但另一位候选人的背景更接近你的需求。至于为什么某个候选人得到了工作，但他们没有，你不必详细说明特定的原因。

管理员工

将新员工带入家庭企业有点像进行心脏移植手术。即使外科医生选择了一个兼容的器官，并且手术顺利进行，新的心脏也可能会产生排异反应，因为它并没有太适应周边的器官。即使在最小规模的公司中，新员工的拒绝率也非常高。一项关于小型企业骨干员工任用情况的研究表明，前6个月中首次任用的人员有50%以上离职。这个方面的失败成本可能非常高，会让你的计划落后几个月甚至几年。

除了让新员工受到欢迎并且让他们在（你的）家庭环境中感到舒适之外，你还需要成为一名管理者，这种技能通常因创业类型不同而有差异。以下部分将讨论它们之间构成成功管理的核心要素。

委派员工

第一次委派工作给员工时，你可能会觉得自己可以更好、更快地完成工作。你甚至可能会讨厌自己必须花时间招聘一个按照你喜欢的方式工作的新员工。但是，如果你已经雇用了这名员工，并委派他一套特定的任务以及明确的目标和时间表，你就需要退后一步，让这名员工自己完成任务。

你在提供帮助和建议时要谨慎，并根据工作性质每天或每周留出时间来评估他的成果和进展。但是不要整天盯着他，仔细观察他的每一项举动。这会让员工失去动力，使结果适得其反，因为你首先违背了自己雇用员工的初衷——解放自己，去做更重要的工作。

激励员工

很多时候，问题不在于激励员工，而在于避免打击他们，使他们失去动力！如果你能远离他们，他们很可能会自我激励。毕竟，我们大多数人都想要同样的东西：成就感或挑战、对自己努力的认可、有趣而多样的工作，以及责任、进步和工作中成长的机会。但是，在小型企业中，员工消极怠工的现象并不少见。小型企业的工作量总是达到顶峰，并且公司系统永远不会有任何空闲。员工不可避免地会感到超负荷、被忽视，有时甚至会觉得福利和待遇不好。你可以用一些相当基本的技巧来激励员工，比如：

- 尽可能多赞美员工，并最小化你对不良结果的反应。你可以通过一些有利的评论来发表批评意见。
- 对员工的工作表现出兴趣，因为每个人都喜欢被关注。
- 培训、指导和提高员工的技能。员工把这视为最大的动力，因为这是体现雇主职责的一个标志，会提高员工工作为你带来的价值。你可以在慕课平台上找到一些课程资源。这些课程对每个人都是免费的，不过有些课程会收取证书认证费（但是你仍然可以免费参加课程学习）。

现今有两个主要的慕课平台：

——课程时代（Coursera，网址：www.coursera.org）。课程时代于 2012 年在斯坦福大学成立，其使命是“提供普及全球的最好的教育”。它是“一个与全球顶尖大学和组织合作的教育平台，提供供任何人免费使用的在线课程”。超过 100 所大学通过课程时代提供讲座课程，包括斯坦福大学、IE 商学院、耶鲁大学、普林斯顿大学、西北大学、罗格斯大学、杜克大学、哥本哈根大学、东京大学、巴黎高等商学院、哥伦比亚大学和慕尼黑大学路德维希大学。

——edX（www.edx.org）。edX 于 2012 年 5 月由麻省理工学院和哈佛大学共同创立，提供 400 多种在线课程，包括麻省理工学院、哈佛大学、伯克利分校、加州理工学院、乔治敦分校、巴黎索邦大学、北京大学、孟买理工大学、莱斯大学、京都大学、哥伦比亚大学、澳大利亚国立大学和康奈尔大学等高校的在线课程。edX 的目标是"提供与我们一样致力于卓越教学和学习的院校的最高质量的课程"。许多参与课程时代或 edX 的慕课课程提供商（通常是大学）也通过自己的网站运营自己的慕课。然而，这样的产品并不好找。参加课程时代或 edX 更好的途径是使用在线学习和在线教学的多媒体教育资源（Multimedia Educational Resource for Learning and Online Teaching，简称 MERLOT，网址：www. merlot.org-click on the 'SearchMerlot' tab）。MERLOT 项目于 1997 年在加利福尼亚州州立大学分布式学习中心启动。对于新生来说，搜索设施是你真正需要了解的。

- 改善工作条件。刚开始你可能很小心谨慎，毕竟在经济增长的早期阶段，资金得来不易。你可以走捷径，那就是改善员工的工作条件。雇主有义务提供一个健康和安全的工作环境，但提供令人满意的工作条件对员工的工作积极性也有促进作用。
- 让工作变得更有趣。单调、重复和无聊的工作会让员工失去活力，进而导致他们的工作表现下降。通常，重新思考工作的方式可以让工作变得更有趣。要做到这一点，你可以让员工完成整个任务而不是完成一小部分任务，也可以授权员工自行决定诸如退款等诸多事宜，或让他们更多地了解你的企业所处的环境，如参加展览或拜访客户。

奖　励

人们是为了获得报酬而工作的，如果他们取得了很好的成果，他们就会期望获得丰厚的回报。薪酬是员工生活中最容易抱怨的一个方面，那么如何确保在你的企业中不会发生这种情况呢?

首先，确保你支付的工资至少是该地区的现行薪级标准。如果你低于这个标准支付员工工资，那么你不要以为你捡了便宜。如果员工接受了这样的安排，要么是他们不擅长目前的工作，要么是不守时或有其他的缺点（你稍后会发现）。而如果他们本身很棒，那么当他们发现自己的付出没得到应有的回报时会感到被欺骗并离开。找出现行薪资标准的最简单的方法是查看你所在地区类似工作的招聘广告，或访问薪资等级网（PayScale，网址：www.payscale.com/hr），在那里你可以获得有关薪级的准确实时信息。

- 包括实现可衡量目标的激励方法。这可能是佣金，也许这是最简单的奖励制度，但它实际上只适用于那些直接参与销售的人。或者这可能是给表现优异者的奖金，通常与获得的结果密切相关。英国特许人事与发展学院（www.cipd.co.uk/knowledge）为全面的奖励方案提供了进一步的指导。

- 实物福利是指不属于基本工资的任何形式的补偿，不直接与员工在工作中的表现挂钩。退休金、工作条件、允许穿休闲装的着装要求、现场托儿服务、个人发展培训、公司产品折扣、弹性工作时间、远程办公和健身设施都涵盖在当今某些工作提供的福利列表中。实物福利可能会产生税，而实物福利计算器（www.digita.com/tiscali/home/calculators/employersassetscalculator/default.asp）将帮你计算是否应纳税，如果应纳税，应纳多少的问题。

雇用员工的法律问题

雇用全职或兼职员工充满了法律雷区，从投放招聘广告开始，到员工决定离职达到顶峰。关于劳动法的如下 3 个全面的信息来源可以帮你避开雷区。

- 咨询调解和仲裁局（Acas，网址：www.acas.org.uk > Tools and Resources），你可以在其中找到最新的劳动法和与雇用员工有关的其他大部分领域的最新信息。
- 政府网站（https://www.gov.uk/employing-staff）有一个“首次雇用员工”的实用指南。
- 米克斯（the Mix，网址：www.themix.org.uk/work-and-study/workers-rightsand-pay）是一个帮助年轻人获得高质量、公正的信息以辅助他们决策的网站。它涵盖了所有与工作有关的事情，包括工作中的药物测试。虽然该网站的重心是年轻人，但所述的法律同样适用于雇主。

刊登招聘广告

与任何广告一样，你也受到关于歧视和平等机会的法律的约束。这意味着在招聘广告中不允许提及性别、年龄、国籍、性取向或宗教信仰。你仍然可以对这份工作进行描述，以及对理想候选人在经验、知识、态度和资格方面做描述。有关如何在不歧视的情况下刊登广告的提示，请访问政府网站上的这个链接：www.gov.uk/employer-preventing-discrimination/recruitment。

雇佣合同

你必须在开始工作的两个月内和雇员签订一份雇佣合同。合同必须包含所有显而易见的事情，例如工作的地点、职责、工资和假期权利、病假工资、养老金、通知期以及申诉和纪律处分程序的细节。

这个政府网页 www.gov.uk/employment-contractsand-conditions 上有按照法律要求应该给予新员工的一切条件。法律规定：所有工人都应享有至少 4 周带薪年假的法定权利，按比例分配；你需要支付法定的最低工资，这取决于雇员的年龄；员工在规定工作时间内工作（每周 48 个小时）；有孩子的父母有权享受带薪假期（女性最多 52 周，男性一周或两周）。

就业记录

你需要保留员工记录，包括缺勤、疾病、争议、纪律事项、事故、培训、假期和任何评估或绩效考核等信息。如果你对某个员工不满意并想解雇他或她，这些信息将至关重要。政府网页 www.gov.uk/personal-data-my-employer-can-keep-about-me 提供了你可以保留的有关员工的所有详细信息。

工作中的安全保障

你有"注意义务"确保为你工作的人员在安全的环境中工作，并且不会受到可能的健康和安全危害。你需要对风险和工作条件进行评估，确保从安全出口到通风、温度、照明和卫生间设施都符合健康和安全方面的要求。健康与安全执行委员会（the Health and Safety Executive，网址：www.hse.gov.uk/guidance）提供现成的风险评估表格，以及工作健康与安全的基本指南。

不公平的解雇

虽然只有一小部分涉及城市工作人员的用工纠纷抢占了头条新闻，但在截至 2016 年 3 月 31 日的一年中，共有 83 031 份法庭申请，比前一年的 61 308 份有所增加。不公平解雇索赔的最高赔偿金为 470 865 英镑，平均赔偿金为 13 851 英镑，比 2015 年增加了约 1 500 英镑。经历过这一程序的雇主表示，他们最担心的是压力和行政负担，而不是解决方案本身。Iambeingfired（www.iambeingfred.co.uk > Claim Evaluator）值得研究，因为它给出了员工方面的观点。索赔评估（the Claim Evaluator）工具通过向员工提出一系列问题来判断员工是否有被不公平解雇的情况。该网站还有关于劳动法各个方面的全面信息，这些信息会影响员工被解雇的可能性。

其他司法管辖区的劳动法

各国的劳动法立法差异很大。在附录三中，人类发展指数（the Human Development Index）提供了有关就业问题的有用信息。此外，第十四章提供了一个国际律师网络的链接[马丁代尔－哈贝尔律师定位器（Martindale-Hubbell Lawyer Locator）]以及薪资等级网站，该网站比较了从阿富汗（Afghanistan）到津巴布韦（Zimbabwe）等国家的数千个工作岗位的工资。

<<<待办的重要事项>>>

- 评估你在运营企业的前 6 个月内可能需要的员工人数和类型。
- 审查你可能找到这些员工的方案。
- 准备招聘和选拔面试的问题及标准。
- 确定薪酬和奖励制度。
- 计划激励和管理员工的方法。
- 研究可能与就业有关的任何法律问题。

第十三章

提升盈利能力

- 充分发挥定价策略的作用
- 制订成本削减计划
- 逐渐掌控营运资金
- 改变你的工作方式
- 提高利润

最成功的企业在其成长过程中会把精力主要放在3个方面：优化资源，维持或提高利润率，增加销售收入。增加销售收入这一项战略引起了最多的关注，但如果企业不追求资源的优化和利润率的维持或提高，只关注销售收入的增加，可能会导致无盈利式的增长，进而当企业发展得更壮大时，就更加脆弱。这 3 种通用的成长战略都或多或少地相互交织，所以你应该把这个分类更多地看作一种提醒而不是一种泾渭分明的僵化结构。

简而言之，你可以看到任何措施（这些措施要么用于增加利润，要么没有增加或实际减少了用于产生这些利润的资源）都会产生健康的增长。如表 13–1 所示，通过参阅映象唱片公司的财务报表汇总，我们可以看到各种增长策略的效果。如果我们可以把销售额提高 1 万英镑（美元或欧元），同时保持利润率为 11.21%，那么我们的盈利将增加 1 121 英镑（美元或欧元），销售额和利润都会增长 17%。如果这样做不需要扩大工作空间，或者不需要增加与存货量捆绑在一起的资金，情况就更理想了，并且我们的资本回报率也将得到改善。与上述情况相反，以增加销售额的策略为例，如果企业的成本不成比例地增长，更多资产被用来达到增加销售额的目标，那么不健康的增长模式就会出现。

表 13–1 映象唱片公司的利润表和资产负债表 （单位：英镑 / 美元 / 欧元）

利润表		资产负债表			
销售额	60 000	固定资产			
扣减代收货品的成本（材料费、劳工费等）	30 000	改造车库费等			11 500
		电脑费			1 000
毛利润	30 000	固定资产总额			12 500
扣减营业费用（租金、管理费等）	21 300				
营业利润	8 700	营运资本			
		流动资产			
扣减银行利息	600				
税前利润	8 100	库存		9 108	
扣减税款	1 377	借方		12 000	
税后利润（11.21%）	6 723	现金		0	
				21 108	
		扣减			
		流动负债			
		透支	4908		
		贷方	0		
			4 908		
		营运资本（借方 – 贷方）			
		总资产			16 200
					28 700

优化资源

首先，在某种程度上，增加利润最简单的方法就是以更少的资源获得更多你准备投入市场的东西。这一策略可以提高利润率，同时减少运营企业所需的实际资金，或者允许你在无须额外融资的情况下实现增长。这两种情况都是可取的结果，因为前者让你的企业更安全，后者让你的企业更壮大。

审查工作方法

寻找更聪明而不是更难的工作方式可以极大地优化工作方法。寻找更好的工作方式对于一个小公司来说很困难，因为创业者几乎没有资深的员工可以作为学习对象，而这正是大企业凭借不断招聘新员工所获得的益处之一。自营企业主可以抽身出来并通过了解业界动态来弥补这一点。以下是一些可以让你随时掌握所在行业最新动态的方法。

- 广泛阅读与你的行业相关的杂志以及相关主题的杂志。你不必急于购买数百种杂志和学术期刊，而可以使用查找文章网站（Find Articles，网址：www.fndarticles.com）。该网站是一个包含超过 1 000 万篇各领域主题文章的数据库，其中很多文章都可以免费查看和在线获取。
- 查看你的竞争对手是否比你做得更好，然后试着找出原因——获取它们的商品目录、传单和价目表并查看它们的网站。你可以从 www.gov.uk/get-information-about-a-company 网站上获取它们的账户信息并计算一些关键比率来比较业绩表现，如第九章所示，也可以使用谷歌新闻阅读与它们有关的媒体报道（发布新产品、招聘新员工等）。

- 参加展览、会议和研讨会，你可能会看到并听到你所在行业的推动者和振兴者的讲话。AllConferences.com（www.allconferences.com）是一个专注于会议、集会、贸易展览、展示会和研讨会的网站，你可以按类别、关键字、日期、地点以及标题进行搜索。

<<< 案例研究 >>>

蒂姆·鲁佩尔（Tim Roupell）在 31 岁时做起了自己的生意，即每日灵粮（Daily Bread），也就是在朋友的熟食店的地下室制作了 50 个三明治。23 年后，蒂姆卖掉了这家公司，当时这家公司已达到这样的规模：每天生产 5 万个三明治，有 230 名员工，每年的营业额有 1 400 万英镑。

最初，他在切肉机和几个篮子上投入了 800 英镑，制作了 50 个美味的三明治，并试图在当地零售店出售这些三明治。他从凌晨 4：30 开始制作三明治，一直到天黑下好配料订单并做好账结束。

和其他为玛莎百货提供三明治的公司一样，每日灵粮的每条面包都必须扔掉 4 片，包括面包皮和第一片面色。除了纯粹浪费食物，该公司每年还支付约6.5万英镑将这些食物转化为天然气用于发电。

根据英国政府赞助的智者环境机构（Environwise）的建议，该公司开始把不需要的面包出售给当地农民用作动物饲料。该公司的收益包括成本转化的收入，因为他们从农民那里得到了每吨25英镑的收入。此外，该过程不排放二氧化碳，为其绿色战略做出了贡献，最终使该公司成为英国第10家最环保的公司，赢得《星期日泰晤士报》（*the Sunday Times*）设立的“最佳绿色公司奖”中食品和饮料行业的“最环保的公司”的殊荣。

该公司现在是天然有机食品和个人护理产品公司的领头羊海恩时富集团（Hain Celestial Group）的一部分。其他品牌包括琳达·麦卡特尼（Linda McCartney），它们在北美和欧洲都有分支。该公司仍然制作美味的三明治，并荣获皇家授权的殊荣，只是用更常见的入市途径取代了创办之初提篮售卖的方式。

掌控营运资本

如果你在家工作，最大的成本要素，即你的财产和土地，大体上是固定下来的，至少在你做出重大的战略决策，决定进入专门的商业场所之前情况都是这样。在企业的早期成长阶段，营运资本领域是你保证企业健康增长的主要杠杆。如果你能使用相同比例的营运资本或更少的成本实现销售额和利润的增长，则可实现健康的增长。

把控债务人

如果你通过赊销方式销售产品并等了90天才从客户那里收回你的资金（这绝非罕见），那么，相比于一家在35天内收回资金的公司，你每销售100万英镑（美元或欧元）的商品就要占用15万英镑（美元或欧元）的额外资金。这笔资金对于一个小公司来说可能已经达到透支总额。或者，从另一个角度来看，提前一周收回资金可以为你腾出数以万计的救命钱。

在此，付出非常少的额外努力就可以带来巨大的回报。重要的是你要记住，企业融资所需的现金越少，企业的盈利能力就越强。以下是一些技巧，可以帮你更快地获得回款。

- 如果你采用赊销方式，请在你的发票上清楚地写明贸易条件。除非客户知道你希望他们付款的时间，否则他们会在自己适合的时间付款给你。
- 了解你最大的客户何时进行月度支票管理，并确保你的账单在那个时候及时送达对方手里。
- 及时发出账单追讨延迟付款人，并始终电话跟进。

在开展授信业务时，请务必参考贸易资料，并查看对方的账户，了解其业务发展情况是否良好。

控制库存量

适时制（just-in-time）生产方法意味着大多数大企业只能存储几天的基本供应量。反过来，它们的供应商也只持有少量库存，这也解释了为什么高速公路和航运通道比以往更忙碌：大多数材料都在运输中。

小型企业在成长过程中往往倾向于保持过高的库存水平，原因很简单，它们还没有开发出一套把控库存的系统。你可以使用一个手动记录卡系统来控制库存水平，其中包含持有数量、供应商的详细信息、交货时间以及订货库存水平。当你在卡片上输入信息时，你就可以知道什么时候采取行动。如果你需要手动管理太多的库存项目，请采用软件解决方案。第九章列出的更复杂的会计软件包包括库存管理内容。

提高利润率

随着时间的推移，企业成本往往会慢慢高于你投入的资金所带来的收益。这种成本的增长是稳步发生的，几乎让人察觉不到，而且有时这种增长本身的幅度太小，显得微不足道。你可以采取多种措施来提高利润率，以下是一些可供讨论的措施。

要价更高

提高价格绝非易事，但如果是有选择性地涨价，也许可以促进企业的稳健增长。首先，我们要了解潜在的回报和风险。我们用映象唱片公司作为工作模型，假设映象唱片公司的6万英镑（美元或欧元）

的销售额来自60个客户，其全部从我们这里购买价值1 000英镑（美元或欧元）的商品和服务，则毛利润率为50%。如果我们把价格提高10%，并且我们没有失去任何客户，那么我们的利润就会增加6 000英镑（美元或欧元）。所有这些都将在税前落到账本底线里，因为其不涉及额外成本，我们的税前利润几乎翻了一番。但是，如果我们因价格上涨而损失了6位客户（占客户总量的10%）会发生什么情况？现在我们只有54个客户，每位客户支付1 100英镑（美元或欧元），或者我们获得59 400英镑（美元或欧元）的利润，利润比以前只少了600英镑（美元或欧元），而且还有其他好处没有显现出来。

对价格而不是数量施加压力可以减少库存，减少追加费用，减少资金投入和减少设备损耗。这并不表示提高价格是一件容易的事情，但它可能并不比寻找新客户难多少，而且几乎总是更有利可图。在提高价格的同时，你可以尝试给客户提供一些额外价值作为回报，如改善服务水平或增加额外功能。

以上数据取决于你的毛利润水平。如果你的毛利润越低，企业能够承受的因价格上涨带来的损失就越少。请在哈佛大学和商学院的网站（http://hbswk.hbs.edu）上下载一个电子表格，用于计算有关价格变动的所有数据。

留住更多客户

赢得客户是一个昂贵的过程：你必须要发现客户，打动客户并最终赢取客户。一旦你赢得客户，留住他们的成本就会降低，他们也会花费更多的资金购买你的产品或服务，并且比新客户对价格的敏感度更低。相比其他营销策略，留住已有客户更能提高利润率。根据贝恩（Bain，网址：www.bain.com）的研究，如果客户保留率被提高 5%，利润率就可以提高 75%。你可以阅读《哈佛商业评论》（*The Harvard Business Review*）上的文章《留住正确客户的价值》（The value of keeping The right customers，网址：http://hbr.org）。留住客户需要做到以下 5 点：

- 积极听取客户的意见。跟进电话、邮资已付的简短问卷调查卡、博客和神秘的购物体验都是成功的倾听策略。如果 96% 的客户投诉都从未得到解决，那么不满意的顾客就会离开。
- 处理投诉。如果你能够快速且公平地处理客户的投诉，那么 94% 抱怨的客户会再给他们的供应商一次机会。
- 培养和建立客户的忠诚度。比如提供折扣或贵宾待遇给客户，或者给予客户比他们期望更多的东西来表明你对他们和他们对你企业的支持的感激。
- 了解客户的需求，并确保你的产品和服务与他们的需求密切契合。
- 全面了解客户的需求，并通过增加产品来满足客户独特的需求，履行你对客户的承诺。

改变产品或服务的组合

如果你销售的不止一种产品或服务，或者正计划引入新的产品或服务作为发展战略中的一步，那么请分析成本，以便把精力集中在那些利润率最高的产品或者服务上。很少有自营企业主真正知道哪些产品或服务会产生最大利润，因此收集数据必须是第一步。

少 买

关于少买，你需要杜绝浪费或找到提高产量的方法。如果你是孤军奋战，可能无须担心这个问题，但是一旦你有了员工，无论他们如何敬业，问题就都会出现。在人们想要购物时，最经典的问题是：如果这是你的钱，你会这么用吗？ 5 年前，有一位企业家白手起家，成功创立了一家现今市值为 300 万英镑的企业。这位企业家将 20 名员工组成了他所谓的智囊圈（Smart Circles）。他对员工发起挑战，希望员工能找到一种可以更快、更好且以更低的成本做事情的方法。在发起这个活动的第 2 年，他的企业的利润翻了一番，5 年后，他的企业市值已达 1 000 万英镑。

少 付

无论你有多聪明，无论你运营企业多么高效，都有很多成本无法消除。有一个相当有说服力的故事，讲的是一个人每天克扣几粒驴的粮食，直到驴死了才注意到这种方式的不当。因此，一旦你消除了不必要的成本，就要寻找方法把你得之不易的利润少付给其他人。记下你在哪个领域的开支最大，并开始寻找节省资金的办法。

改善你的购买体验

在购买任何东西时，你都可以通过以下 3 种方式，用更少的钱获得更多的东西。

- 加入在线团购群体，如购买团（Buying Groups，网址：www.buyinggroups.co.uk）和初级采购团（Premier Purchasing Group，网址：www.ppg-uk.co.uk）。这些团体会帮助买家联合起来，通过大量采购获得更好的价格和贸易条件。
- 协商更好的价格。20个自营企业主中只有不到1个人会与供应商协商，以争取达成更好的交易条件。团购（Collective Purchasing，网址：www.collectivepurchasing.co.uk）等公司会收集定价信息，帮助你进行谈判，同时不会影响交易质量。
- 考虑批量购买或签订长期合同，但只限于折扣高于资本成本的情况。

在寻找更低的成本时，请不要遗漏任何重要的领域。除了商品供应商之外，包括保险公司、公用事业公司和银行在内的服务提供商也都习惯与会计师和律师进行谈判。

减少税金

利润税通常是小型企业最大的一项支出。就企业而言，所有涉及税收的资金都可以视为一种浪费，因为个人纳税可能会从税收中看到某些价值，企业缴纳税金则得不到任何回报。所以这里的规则是在法律范围内尽量减少税金。以下是一些减少税金的策略，可以帮助你增加留存利润，尽管部分留存利润可能无法以现金形式提供给企业。

- 检查你是否已经将所有可列支营业费用从收入中扣除。经验之窗（Bytestart）是一个小型商业门户网站，它有一个版块（www.bytestart.co.uk/homeoffce-expenses.html）致力于解决在家办公才会出现的问题，对家庭企业的运营很有帮助。
- 交满养老金或开始投资养老金。如果你购买自我投资个人养老金计划（Self Invested Personal Pension Scheme，简称 SIPPS），你就可以把收益投资于大多数类型的营业场所、商店、仓库、办公室或工厂。在你决定冒险之前，请从税务专家和养老金提供者那里获得专业建议。如果你想了解更多关于自我投资个人养老金计划的信息，请联系退休金咨询服务处（the Pensions Advisory Service，简称 TPAS，电话：0300 123 1047；网址：www.pensionsadvisoryservice.org.uk）。这是一家独立的非营利性组织，也是寻求基本资料的好地方。你也可以访问独立财务顾问协会（Association of Independent Financial Advisers，电话：020 7628 1287；网址：www.aifa.net）
- 利用你配偶的税收优势，特别是在你的配偶没有其他工作收入且纳税比例比你低的情况下。
- 投资新设备。任何被指定为节能或节水的设备现在都可以获得 100% 的免税。

你无论做什么，都要保证遵守法律并接受专业建议。

提高销量

发展更多业务是企业使用的最常见的成长策略之一，但这并非没有风险。美国学者伊戈尔·安索夫（Igor Ansoff）提出了一种策略分类的方法，帮助人们理解相关风险的性质。他邀请自己的学生把企业成长策略做成包含 4 个部分的矩阵。这些矩阵的轴上标有标签，x 轴代表产品和服务，从现货和新品开始运行，y 轴代表市场。

安索夫随后按风险从小到大的方式继续为每种类型的策略命名（你可以在 www.strategyvectormodel.com> Theories> Ansoff Matrix 上看到矩阵）。

- 市场渗透策略涉及向现有客户销售更多现有产品和服务，这是风险最低的策略。
- 产品或服务开发策略涉及扩展现有产品或开发新产品，以销售给现有客户群。这种策略比市场渗透策略的风险更大，但比进入一个新市场的风险要小。进入新市场，你将面临新的竞争对手，并且你可能不像了解现有客户一样了解新客户。
- 市场开发策略涉及在本国或国外进入新的细分市场或全新的市场。
- 多元化策略是把新产品销售到新市场，这是风险最大的策略，因为新产品和新市场都是相对未知的。除非你已经用尽其他所有的策略，否则避免使用这种策略。

充分利用你的客户群

扩展和发展与现有客户的关系最有可能让你获得快速、可盈利和低成本的增长。以下内容讨论的是你可以探索的领域。

发展下线

你的现有客户很可能知道其他跟他们一样喜欢你公司的产品或服务的人，而这些人又知道更多的潜在客户。生活经验告诉你，如果有人大加赞美他们最近去过的餐厅，合作过的清洁工、保姆或网站设计师，就会有许多人耐心排队来获取这些地方或这些人的联系方式。

如果你不能面对面看到你的客户，那么发展下线虽然很难操作但仍然有可能实现。你可以提供折扣、佣金或奖品，诱使满意的客户为你提供所需的联系方式。美国客户满意度指数（the American Customer Satisfaction Index，网址：www.acsi.org > Customer Satisfaction Benchmarks）衡量了 43 个行业的满意度。查看你所在行业的分数将为你提供一个基准目标，以增加你可以获得推荐数量的机会。

调查订单丢失的原因

你经常会与订单失之交臂，但丢失订单并不一定是绝对的亏损。如果你花时间找出订单丢失的原因，就可以从过程中收集到宝贵的信息。一家经营互联网二手书店的公司发现，运输成本是造成询价之后产品未被转换为订单的最重要的原因。它们的成本与市场上的同行不一致，因为它们采用了单一的价格策略，将厚重的大部头书和轻便的小部头书合并成一个价格区间。这在管理上很简单，但却是一场营销灾难，因为一本售价不到1英镑的书，如果加上运费，最终需要花费5倍的费用。这家公司一知道它们失去生意的原因，就改变了策略并开始赢得更多生意。

赢得竞争对手的客户

在你经历了赢取和留住客户的种种困难之后，让客户购买更多东西对企业来说是很有意义的。通常，这会让你、供应商和经济体获得管理成本和运输费用的经济效益，并且企业可以依靠现有客户来付清钱款。

但在让客户购买更多产品之前，你需要知道他们的购买力以及购买渠道（如果有的话，是谁），换句话说，你需要知道你的竞争对手是谁。这又回到了掌握客户信息这个问题上。你可以通过在下一轮满意度调查问卷中提出一个关于竞争对手的问题，来了解客户使用的其他供应商。至于他们的购买力是多少，通常你可以根据市场平均水平做出判断。例如，如果你正在销售化学药品给游泳池的所有者，而他们必须每天检查氯气水平，并且泳池投入使用的时长是每年150天，那么你就知道他们至少需要3包50条的化学测试条。如果他们从你这里购买了一包，那么他们在别处最多购买两包。

接下来，你需要制定一个战略，从游泳池所有者那里赢得额外的交易。你可以给他们提供3折优惠，如果他们订购3件以上则给他们提供免费送货服务，或者一些类似的优惠。这些策略意味着你要放弃部分额外利润，但相比只有一个订单的情况，你最终还是能获得更多利润。

收购竞争对手

如果你有足够的资金，那么你可以直接收购竞争对手的公司，接管对方的生意。你也许不可能保留对方所有的业务，如果你已经是这个业务的供应商，情况尤其如此；一些企业喜欢至少拥有两家供应商。道尔顿商业（Daltons Business，网址：www.daltonsbusiness.com）拥有关于收购企业各个方面的指南，另请参阅第一章第 30 页关于“找到可收购的公司”的内容。

让非用户转变观念

无论你和你的竞争对手销售的产品或服务是什么，都不可避免地会有很多非用户。因此，尽管 18 亿英镑的年度贺卡销售额大部分都是在实体店而不是在线产生的，但仍有一个重要且不断增长的互联网业务市场有待开发。像米尔克伍德（Milkwood）这样同时拥有实体店和网店的公司，正在寻找方法让不使用互联网购物的客户转变观念，换句话说，它们就是想让那些只在实体店购物的人也转到网购中去。米尔克伍德公司的在线推荐朋友战略和电子邮件捕获计划，在帮助企业在 3 年内把营业额从 200 万英镑增加到 400 万英镑方面发挥了重要作用。（参见下文的案例研究。）如果你上网购物，你将免费获得 30 英镑（43 美元或 35 欧元）。美国境内提供线上增值网络服务的公司美国在线（AOL）认为，一旦它们突破零的记录，在线购买率就取决于客户的访问量。

<<< 案例研究 >>>

米尔克伍德出版公司（Milkwood Publishing）的创始人琳恩·汤普森（Lyn Thompson）于1992年开始在康沃尔（Corrwall）的自家厨房桌子上绘制水彩卡片，并在当地的工艺品博览会上出售。由于当时的市场无法满足客户需求，她看到了原创贺卡的商机。她首先编制了一份商业计划书，然后从普林斯信托机构（Prince's Trust）贷款3 500英镑，再加上她自己的6份设计，米尔克伍德出版公司就诞生了！她很快将公司扩展到更大的场所，生产印刷品和卡片，并自己装裱它们。物美价廉是她的独特卖点。

开展零售业是下一个自然出现的商机，米尔克伍德出版公司现在在康沃尔、口哨小鱼（Whistlefish）画廊有10家经营成功的零售店。米尔克伍德出版公司于1998年在圣艾夫斯（StIves）开设了第一个口哨小鱼画廊，随后在法尔茅斯（Falmouth）、帕兹托（Padstow）、特鲁罗（Truro）、普利茅斯（Plymouth）、卢瓦（Loo）和达特茅斯（Dartmouth）等地开设了画廊。琳恩随后又建立了全国性和全球性的分销商和代理商网络。米尔克伍德出版公司的英国代理商在英国有1 400家分店，并通过分销商将产品出口到法国、比利时、荷兰、希腊、爱尔兰、澳大利亚和南非。米尔克伍德出版公司于2016年在迪拜开业，并于2017年在韩国开业。启动在线运营是该公司扩大发展的另一个关键举措，其网站口哨小鱼（www.whistlefish.com）如今产生的销售额占总销售额的一半以上。

琳恩还一直密切关注着成本。她说："在这个非常狭窄的市场中实现最低成本的运营是我们的核心战略。总之，我们的目标是成为专注于生产基于艺术的卡片和来自原创艺术家的印刷品的成本领先者，我们拥有对这些卡片和印刷品的复制权。我们不一定要打价格战，但是我们可以利用自己的成本优势、严格的成本把控以及低利润率来建立有效的障碍，阻止其他考虑进入本市场或扩大他们的市场渗透率的竞争对手。"

琳恩认为以下的创新举措推动了米尔克伍德出版公司的发展：

- 运营效率：我们已经引入并将继续引入新工艺和工作方法，或者成本更低的方式，在运营的每个阶段都剔除成本的主要因素。例如，我们已经停止了打包货品有困难的生产线，转而购买更高效的机器。
- 产品再设计：我们从根本上重新思考了我们的产品主题，寻找更有效的工作方式。例如，我们要求艺术家以一种结合我们的标准化策略的方式进行绘画。

- 产品标准化：我们的大多数竞争对手都提供多种形状和尺寸的卡片与印刷品。他们声称这给了客户更多的选择，但我们认为他们是因为不了解自己的市场才必须这么做。我们制定了产品尺寸的标准，只提供2种卡片尺寸和范围有限的打印尺寸。通过这种方式，我们可以广泛选择产品中的内容，但产品的制造过程本身却是简单又高效的。
- 规模经济：通过把我们广泛的设计组合成标准尺寸，我们可以有更长的生产流程。精简生产流程让我们制造特定产品的经验可能比一家规模是我们10倍的公司还要丰富。

琳恩说道："我们公司的成功是因为我们的原创艺术品从设计、制造到销售一直采用我称之为内包的方式。"这保障了我们的产品质量和交付的确定性，如果要维持全球和在线分销渠道，这一点至关重要。

推出新的产品和服务

大型企业推出的大多数新产品都不成功，并且零售业的失败率超过75%。虽然这种情况可能听起来令人担忧，但你必须抵消开发成本，如果开发成本低，这可能就不成问题。谷歌公司推出的24款新产品，包括谷歌聊天（Google Talk）、谷歌财经（Google Finance）和谷歌邮箱（Gmail），都尚未成为主流产品，在各自的市场中排名第 40 位左右，所占的市场份额不超过 2%。谷歌的早期发布战略通常意味着它们能接受小失败，但它们的目标是鼓励极客们冒险并保持创造性，因为它们知道如果有一个产品获得成功，那么回报将是巨大的。

以下步骤会帮助你获得更多能取得成功的新产品：

- 查看你的竞争对手的产品。要想取得成功，你的新产品在某些方面必须有明显的优势，如价格、性能、便利性和可用性，这样才能击败一个牢牢占据市场的竞争对手。
- 如果开发费用很高，则需要对市场进行测试。
- 询问你的客户想要什么。电商有机产品（So Organic，网址：www.soorganic.com）的创始人萨曼莎·布尔顿（Samantha Burlton）在对她的客户进行了大量的调研之后，推出了公司现在在线销售的 1 200 种产品。她在公司网站上列出工作人员的电子邮件地址和电话号码，以便客户自行联系业务人员并就该范围的产品提供自己的想法或建议。她承诺自己只会出售她乐意推荐给朋友的产品。（布尔顿对公共关系的使用也让阅读变得很有趣，请点击页面顶部的新闻标签。）
- 查看展会，你可以了解竞争对手和客户感兴趣的内容（另请参阅第七章第 157 页“参加贸易展览会”部分的内容）。
- 与你的团队中直接同客户联系的人交谈。他们是第一个听到客户投诉、抱怨的群体，将帮助你改进和增加活动建议。

进入新的市场

这一战略涉及把现有的、经过验证的产品和服务引入新的地理区域或新的细分市场。本书第三章梳理了市场的细分过程，这是研究新的相关细分市场的起点。

多样化策略：孤注一掷的行为

把你知之甚少的产品卖给对其了解更少的客户，可能是最有风险的企业成长策略。多样化策略往往建立在协同作用的概念上，即 2 加 2 等于 5，或者换句话说，整体大于部分之和。

除非你可以量化多元化策略所带来的附加值，例如通过数量折扣取得更好的购买条件，或者可以把成本分摊到更大的销售量上，否则请远离这种策略。

<<<待办的重要事项>>>

- 审查你目前的定价方法，并测试选择性涨价对收入和利润的可能影响。
- 研究降低成本的方案。
- 检查计划中的营运资本比率（请使用第九章中的资料），并与过去的业绩表现和竞争对手进行比较，寻找改进的机会。
- 审查工作方法，明确需要提高效率的领域。
- 启动可以提高利润的项目。

第十四章

在海外创业

- 评估企业环境
- 检查商业环境
- 开展国际市场调研
- 审查国际银行和融资方案
- 化解外汇风险
- 处理税务问题

如果你正在考虑去海外创业或把现有业务拓展到国际市场，那么在冒险的同时，你可以参考数百万人曾在海外创业的经验，这对你来说也是一种安慰。英国公共政策研究所（the Institute for Public Policy Research，网址：www.ippr.org.uk）的英国海外项目显示，有550多万英国人生活在国外，其中有不到1/5的人退休，剩下的人中有相当一部分出国创业。这些企业的业务覆盖全部领域：从法国的船厂、西班牙的房地产机构、克里特岛的酒吧、土耳其博德鲁姆的精品酒店、德国的黑森林餐厅，到佛罗里达州的英式茶室，都是英国人在海外建立的繁荣企业。

虽然创业的基本规则在任何地方都是一样的，无论是谁在经营，但还是有一些国家特有的相关因素会发挥作用，对企业产生一定影响。考虑到以上问题，本章将对前面章节的内容进行补充，以飨有这些需求的读者。另请参阅附录一的第二部分，其中有为所有的主要海外国家的自营企业主提供建议和帮助的相关来源。

<<< 案例研究 >>>

劳拉·摩根在英国贝德福德郡的自家车库里创立了太平洋直通车（www.pacificdirect.co.uk），用来供养自己和未婚夫，那时她未婚夫还在商学院读书。提供酒店洗护用品是她发现的商机，这是一个14年前刚刚起步的行业。不久，她意识到为了保持竞争力，她必须要找到低成本的生产设施。劳拉认为中国是购买微型塑料容器、一次性拖鞋、浴衣和其他组成完整酒店浴室套装相关产品的最佳地点。由于洗漱用品是由英国、法国和美国提供，而要把这些洗漱用品运送到中国并不划算，因此劳拉决定把这些洗漱用品的瓶子带回英国灌装。不久，劳拉找到了一个更好的解决方案，那就是同捷克共和国的一家供应商合作，该供应商提供了一个很有竞争力的价格。

凭借价格优势，劳拉迅速推出一种独特的优惠，与潘海利根（Penhaligon）、尼娜·坎贝尔（Nina Campbell）、弗洛瑞斯（Floris）、埃麦尼杰尔多·杰尼亚（Ermenegildo Zegna）、艾丽美兹（Elemis）和白色王国（White Company）等品牌签订了酒店卫生用品的许可证，以填补酒店化妆品市场的空白。从公园路的多切斯特酒店开始，劳拉与国际五星级酒店、游轮、航空公司和世界各地度假村建立了合作关系。中国和捷克的企业都需要资金来扩张业务，以跟上劳拉的企业快速增长的步伐，因此她在两家公司都持有大部分股份，并提供赊销服务帮助他们留在市场中。除了运营有着数百万英镑营业额的企业外，劳拉还努力带领太平洋直通车公司给它所影响的社会一些回报。太平洋直通车公司与当地的贝德福德济贫院和尼泊尔的晨星孤儿院（Morning Star Orphanage）进行合作，并且承诺不会在动物身上测试产品。

选择一个营商环境好的国家

若想寻找最理想的国家来安置新企业或寻找供应商和商业伙伴，你就需要研究有关国家的政治和经济环境以及该国家对企业的态度。你还需要对自己的风险偏好进行评估。例如，对住在贝德福德郡的人来说，买入中国的一家工厂，并雇用400名员工是一种冒险的，甚至是危险的策略。但对劳拉来说，这种危险就小很多，因为她能说一口流利的普通话，并且在香港度过了她的童年，同样的事情让她来做就不像看起来那么冒险。

除了那些不顾一切急于尝试的人以外，在有些地区和国家投资对任何人而言都是冒险的行为。尽管在我写这篇文章的时候，一位有进取心的英国人还在阿富汗喀布尔（Kabul）成立了一家房地产企业。很明显，在援助工作者和顾问的涌入推动经济极速增长的背景下，城镇理想地段的房屋价格已经达到了50万美元。使用本章中的资料来源，你可以找到这样的国家：营商环境良好，企业能发展壮大。

企业在哪里受欢迎

虽然有些国家对谁可以进入他们的国家做生意有限制，但大多数国家没有这样的限制。最常见的一种限制是要求当地董事或股东必须担任该组织的管理者。但是这些壁垒正在减少，甚至俄罗斯、柬埔寨和越南等国也越来越欢迎新的企业家和企业。

一些国家不仅仅对外来企业敞开大门。例如，美国、加拿大、澳大利亚、以色列、爱尔兰、意大利和南非等越来越多的国家可以给那些能够带来资金和创新理念的人提供公民身份快速通道。例如，在英国，投资约 20 万英镑就可以获得企业家或创新者的签证；在加拿大，30 万加元就可以获得企业家类签证；而美国早在 1992 年就引入了被称为“百万美元绿卡”的移民投资者签证（EB-5），事实上，该绿卡在美国的某些目标地区可能只需要 50 万美元。令人惊讶的是，美国计划一年发出 10 000 张绿卡，实际上却只发出了 6 024 张。

营商环境报告（Doing Business，网址：www.doingbusiness.org）是世界银行集团推出的免费年刊，对大约 180 个国家的商业条例及执行情况进行评估和衡量。该报告的指标可以识别关于加强或限制商业投资、生产力和增长的单行法规，并提供衡量一个国家对企业家欢迎程度的标准。报告主题包括：创业、关闭企业、缴纳税金、处理许可证、雇佣工人、登记财产、获得信贷、保护投资者、跨境贸易以及合同执行。你可以通过该数据库获取有关每个经济体的总体排名的简要说明，其中包括经营的便利程度，以及构成总体排名的 10 个主题。你可以看到，在 2010 年，新加坡是最适合创业的国家，而中非共和国是创业环境最糟糕的国家。在澳大利亚，企业家只需要做两天的文书工作就可以开始创业，而在苏里南则需要 694 天，并且涉及 13 个独立的程序。随着各国开展重大改革，这些排名也在不断变动。例如，2009 年白俄罗斯的排名沦为第 98 位，但到 2010 年却升至第 7 位。白俄罗斯通过合并程序、取消最低资本要求和取消基本的官僚主义事项（如需要集中加盖公司印章）来实现这一目标。此外，该年刊还提供每个国家的数据，涵盖了数据库中涉及的 10 个主题，并且你可以使用特定的工具为选定的国家编写一份量身定制的报告，以便进行比较。

检查商业环境

寻找一个欢迎企业家的国家只是一方面，另一方面就是确定经济环境是否有利，商业氛围是否腐败，你和你可能雇用的员工的生活质量将会如何，这些都是同等重要的事情。

关于这些主题，有一些免费的或廉价的背景数据来源，我将在下面的几部分内容中进行讨论。

中央情报局世界概况

美国中央情报局世界概况（the CIA World Factbook，网址：www.cia.gov/library）拥有丰富的信息，足以帮你形成对经济健康或其他方面的看法。中央情报局每年都会定期更新资源，提供最新的信息。进入世界概况的页面，你会在屏幕左上角看到一个下拉栏，点击下拉栏你就可以选择 233 个国家或地区中的任何一个，这些国家或地区被中央情报局给予了独立的分析地位。每个国家都包含一系列基本的经济、政治和人口信息，以及政治或边界争端的相关信息，这些信息在未来可能会给你的创业带来问题。

等级顺序页面（the Rank Order Pages）允许你遵循许多分析线程，方便你相互比较各个国家。从中央菜单栏中选择“参考—国家比较指南”，你就可以找到相关数据。这些数据来自世界概况 10 个类别中的 7 个，包含 80 个领域的内容，按从高到低的顺序列出，只有两个例外：失业率和通货膨胀率，这两个是按从低到高的顺序列出的。

国家观察

中央情报局世界概况是回顾性信息，而国家观察（Country Watch，网址：www.countrywatch.com）则提供了 5 年的宏观经济预测，并且为 193 个国家提供了 20 年的能源需求、供应和价格预测，每一个主题都有 75 页，在线获取所有国家信息的费用为一年 50 英镑。你可以得到一个免费试用版，这可能可以帮助你决定是否要搜索一个国家。有些图书馆和学院拥有这种免费资源，所以如果你正在研修一门课程或附近有一家大型图书馆，那么你可以先利用这种免费资源；如果没有，你再付费购买。国家观察还提供有关人口规模、教育、政治、经济、商业、文化、环境等方面的信息以及每日的新闻报道，并拥有丰富的新闻档案。

民族大师

民族大师（NationMaster）集合了中央情报局世界概况、联合国和经合组织的数据，旨在成为国家统计数据的一站式网络资源。

使用民族大师网站（www.nationmaster.com），你可以一目了然地看到一个国家的主要经济数据以及其他因素的排名。例如，你一眼就可以看到津巴布韦的失业率最高，为95%，而卡塔尔（Qatar）只有0.5%；如果你想招聘员工，这或许不是一个创业的好地方。通过该网站提供的工具，你可以利用网站统计的信息生成地图和图表。

透明国际

透明国际（Transparency International，简称TI，网址：www.transparency.org）认为腐败是“为了私利而滥用委托权力”的行为。它成立于1986年，是一个独立和公正的组织。它通过遍布全球的90多个本地组织的网络运营，其贪污感知指数（CPI）闻名于世，这是对180个国家进行独立调查的结果。在最新的调查中，透明国际报告指出，全世界有68%的国家存在严重的腐败问题，一半的G20（20国集团）国家位列其中。丹麦是腐败程度最低的国家，英国排名第10位。然而，西班牙排在第58位，仅次于马耳他、卢旺达和约旦：与乌拉圭、不丹和博茨瓦纳的腐败官员相比，西班牙的腐败现象要轻微得多。

人类发展指数

人类发展指数由联合国（http://hdr.undp.org/en）每年发布一次，其根据公民的生活质量对国家进行排名，而不是严格依据国家的传统经济数据进行排名。计算排名的标准是一个总结性的综合指数，它可以衡量一个国家在人类发展的3个基本方面（寿命、知识和体面的生活水平）涉及的33个小的方面的平均成就。在主菜单中，从页面左侧的菜单中选择“人类发展数据”，然后选择“获取数据”。你可以从中选择你感兴趣的国家，或者你可以选择“建立自己的表格”的选项，并选择你感兴趣的国家和指标，然后下载格式化的表格到你的电脑里或Excel文件夹里。

研究国际市场

在许多情况下，海外市场的调研过程和数据来源与国内市场相同。

你需要确定特定的客户，最好是通过名称、材料和商业设备的供应商以及一些关于可能的当地竞争对手的信息来锁定客户。幸运的是，这些信息的来源有相当程度的重叠。以下是国际市场上关于这些信息的来源目录和其他渠道：

- 英国特许经营协会（the British Franchise Association，网址：www.thebfa.org/ international/franchise-associations-around-the-world）提供一份各国特许经营协会的名录，你可以从中找到每个国家的特许经营信息。
- 商会经营的进出口俱乐部，提供与国际贸易有关的联系方式，并通过150个国家的当地商会网络提供市场调研信息和在线情报。你可以从国际商会（Chamber of Commerce，网址：www.iccwbo.org）着手。

- 公司信息（Corporate Information e，网址：www.corporateinformation.com >Tools > Research Links）是一个涵盖世界主要经济体的商业信息网站，提供大量免费信息。该网站会给你提供 100 多个国家的商业信息来源。其发布的行业平均报告（Industry Averages Reports）包括 28 个行业，总共有 165 个单独的列表（即全球、地区和国家），包含一系列销售和财务绩效的比率。
- 市场与调研（Research and Markets，网址：www.researchandmarkets.co.uk）是一家一站式网店，针对 70 多个国家的上百个行业开展调研，拥有近 150 万份市场研究报告。报告的起价为 20 欧元。例如，一份印度的医疗旅游报告的价格为 32 美元，而针对英国的医疗旅客的报告价格为 1 020 美元。
- 托马斯网（Thomas Net，网址：www.thomasnet.com）是一个 11 种语言的在线目录，包含 28 个国家的 70 多万家供应商的详细信息。它允许你按行业分部门或国家的名称搜索信息。
- 译者咖啡屋（TranslatorsCafé，网址：www.translatorscafe.com）是一个由 4 000 多名语言专家组成的数据库，你可以按照代理机构的位置、语言、名称和规模搜索信息。
- 世界知识产权组织（World Intellectual Property Organization，网址：www.wipo.int/ directories）是一个负责世界各地知识产权（专利、商标、标识、设计和版权）的组织的国别目录。你可以在上面找到各地保护知识产权的规则和程序。
- 世界市场研究协会（World Market Research Association，网址：www.mrweb.com）经营着其关于群体的蓝皮书（Blue Book，

网址：https://bluebook.marketingresearch.org），该群体负责在世界各地开展有关消费者、意见和营销的调查。他们的数据库可以按国家、商业活动或所需研究的类型进行搜索。

人员、财产和专业顾问

在海外建立企业，可能刚开始不会涉及雇用人员和租赁场地的问题，但一旦成立就会涉及以上问题。这些活动中的任何一项都可能需要专业顾问（如会计师或律师）的服务。你可以从以下国际组织中获得这些领域的建议和资源：

- 营商环境报告（www.doingbusiness.org/data）是世界银行集团提供的免费资源，包含 190 个国家雇用、支付和解雇员工的相关成本信息。这儿有关于每个国家工作时间、遣散费、通知期、裁员和带薪假期的丰富信息。
- 全球房地产指南（Global Property Guide，网址：www.globalpropertyguide.com）几乎涵盖每个国家购买和出租房地产等方方面面的内容，包含房地产价格趋势、本地律师和房地产经纪人的信息。
- 马丁代尔–哈贝尔律师定位器（www.martindale.com），该法律网站目前是 160 多个国家的 100 多万名律师和律师事务所的数据库。在这个网站上，你可以按国家和专长搜索律师。
- 美国权威工资收入调研机构薪资等级是一个你可以从中获得有关薪资等级的准确实时信息的网站。
- 全球税收（Worldwide-Tax，网址：www.worldwide-tax.com）是

一个非常全面的网站，涉及约 70 个国家的大量税收和财务主题。在左侧垂直菜单栏的“世界目录”中选择职业（律师、会计师等），然后你会被引导到一个由各个国家或地区的律师组成的名单上，这些律师通常都有英语语言网站的资格预审，其合作伙伴的英语水平也很好。

资金事宜

无论你在哪里经营企业，这都意味着你要与资金打交道。在国外经商也有这些问题，并且你可能还需要处理其他一些问题，例如汇率和地方财产税。

获得融资

你将拥有与在英国相同的融资选择，这在第十章“筹集资金”部分有所解释。尽管在许多国家，你可能只能选择少数几家稳健的企业，除非其他的选择是国际主要银行的子公司。本地银行通常在转移资金并持续处理小额资金方面相当安全。然而，将大笔资金存入银行，甚至存入银行的保险库里可能并不明智。英国和欧洲政府在银行违约情况下会保护 7.5 万英镑的存款，而在欠发达市场却很少出现这种情况。

银行选项

你合作的银行很可能拥有海外子公司，或与海外银行有合作关系。如果都没有，或者对方不情愿，那么你可以考虑以下两种选择之一。

目前，在许多海外国家开立银行账户是一个相当宽松的过程，但监控可疑交易的程序正在收紧。你需要保持警惕，以确保你不会在无意中卷入洗钱活动。全球税收网站（www.worldwide-tax.com > World Directories> Banks）有一个世界银行名录，按国家分类，有各国的主要银行，包括当地银行和有分支机构的国际银行。大多数国家都有一个英文网站，其中包括如何在本国开立银行账户的说明以及在线申请的程序。

选择一家至少有一个会讲你的国家语言的人的银行，这个人要对外汇交易非常熟悉，最理想的情况是他了解你正在创办或正在扩展的业务类型。

权益提供者

无论你是在海外创业还是拓展业务，你都可以从愿意入股你的企业的投资者那里获得融资支持，本书第十章提供了融资指导。你可以在许多私募股权和众筹平台上了解有关国际投资者的信息。

处理外汇事宜

在海外经营企业意味着你至少需要用两种货币进行交易：本币和你将交易的国家的货币。许多国家都有自己的货币，但并非所有货币都同样稳定。货币越不稳定，任何交易涉及的成本和风险就越高。

以下是你需要关注的一种货币的核心因素：

- 该货币是不是不完全可兑换的？ 这意味着有关国家的政府对汇率以及可以进出的货币数量采取了政治和经济控制。印度等众多国家都属于这一类别。这些货币可能非常不稳定，你需要获得许可才能汇回资金。
- 该货币是“挂钩”的吗？ 获得货币稳定的最有利方式是将本币与主要的可兑换货币挂钩，例如欧元或美元。这意味着，虽然当地货币兑其他世界货币可能会上下波动，但它会保持或至少试图保持稳定，以对冲它所挂钩的货币。
- 该货币是否“美元化”？ 这是一个有点不当的词，因为这个术语被用来形容一个国家放弃本国货币，只使用美元或其他主要国际货币（如欧元）。
- 该货币是否完全可兑换？ 如果是这样，那么该货币完全独立，将随着国家的兴衰而波动。例如，俄罗斯在 2006 年 7 月取消了货币管制，以示经济信任，使卢布完全可兑换。

这些组织可以帮助你处理外汇事宜：

- 奥安达公司（OANDA，网址：www.oanda.com）是率先通过互联网提供综合货币兑换信息的公司，现在它允许酒店和航空公司在其网站上提供汇率信息。在左侧的菜单栏中，你会找到大量有价值的工具，包括外汇兑换器（Select FXConverter），其是一种可访问多种语言的货币转换器，涵盖全球 164 种货币的最新汇率。日期功能是一个很好的补充功能，因为可以让你看到历史汇率。例如，1 英镑在 1985 年只能兑换 1.41 美元，而在 2010 年 5 月可以兑换 1.44 美元，到 2017 年 1 月这一汇率下跌到 1.22 美元。

- 金融市场协会（the Financial Markets Association，网址：http://acifma.com）。在这里你可以找到按大洲列出的约 90 个国家的相关协会的网站链接。国家协会包含成员目录。

税 收

大多数国家都有某种形式的税收，对于在该国投资的外国人来说，其规则往往是不同的。通常没有办法避免在某个地方缴纳税金，但是你可以选择最终缴纳税金的地点。关于你向谁支付税金的管辖规定与你住在哪里，以及你的收入来自哪里并不一定有联系。“居民”这个词在税收方面有特殊的意义，与有居住证或在这个国家居住的意义并不一样。

安定下来

如果你一直在英国生活和纳税，那么仅仅出国并不会改变你在英国是常住居民的事实。如果你离开英国去国外长期居住并通知英国税务海关总署，他们通常会按规定接受，并在你离开后的第二天将你视为非常住居民。如果你每年在英国平均居住 91 天或更长时间，连续 4 年，你将被重新纳入英国的税收网络。自 1993 年英国政府更改规则以来，你甚至可以在英国获得住处。

双重征税协议

如果你符合两套规则，则需在两个国家纳税。例如，如果你在某国居住了200天，在英国居住了100天，其他时间都居住在第三个国家，那么前述某国和英国的税务机关或你的家庭税务机构都可以合理地向你索税。大多数国家都有旨在解决争论的双重征税协议。决胜局，即人们所知的双重征税协议中的相关条款，是用来处理这类情况的——这些人在两个国家的住房、资产和收入大致相等。在这种情况下，你通常被认为是你所属国家的居民。

双重征税协议的目的是帮助你确保你不会为同一个应税活动支付两次税金（一次在国外，一次在国内），但你最终可能会在每个国家缴纳不同的税金。

要考虑的主要税种

- 一般所得税。这是特定国家对从就业或任何可盈利的活动中获得的收入所征的税。一些国家采用统一的税率结构，如爱沙尼亚（Estonia）对所有收入收取23%的税金。其他国家，如新西兰和摩洛哥，其税率在下滑，为0%，而泰国和墨西哥即使是最低收入者也要纳税。荷兰、丹麦、西班牙、奥地利、斯洛文尼亚和中国的税率则相当适中，对收入征收45%~59%

的税金。

- 投资收入税。在许多国家（但不是所有国家），投资收入税与个人所得税相同。
- 营业税。世界各地的利率差别很大。在黑山共和国公司税率为 9%，在印度则为 40% 左右。所有的营业税都很复杂，但有些国家比其他国家更复杂。例如，在乌克兰、巴西和捷克共和国等国家，准备并缴纳所有营业税需要 1 000 多个小时，而在新加坡、瑞士和塞舌尔，这项工作可以在不到 70 个小时的时间内完成。
- 资本利得税。这是对投资资产（如企业）所获得的利润征收的税。与其他税种相比，你需要注意各种各样的税率和条件。如果你在规定期限内进行了再投资，你通常可以回收任何已支付的资本利得税。
- 增值税和销售税。这些税是对交易而不是收入征收的税。在欧洲范围内，这些税收的税率差别很大，通常在 15%~22% 之间的税率都是标准税率。加拿大是增值税税率最低的一个国家，为 5%；巴西和丹麦的增值税税率最高，为 25%。此外，有些物品在一些国家是免税的。
- 进口关税。在欧盟内部，进口关税基本上已成为历史。然而，在英国脱欧和特朗普上台后，这一良性局面可能会发生改变。尽管如此，还是有许多国家免除了带入本国的个人物品税，包括家具、电脑甚至汽车。但并非所有国家都同样宽容。例如，你几乎可以免税把任何东西带入伊拉克，但向多米尼加共和国带入任何物品都要缴纳高达 40% 的地方税。

- 免税期和投资诱因。许多国家向个人和企业提供税收优惠或奖励，鼓励其在某些地区购买商业资产。这些政策往往是暂时性的，并且像所有这些提议一样，旨在鼓励冒险，风险和回报的程度差别很大。
- 年度财产税。只要拥有一套房产，房主或者居住者通常就需要纳税，税金可以是微不足道的金额（如保加利亚），也可以是过分高昂的金额（如意大利）。
- 财富税（资本税、权益税、净值税或净财富税）。包括芬兰、法国、希腊、冰岛、卢森堡、挪威、西班牙、瑞典和瑞士在内的国家每年都会对其公民的资产价值征税。在某些情况下，财富税的征收范围更广。例如，法国对于 1 月 1 日居住在本国的任何人都征收全球资产税，而对于在法国境内拥有资产的非居民则从每年的 1 月 1 日起对其法国的资产价值征税。西班牙于 2009 年废除了财富税，仅在 2012 年和 2013 年“暂时”重新实施。在我撰写本书时，这种税收依然存在，并将于 2017 年进行审查。
- 遗产税和死亡税。当你或者企业的任何共同所有人死亡时，你必须考虑继承人是谁，并且立下遗嘱。如果你不这样做，那么有关的死亡问题将会根据无遗嘱死亡的法律处理，这是一个亟待解决的噩梦。特别是如果存在模棱两可的问题，应该根据英国法律还是根据相关国家的法律来处理？与英国不同，根据许多海外国家的法律，某些家庭成员拥有自动继承权，如配偶和子女，即使是非婚生子女，也不可以置于遗嘱之外。但是，如果你仍然是英国公民，那么无论你的税务居住地如何安排，只要你立下遗嘱，通常都会根据英国法律处理。虽然英国的遗嘱通常在大多数国家的法律下是有效的，但你最好还是在有关国家拟定一份遗嘱，以节省分配遗产的时间以及随之而来的额外行政费用。你在外国和在英国的遗嘱不得有任何冲突，否则将会产生无休止的争端、时间延迟和额外费用。你将需要一位遗产执行人来执行你的外国遗嘱。虽然在英国，外行人作为遗产执行人并不罕见，但在国外证明遗嘱可能会很复杂，尤其是对外国人来说。因此，任命一位当地律师把继承人引导到最佳发展方向可能是合理的举措。

关于外国税收的帮助、建议和信息的来源

- 营商环境报告（www.doingbusiness.org/data/exploretopics/ paying-taxes）。在这里，你可以找到中小型企业在特定年份必须支付或扣缴的税金，以及纳税时的行政负担措施。其首页的表格显示了已缴纳的税款总额和准备、申报及支付（或扣缴）相关税费、增值税和社会保障款（以每年的小时数计算）所需的时间，以及除劳务税外企业应交税金的总额。若你要查看特定国家的税制详情，请使用屏幕右上角的下拉框或点击该页面上的相关国家或地区链接。通过点击列标题，你可以对相关数据进行分类，以显示哪个国家的税率最高或最低，需要的处理时间最多或最少，或涉及的单独税款最多或最少。

- 全球税务（www.worldwide-tax.com）。从主页上的中央菜单选择“世界各地的税率—比较”，我们可以快速总结出所有有关国家的所得税、公司税以及增值税的水平。在主页屏幕左侧的垂直菜单栏中，从“国家快捷方式”部分选择你感兴趣的国家。进入国家或地区页面后，向下滚动到页面中央的国家或地区税收菜单，然后从中选择适当的税收。在该菜单的底部，你可以选择当年的“税务新闻”，在那里你可以找到有关国家税务规则的最新变化。

<<<待办的重要事项>>>

- 列出你希望在那里居住和经营企业的国家名单。
- 评估每个国家的商业环境和气候。
- 检查每个国家在客户、增长率以及本地竞争者的数量和强度方面的竞争态势。
- 审查每个国家的银行、融资和外汇风险概况。
- 以运营成本最低、税收和法律制度良好为标准，确定最有利于企业经营的国家。弄清楚为什么其他国家都不适合你和你的企业。

附录一

家庭企业获得帮助和建议的渠道

以下是在家创业的人获得帮助和建议的主要渠道，其他重要的渠道穿插在本书的每一章。

英 国

- 特许公认会计师公会（ACCA，网址：www.accaglobal.com/uk/en/research-insights）。该会计团体提供关于企业计划、预算和预测、绩效报告、盈利能力和成本分析的信息。
- 非洲至加勒比联盟（AfroCar，网址：www.afrocar.co.uk）是在英国的非洲–加勒比地区的企业的在线目录。他们找到并列出了在英国的非洲–加勒比地区的中小型企业，旨在向上市企业所有者免费推广非洲–加勒比地区的企业。他们所宣称的目标是"一步一个脚印提升黑人企业，摒弃它们留下的贫困社区的印象"。
- 英国女性企业家协会（British Association of Women Entrepreneurs，网址：www.bawe-uk.org）。在过去的 50 年里，该协会充当了"想要受到挑战的女企业家"的同伴组织。相关会员资格对营业不到 3 年的商业用户开放，每年需支付费用 80 英镑。
- 英国标准协会（BSI，网址：www.bsigroup.com/en-GB）提供信息和资源，以帮助小型企业引入 ISO（国际标准化组织）9000 等质量标准。
- 社区企业（Business in the Community，电话：020 7566 8650；网址：www.bitc.org.uk）是普林斯有限责任公司的商业网络。他们

有一系列的计划，包括认证培训、艺术和商业、商务舱、商务连接器和接入计划，旨在为中小型企业创造一个公平的竞争环境，促进中小型企业的成长，为它们赢得业务并创造新的就业机会。

- 国际贸易部（Department for International Trade，网址：www.gov.uk/government/organisations/department-for-international-trade）是一个政府机构，负责帮助英国企业在日益全球化的世界中取得成功。它提供每个国家和每个业务部门与英国进行业务往来的信息，内容涉及从航空、航天领域到水域领域的方方面面。
- 电子商务俱乐部（eBusiness Clubs，网址：www.ebusinessclub.biz）是英国商会为小型企业提供的一项免费服务，涵盖一系列活动，包括项目、ICT（信息通信技术）支持和来自商业专家的信息。“科技如何提高业务绩效”这一标语解释了该俱乐部的核心宗旨。
- 每个女人（Every Woman，电话：020 7981 2574；网址：www.everywoman.com）。其提供每月 5 英镑的个人会员资格。它包括通过各种媒体提供的学习工具和学习内容，有网络研讨会、工作手册、视频和文章，以及与高级女性榜样接触的机会，这包括建议、经验和思想领导力方面的内容。
- 小型企业联合会（Federation of Small Businesses，电话：0808 2020 888；网址：www.fsb.org.uk）提供法律、环境、消防和房屋方面的建议，以及小型企业主在企业成长过程中可能必须解决的许多其他问题。该联合会有资源通过昂贵的法律程序把重要的测试案例提供给小型企业，这在处理税务和就业问题方面特别有效。该联合会可以让你获得内部律师、大律师、税务专家的信息，并且为你提供法律和税务咨询服务，包括诉讼和代理服务。其会员资格是根据员工人数按比例提供的，起步价约为 175 英镑。

- 第一个星期二机构（First Tuesday，网址：http://firsttuesday.org.uk）拥有 3.8 万名会员，在欧洲各地设有 10 家分支机构，并在每个月的第一个星期二召开网络会议。其理念是让企业家、投资者和服务提供商（如会计师、律师和银行家）聚集在一起创建一个“朋友圈”，以帮助技术创业者创业或成长。有些活动是免费的，而大多数活动是收费的，但价格适中。德勤和赛富时（Salesforce.com）是该计划的赞助商。
- 私营企业论坛（Forum of Private Business，电话：0845 130 1722；网址：www.fpb.org）是一个会员制的组织，大约需要 175 英镑的加盟费用，其会为你提供所需的信息和管理工具来帮助你的企业依法运营。通过阅读该论坛的信息，你会了解如何遵守就业、健康、安全、银行融资和信贷控制的规定。
- 在家办公网（www.homeworking.com）成立于 1999 年，是一个资源而非一个工作目录，它提供很多有用的建议和警示，告诉潜在的家庭企业有成千上万的骗局。
- 董事学会（Institute of Directors，电话：0333 331 9905；网址：www.iod.com）是一个董事俱乐部，其会员资格为 IoD 99，会员费用为 99 英镑，向任何年龄在 18~40 岁的董事或创始人开放。只要你的企业的年营业额低于 500 万英镑，并且已经有 10 年或更短的经营历史，你就可以申请加入。如果你不符合这些标准，你预计会支付大约 2 倍的费用。为此，你可以访问著名的伦敦中央办事处以及英国和欧洲的其他办事处，董事学会的专家研究人员会为你提供商业信息和研究信息以及定制的税务和法律方面的建议。董事学会被认为是企业家最好的网络协会之一。

- 亚洲商业协会（National Asian Business Association，电话：0116 319 7413；网址：www.nabauk.org/）是亚洲商界的国家代言人，提供从创业到销售商品或服务的各种信息和建议。亚洲商业协会的会员资格是免费的，并提供诸如出口、财务规划等利益问题的免费培训，当然还提供一些交流的机会。
- 国家企业网络（National Enterprise Network，电话：01908 605130；网址：www.nationalenterprisenetwork.org/）。英国约有 250 家企业代理机构提供商业支持服务，并直接或间接地向各类自营企业提供建议、信息、咨询、培训等各种业务支持服务，这些企业包括初创企业、独资企业、合伙企业、合作社和有限责任公司。国家企业网络的网站上有一份英国代理机构名录，并链接了北爱尔兰（Northern Ireland）、苏格兰（Scotland）和威尔士（Wales）的企业代理网络。
- 普林斯信托（电话：0800 842 842；网址：www.princes-trust.org.uk）负责开展商业活动，并为希望创业的 18~30 岁人士提供低息贷款。该机构的创业帮扶项目自 1983 年以来帮助了 8 万多名年轻人创业。
- 居家办公协会（Telework Association，电话：0800 616008；网址：www.tca.org.uk）可以让你每年只花费 34.50 英镑（50 美元

或 41 欧元），就加入其他同样在家工作或经营企业的 7 000 人的团体。你会得到一本双月刊的杂志、一本有关家庭企业想法的工作手册，以及获得他们的帮助热线，其涵盖了在家工作的所有方面。

海外机构

- 澳大利亚：澳大利亚投资局（Invest Australia，网址：www.investaustralia.gov.au）是外国投资者的主要信息来源；business.gov.au（https://www.business.gov.au/Info/Plan-and-Start）提供有关创业或商业理念的各方面的信息、建议和联系方式。
- 加拿大：加拿大独立企业联合会（Canadian Federation of Independent Business，网址：www.cfb.ca）代表整个加拿大逾 10.9 万名自营企业主的利益。加拿大工业部（Industry Canada，网址：www.ic.gc.ca）是加拿大政府设立的一个支持性机构，负责提供商业支持和当地各个方面的支持。
- 中国：投资中国（Invest in China，网址：www.fdi.gov.cn > English>Investment environment）为区域投资项目和合资企业提供信息和资源。
- 塞浦路斯：商业、工业和旅游部（Ministry of Commerce, Industry and Tourism，网址：www.mcit.gov.cy > English > Industrial Development Service > One Stop Shop for Setting up a Business）拥有所有关于启动和运营企业的信息，并为新企业或小型企业融资提供信息。

- 发展中国家：国际金融公司（the International Finance Corporation，网址：www.ifc.org）是世界银行集团的成员之一，提供咨询、贷款和权益服务，帮助发展中国家培养企业家精神。
- 欧洲：欧洲小型企业门户网站（European Small Business Portal，网址：http://ec.europa.eu/small-business/index_en.htm）是访问所有帮助小型企业的欧盟计划的入口，也是各种商业工具和建议的入口。该网站有 300 多个欧元信息中心，236 个创新中转中心，160 个企业孵化中心，以及欧洲商业网络的直接链接，并且提供有关在欧盟境内开展业务的实用信息。
- 法国：L'Agence pour la Création d'Entreprises（www.apce.com）是法国小型企业的服务机构。该网站使用的语言是法语，如果这是一个挑战的话，请访问在法国创业（Start Business in France）的网站（http://www.startbusinessinfrance.com），该网站提供有关在法国创办和经营一家小型企业的专业答案和建议。只要花费 99 欧元，你所有的问题就都会得到私人的回答，它会清楚地解释你的方案，并就你的情况给出专家建议。自 2009 年经营以来，该机构已有 2 655 名成员，并解答了约 56 175 个问题。
- 中国香港：香港贸易发展局（Hong Kong Trade Development Council）设有一个中小型企业启动门户网站（SME Start Up Portal，网址：http://sme.hktdc.com/en/index.html），其是面向小型企业社区的综合资源库，提供有关信息、技巧、研讨会、活动和在线论坛的资源。

- 印度：印度政府国家门户网站（Indian Government National Portal，网址：https://india.gov.in/topics/industries/micro-small-medium-enterprises）涵盖了所有关于开展业务、聘用员工和筹集资金的监管问题。
- 爱尔兰：爱尔兰中小型企业协会（Irish Small and Medium Enterprise Association，网址：www.isme.ie）为新企业和小型企业提供全面的咨询服务和培训与发展服务。
- 意大利：意大利对外贸易协会（the Italian Institute for Foreign Trade，网址：www.italtrade.com）是一个政府机构，就市场信息提供咨询服务，并为在意大利开展业务的企业提供帮助和建议。使用“你的商业建议”工具，你可以搜索到一个能共处的意大利商业伙伴。
- 马耳他：马耳他企业（Malta Enterprise，网址：www.maltaenterprise.com）是一个政府网站，提供关于外来投资、企业支持、创新和企业的信息。
- 新西兰：经济发展部（Ministry of Economic Development，网址：www.mbie.govt.nz/info-services/business）是负责确保新西兰成为世界上适合经商的最佳地点之一的机构。
- 葡萄牙：Agencia de Inovaçao（http://ani.pt/en/）是该国支持创新企业的机构。“有用的链接”模块链接了一些其他有用的组织，包括葡萄牙投资局和葡萄牙商业局。
- 南非：小型企业发展机构（the Small Enterprise Development Agency，网址：www.seda.org.za）是南非贸易和工业部设立的支持小型

企业的机构。小型企业发展机构的网站拥有开展业务、寻找第三方合作伙伴和访问南非各地的地方支持机构所需的所有信息。

- 西班牙：西班牙投资（Invest in Spain，网址：www.investinspain.org/invest）于 2005 年成立，隶属于工业、旅游和贸易部中的国家旅游和贸易部，是所有州、地区和当地机构帮助企业在西班牙建立或扩张业务的联络点。
- 土耳其：土耳其英国工商会（Turkish British Chamber of Commerce and Industry，网址：tbcci.org/starting-your-business-in-turkey）提供关于在土耳其创业的所有信息。你可以使用“贸易服务”栏中的“业务合作伙伴搜索”链接，在其中列明你正在寻找的业务和关系类型，从而在土耳其找到合作伙伴。
- 美国：小型企业管理局（www.sba.gov）提供财务、技术和管理协助，帮助美国人创办、经营和发展企业。他们的网站提供了大量有价值的信息和商业工具，对任何地方的创业者都有价值。购买美国（Buy USA，网址：www.buyusa.gov > Do you export U.S. products or services）是美国商务部的网站，你可以从中选择任何你希望进行商业活动的国家。尽管这些信息针对的是美国企业，但对于任何计划在世界任何地方创业或拓展业务的人都有价值。

附录二

成熟的家庭企业目录

在撰写本书时，我在谷歌搜索引擎中输入“在家创业”的词条，会出现5 100万个结果。不幸的是，其中大多数搜索结果（可能多达95%）完全不可行：比如尝试手工填充信封赚钱的商业项目，现今即使是最小的邮寄公司也可以购买设备，并以每小时1万张的速度尽可能多地将信件折叠、插入、密封和盖上邮戳。或者，搜索结果只能吸引已经拥有专业知识的少数人：会计师、书法家、企业艺术顾问和翻译。10英镑（15美元或12欧元）就可以买到所有的“理想式家庭企业”的现成商业计划书，这仅仅是几百个例子中的一小部分。更险恶的是一系列风险投资提议，坦率地说，这些提议无异于骗局。

互联网让诈骗行为更容易实施，也让诈骗人受到起诉的可能性更小。有成千上万的广告暗示你，你只要在起居室花费9.99英镑（14美元或11.99欧元），就可以发大财。作为回报，你可以得到十几页陈腐、平庸的说教，刚好让卖家避免犯下彻头彻尾的欺诈行为。但即使是赤裸裸的欺诈行为也得到了容忍：首先，这种欺诈行为是在数千英里以外的地方以匿名的方式进行的，如果一个店主试图欺骗当地的客户，这需要极大的勇气；其次，当事人甚至不会检举，除非欺诈金额很大（超过500英镑或720美元或590欧元）或者欺诈行为屡禁不止。

你应该结合第一章“寻找合适的商机”、第二章“挑选合适的行业”和第三章“市场调研”的内容来阅读这些经营理念。

你可以在 www.scambusters.org 上查看当前的诈骗行为。

客户总是来你家

这种运作方式要求家庭中的每个人都达成一致，并且你需要准备好在生活方式上做出一些重大但不会让人难以忍受的妥协。如果你把自己的家当作一个逃离外部世界的避难所，并认同“英国人的家就是他的城堡”的想法，那么这可能不是一条可行的路。

<<< 案例研究 >>>

尼基（Niki）和迈尔斯·詹姆森（Miles Jameson）搬到了英国西南部的一个集镇边缘居住，以逃避竞争激烈的生活环境。迈尔斯曾是一家国际制药公司的高级研发总监，尼基是该公司董事长的私人助理，而结婚让他们与公司的关系破裂。他们出售了自己在伦敦附近的房子，这给了他们一些闲钱用于过渡。尼基在当地一所大学接受了美容顾问的培训，然后在附近的美容店工作了一段时间，获得了一些实际的经验。迈尔斯在最初几年的大部分时间里都在翻新房屋，并将附属建筑改造成了度假小屋。一旦白天他们的儿子去上学，尼基就开始着手自己的美容业务，在家里楼下的一个房间里工作。她从雇主那里带走了一些客户，并在当地报纸上刊登广告，在各种在线沙龙网站注册，还把自己的名片分发给学校门口的妈妈们。

尼基的业务逐渐建立起来，她扩展了自己的技能并参加了一些学习课程，这让她具有提供生物排毒和电解服务的资格。同时，她又增加了一小部分美容产品，在客户接受治疗后卖给她们。等她确定自己有了常客，她就投资改善了治疗室的环境。起初，尼基把客户的预约时间限制在她儿子上学的时间内，但随着家庭生活越来越与她的生意相协调，她每周会花两个晚上接待客户，用于安排白天忙不过来的预约。

商业机会

以下是一些可以在家里运行的业务，这些业务大多需要客户来找你。你需要查看第五章（“查看规章制度”，第 98 页）中列出的各种关联和主体，以确保你遵守健康、安全、防范火灾和其他相关风险的规则。

- 住宿加早餐（bed and breakfast[①]，简称 B & B）。市面上有数以万计的住宿加早餐旅馆，其规模可以是一两个房间，也可以是十几个甚至更多的房间。旅游区的大多数城镇和村庄都有

① 欧洲的一种简易旅馆。——译者注

一个或多个这种类型的旅馆。住宿加早餐协会（the Bed and Breakfast Association，网址：www.bandbassociation.org）可以在这个业务入门的各个方面帮助你。Bed and Breakfasts.co.uk（www.bedandbreakfasts.co.uk）是一个不错的网站，你可以在该网站上查看这个行业的竞争情况、收费水平以及宣传问题。访问英国（Visit Britain，网址：www.visitbritain.com）为住宿加早餐旅馆提供全国星级标准，并在其网站和当地的旅游信息中心为这些旅馆进行广告宣传。

- 照管儿童。这是一个越来越受欢迎的行业，尤其受那些有年幼子女的人士的欢迎。这也是一项受到严格管制的业务，所有与孩子打交道的人都必须在英国教育标准局（Ofsted，网址：www.gov.uk/ register-childminderchildcare-provider）注册。全国托儿协会（the National Childminding Association，网址：www.ncma.org.uk）提供关于获得培训，取得保险和获得资格的建议。
- 家庭美发、美容疗法及相关领域。正如上面的案例所示，这些类型的业务在家中相对比较容易操作，并且使用预约系统可以让你保持一定程度的隐私。以下组织可以为你提供关于这个行业的帮助和建议：美容业（Beauty Biz，网址：www.thebeautybiz.co/2/article/ jobs/setting-up-home-beauty-business）；发型协会（Hair Council，网址：www.haircouncil.org.uk）；英国美容治疗和美容协会（British Association of Beauty Therapy and Cosmetology，网址：www.babtac.com）；美容和美发用品供应商协会（Hairdressing and Beauty Suppliers Association，网址：www.thehbsa.co.uk）。

- 经营一家商店。有成千上万的房屋对面或旁边有商店在售卖日常用品。虽然当地的商店会受到大城市的商场和购物区的影响，但仍然有 3.2 万多家小商店在营业。这些便民商店大多位于居民聚集地附近，向没有汽车或住所附近没有大商店的人群销售产品。另外，他们还涉及有机产品、名牌服装和体育用品等利基市场。查看依店而生（Living Over The Shop，网址：www.livingovertheshop.org.uk）了解基本信息；查看便利店协会（Association of Convenience Stores，网址：www.acs.org.uk）了解关于市场趋势、供应商网络甚至商业计划书模板的信息。
- 其他可以在家中运行的服务项目。对于那些已经或准备投资学习技能的人来说，这些技能课程包括：英国瑜伽轮（the British Wheel of Yoga，网址：www.bwy.org.uk）、普拉提课程（Pilates，网址：www.pilatesfoundation.com）、家教（www.thetutorsassociation.org.uk）、英语对话课程（www.tefl.co.uk）和语言辅导（www.alllanguages.co.uk）。

客户在某些时候会来你家

有些企业拥有稳定的客户群，有些企业的客户则会定期上门，企业不需要全天开放以等待顾客上门，你要知道，你所做的大部分事情客户都看不到。客户全天候来你家和有时候来你家，这两者并不是很难区分。

<<< 案例研究 >>>

与其说皮特·雷顿（Pete Leighton）是有计划入市的，不如说他是误打误撞入市的。他的前妻在离婚时带走了他们的狗——一条金毛猎犬，因为她留在乡下，而他搬到了一个小镇。当他的境况发生变化后，他又回到乡下生活，并决定再次养狗。令他震惊的是，他发现一条纯种狗需要花费250英镑（361美元或294欧元）到650英镑（940美元或765欧元）。他的卖主有10条狗崽，其中8条活了下来，想买它们的人很多。数据看起来不错：一条好母狗需要650英镑（940美元或765欧元），配种费需要400英镑（580美元或470欧元），饲料和兽医费用约500英镑（770美元或600欧元），总成本为1 550英镑（2 240美元或1 825欧元）。以每条狗崽650英镑（940美元或765英镑）的价格卖出8条狗，收入为5 200英镑（7 500美元或6 120欧元），利润为3 650英镑（5 272美元或4 295英镑）。下一轮的利润会更多，因为他已经拥有了这条狗。

皮特发现这个生意并不像看起来那么容易。母狗需要特别的食物、大量的散步、大量的关注和照顾。然后，当母狗有幼崽时，它们的日常用品必须每天更换和洗涤数次，并

> 且必须要用能经常擦拭的硬地板来替换铺设地毯的地板。他还注意到了在1999年颁布的《犬种繁殖和销售（福利）法案》，该法案规定，如果他计划每年让母狗繁殖5条或更多的幼崽，他需要获得地方当局的许可。

商业机会

以下是一些你可以在家里经营的业务，它们只需要客户定期来找你。你需要查看第五章（“查看规章制度”，第98页）中列出的各种关联和主体，以确保你遵守健康、安全、防范火灾和其他相关风险的规则，并参阅第七章（“获得许可证或执照”，第176页），查看你的业务是否需要许可证才能运行。

- 动物育种和美容。以下协会可以为你提供相关建议、信息和进一步的联系方式：狗育种者协会（the Dog Breeders Association，网址：www.dog-breeds.co.uk），猫育种者协会（the Cat Breeders Association，网址：www.cat-breeds.co.uk），国际宠物保姆协会（Pet Sitters International，网址：www.petsit.com）。
- 服装设计、制衣、改装、维护和家庭缝纫业。塞维尔街西装定制（Savile Row Bespoke，网址：www.savilerowbespoke.com/training/srba-apprentice-scheme）为潜在的裁缝开设了一个学徒计划，而阅读关于奇妙盛开公司的故事（www.bloomingmarvellous.co.uk）

将会激励你，让你觉得只需一把剪刀和一张餐桌就可以开始创业。Sewing.com（www.sewing.com）为家庭裁缝师提供一系列有用的信息；一生绣商店（Sew Essential，网址：www.sewessential.co.uk）是一个提供缝纫和刺绣工艺领域的所有产品的一站式商店。

- 家庭熨烫业务。虽然自助洗衣店已经帮助人们摆脱了沉重的洗涤负担，而且碰巧证明了这在生活上是一项成功的业务，但熨烫仍然是一项供不应求的服务。熨烫之家（Allironedout，网址：www.allironedout.co.uk/agents）正在寻找可以在自己的家中、商店或工作单位与他们一起工作的员工，它提供适合你的家庭生活的灵活工作时间。
- 软家具、窗帘和室内装潢业务。随着购房出租市场的繁荣，人们越来越需要高品质且具有竞争力的家居用品，以使房产脱颖而出。这些产品必须耐用且时尚。英国室内设计协会（The British Interior Design Association）有一份所有培训机构的名录（www.bida.org）。

在线与客户见面

互联网是一种经典的商业模式，它可以让客户不需要离开家去购买你所销售的产品，而你也无须与客户面对面接触，却能以广泛的产品范围覆盖全世界。互联网也是一种在工作时间内给予你最大灵活性的商业模式。在大多数情况下，一旦精心打造的成熟电子商务公司能自行运作，不管你是在凌晨 3 点还是下午 3 点完成这项待做的任务就都没有什么不同。

商业机会

互联网是一个竞争激烈的竞技场，仅仅拥有一个网站就能申请专利的时代早已过去了。无论你在这个领域开展哪些业务，功能、设计、速度和搜索引擎的可见性都是必不可少的特性。除了参考第三章“市场调研”和第七章“把产品和服务推向市场”的内容以外，请阅读第八章“建设和使用网站”的内容。

易贝和其他拍卖行

这儿有几十家你可以利用的拍卖行。下面的清单只提供了一些方向，并没有列出所有的信息。请记住，所有这些网站都只是各种世界的窗口。你所需要的是独特的产品和服务、具有竞争力的价格，以及在这些非常拥挤的市场中令人信服且引人注目的理念。

- 易书图书（Abe Books，网址：www.abebooks.co.uk> Sell Books）声称自己是全球第一大关于新书、旧书及古书的平台和市场，在全球范围内销售了约 2.5 万本书。该平台能处理付款事宜并拥有免费的库存管理软件包。卖家每月要花费 17 英镑才能列出 500 本书，而列出 1.5 万本书或以上的价格是 200 英镑。通过购物车支付的销售额，该平台要收取 8% 的费用；如果客户使用维萨卡（Visa）或万事达卡（MasterCard）支付，则其要收取 5.5% 的费用，而且你必须自己发货。

- 欧洲亚马逊服务（Amazon Services Europe，网址：services.amazon.co.uk）提供编制目录、收款和投保的服务，如果你需要，其分销系统还可以提供挑选、包装和交付产品的服务。亚马逊提供的工具可以让你轻松地将存货清单上传至网站，并且你可以拥有无限数量的列表，以便销售产品给他们的数百万客户。他们的合同没有固定期限，收费是每个月 25 英镑并加上增值税。
- 易贝超级卖家项目（eBay Powerseller Programme，网址：pages.ebay.co.uk/help/sell/sell-powersellers）。你可能只知道易贝是一个买便宜货的地方，以及你可以在易贝上卖掉去年的滑雪装备。当然，这是易贝业务的一个方面。它另一个众所周知的业务是超级卖家，其收入从几十到几百甚至几十万英镑不等。

一般在线销售业务

- 易集（Etsy，网址：www.etsy.com）是一个创意市场，全球有 2 400 万买家在这个平台上购买独特的商品。易集的佣金是 3.5%，他们提供易集销售应用程序来帮助你管理订单、编辑列表和立即回复任何地方的买家。易集还提供免费的社交媒体工具和关于商店业绩的详细统计数据，这可以帮助你提高销售额。
- 不走寻常路（www.notonthehighstreet.com）宣称自己是英国最佳的策划市场，每年有 3 900 万杰出的访客。其正在寻找“创新和原创的想法与有点不同的想法”。该网站需要收取 199 英镑的加盟费，并且你需要支付 25% 的销售佣金（这两笔费用均要加上增值税）。有成千上万的人通过该网站出售产品或服务，其中一些人的年收入超过 100 万英镑。

出门销售——在家提供服务的商业模式

这种商业模式可以让客户远离你家，但需要你定期去外面开展业务，招揽买家。如果你需要全天候地照看儿童或年长的亲属，这可能不是一种适合你的方式。在这个领域，你需要磨炼你的销售和促销技能，并尽可能多地招揽免费的公共关系。请参阅第七章“把产品和服务推向市场”的内容，了解这些主题。

业务部门

- 簿记是小型企业需要的一项服务。每年新开业的企业达 45 万家，拥有簿记技能或倾向于做这项工作的自营企业主却很少，所以簿记市场的潜力很大。认证簿记员协会（the Institute of Certified Bookkeepers，网址：www.book-keepers.org > Where to Study）会指导你参加一门课程，你可以兼职学习或通过函授学习。作为新手，你应该能够在 3~6 个月内为小型企业做账。在第九章“做账”中，你可以看到这项工作的流程，以及能够轻松处理大量数字的廉价软件的类型。
- 商业顾问是一条经典的家庭创业途径，而且可选择的范围很大。管理咨询机构（the Institute of Management Consultancy）于2007年4月与商业顾问机构（the Institute of Business Advisers）合并组建咨询协会（the Institute of Consulting，网址：www.iconsulting.org.uk），这是一个面向所有咨询师和商业顾问的行业专业机构。

- 索引。索引者协会（the Society of Indexers，网址：www.indexers.org.uk）是一个专业机构，可以为你提供有关培训、定价和工作方面的信息，但不得不说，这不是该领域中要为之付费的最好选择。
- 市场调查和电话销售都是根据结果付费的行业，因此业绩的衡量相对容易。直销协会是一个专业机构，你可以从中找出关于培训、竞争对手和费用的信息。
- 在线调研是赚取零花钱的一种方式，尽管宣传广告总会暗示你可以赚得更多。诸如自助调研（mysurvey，网址：uk.mysurvey.com）和英国民意网（Opinion Outpost UK，网址：www.opinionoutpost.co.uk）等网站是你开始研究这个业务的好地方；省钱专家（Money Saving Expert，网址：www.moneysavingexpert.com / family）会定期提供顶级收费调查网站的完整概要。
- 物业服务，如假日租赁、找房子和物业维修等日益受欢迎的家庭创业项目。例如，离家（Home Aways，网址：www.homeaway.co.uk）是由克兰菲尔德的两名学生罗斯·雨果（Ross Hugo）和特雷弗·巴恩斯（Trevor Barnes）于1996年创办的。现在有数千名私人业主同他们签署了合同，出租自己在澳大利亚到威尔士的任何地方的度假别墅。

- 小规模的食物准备可以在家里进行，如制作汤、果酱、蛋糕等。一位有进取心的人决定，与其晚上在她父亲的印度餐厅里面工作，不如白天利用他的厨房制作和推广一系列调味汁，将其卖给附近的独立商店。食品和饮料联合会（Food and Drink Federation，网址：www.fdf.org.uk）的成员都是从成熟品牌到制造有机产品的小公司的成员。他们提供有关该业务的培训、建议、事实和统计数据的服务。
- 打字、文字处理和虚拟办公支持是其他小型企业需要的服务。奥特赛克（Outsec，网址：www.outsec.co.uk）成立于2002年，声称“把技术和全球范围内的行业经验丰富的英国打字员结合起来，为业界提供最高水准的基于网络的在线秘书服务”。它们的常见问题解答（FAQ，网址：dav.outsec.co.uk/faq/ typistfaqs）涵盖了你作为一名打字员在家工作的所有必需知识。

附录三

家庭企业信息资源

在家创业需要收集各种各样的数据并保持数据的更新，这不是一件容易的事情。但有了以下信息来源，你应该可以随时了解大多数主要的业务信息。例如，你可以找出哪个国家为新进入者提供最快的改善商业环境的速度（卢旺达，根据新的公司法，在那里你只需要完成两个程序，就能在 3 天内建立一个合资企业）。与此形成对比的是，塞拉利昂（Sierra Leone）需要 1 075 天的时间。对于一名工商管理学硕士来说，给出哪里可以找到最佳市场扩张机会的建议应该不会太困难。关于哪个国家在广告上花费最多的基本情况——美国超过名单上的其他 4 个国家是大多数人有根据的猜测。但是，工商管理学硕士需要能够快速挖掘的信息是：中国在这方面排名第二，且广告支出每年增长 27%，而美国和英国的增长率很少超过个位数。

若你想要了解投资者在哪里可以受到最好的保护（新西兰），或哪里的员工最难解雇（委内瑞拉）；哪里的经济增长最快、生活质量最好；如果你在吉尔吉斯共和国（Kyrgyz Republic）获得了一份工作，你应该要求多少工资；有多少家公司在西班牙生产针织服装，它们的利润是多少，你只需点击几下鼠标即可知道以上问题的答案，而知道这些答案能让在家创业者在创业时获得更好的成功机会。

- 广告统计年鉴（Advertising Statistics Year Book，网址：www.adassoc.org.uk）以一卷的篇幅提供了有关广告行业趋势的几乎所有统计事实的信息，内容涉及报刊、电视、广播、户外和交通、电影、名录、直邮以及互联网。其多达 30 年的背景数据以及趋势分析可以显示出真实的增长和广告支出的份额。
- 美国广告公司协会（the American Association of Advertising Agencies，网址：www2.aaaa.org），通常缩写为 4A，可以帮你生成该行业的年度数据和趋势数据，其格式与英国广告统计年鉴的格式基本相同。
- 美国信息（InfoUSA，网址：www.infousa.com）制作的美国商业指南（American Business Directory）包含公司地址、当前地址、电话号码、就业数据、主要联系人和头衔、主要标准产业分类（Standard Industrial Classification）代码、黄页和品牌（商品）名称信息，以及 1 300 多万家美国商业机构的实际财务数据和估计财务数据。加拿大商业指南则涵盖 150 多万家加拿大的企业。
- 阿普尔盖特拥有 237 165 家公司的相关信息，这些公司与英国和爱尔兰的 57 089 种产品相互参照。它有一个简洁的工具，可以让你搜索任何行业的知名企业的信息和人员信息。
- 博客目录（Blog Directories）。博客上的信息更多是预言而不是事实。博客环球网（Globe of Blogs，网址：www.globeofblogs.com）于 2002 年成立，声称自己是第一个综合性的世界博客目录。其链接 6 万多个博客，你可按国家、主题和你关心的任何其他标准进行搜索。谷歌（http://blogsearch.google.com）也是全球博客的搜索引擎。

- 大英图书馆（the British Library，网址：www.bl.uk > Collections > Patents, trade marks and designs> Key patent databases）链接专利检索的免费数据库，你可以在其中查看是否有其他人注册了你的创意。大英图书馆愿意向询问者提供有限的建议。
- 大英图书馆商业信息服务（the British Library Business Information Service，网址：www.bl.uk/services/information/business.html）是英国最全面的商业信息馆藏之一。
- 中央情报局世界概况：此链接会直接引导你阅读最新的世界概况。中央情报局会在一年中定期更新世界概况，因此你可以获得最新的信息。在“世界概况”页面中，你可以在屏幕左上角的下拉栏中选择 233 个国家或地区中的任何一个。每个国家大约有 6 页 A4 纸的基本经济、政治和人口信息，以及关于未来可能引发问题的政治争端的信息。
- 商会管理进出口俱乐部和国际贸易联系，并通过 150 个国家的商会网络提供市场调查信息和在线情报。它们的 Link2Exports（www.link2exports.co.uk）网站提供了有关不同国家不同行业的出口市场的详细信息。
- 特许专利与律师协会（the Chartered Institute of Patents and Attorney，网址：www.cipa.org.uk）。
- 英国公司登记局（Companies House，网址：www.companieshouse.gov.uk）是英国所有公司信息的官方存储库。它们的 WebCheck

服务提供一项公司名称和地址搜索的免费功能，涵盖 200 万家以名称或唯一的公司注册号码被列出的公司。

- 科佩尔尼克代理商（Copernic Agent，网址：www.copernic.com）是一个对网络搜索者非常有用的免费工具。通过使用元搜索工具，你能够同时把查询请求发送到多个引擎。它允许用户选择性地搜索多个源，并且对其强大的排序和分析工具进行自定义，以提供和排列特定数据的源。
- 公司信息是一个涵盖世界主要经济体的商业信息网站，提供大量免费信息。你可以从中获得 100 多个国家的商业信息来源。
- 桌面律师（Desktop Lawyer，网址：www.desktoplawyer.co.uk）概述了所有与雇用员工有关的健康与安全的核心问题、合作关系的利弊以及廉价的合作契约。
- 营商环境报告是世界银行的数据库，为 183 个国家的商业法规提供了客观的衡量标准，并偶尔针对这些国家的主要城市发布报告。你可以在其中找到关于开设和关闭企业、跨境贸易、税率、劳动法、合同执行等的规则。该报告提供一种工具，可以让你按照你认为最重要的标准比较各国，并对它们进行排名。
- 经济学网络（Economics Network，网址：www.economicsnetwork.ac.uk）是一个由英国约 30 所大学和商学院支持的重型经济学网站，提供了有关英国和国际经济体的免费数据（主要是宏观经济）链接（www.economicsnetwork.ac.uk/links/data_free.htm）。这个网络对销售展望和预测有很宝贵的参考价值。

- 欧洲专利局（European Patent Office，网址：www.epo.org）。
- 财务分析快易通（Financial Analysis Made Easy，简称 FAME）是一个功能强大的数据库，其中包含 340 万家在英国和爱尔兰的公司的信息。你可以根据每个公司的活动代码，把每个公司的详细财务状况与其同级组的公司进行比较。该软件允许你使用自己的标准搜索公司，并根据自己的喜好组合尽可能多的条件。例如，你可以确定财务状况最强和最弱的竞争对手，从而深入了解如何与他们竞争。你还可以找出销售额增长率最快和最慢的公司，或者利润率最好的和最差的公司，这些都是任何营销人员必须掌握的重要事实。你可以在商业图书馆和 CD 出版商处获得财务分析快易通，其提供免费试用版（www.bvdep.com/en/companyInformationHome.html > Company data-national > 财务分析快易通）。
- 公司报告（Corporate Reports，网址：www.corporate.co.uk）是一项在线服务，提供英国上市公司免费的、可即时下载的财务报告。年度报告、资产负债表、利润表和中期报告，你都可以从英国上市公司的最大数据库之一中获得。
- 全球竞争力报告（Global Competitiveness Report，网址：www.weforum.org/en/initiatives/ gcp / index.htm），由世界经济论坛于 1979 年首次发布，涵盖 131 个主要经济体和新兴经济体，对一个国家每年的经济环境及其实现可持续增长的能力进行评估。这是你识别要渗透的新地理细分市场的良好起点。
- 谷歌新闻（www.google.com），你可以通过位于谷歌页面顶部的水平菜单进入“新闻”。在这里你可以找到世界上任何一份报纸上关于某一特定主题的文章的链接，你也可以跟踪有关竞争对手的新闻评论，以了解他们招聘更多员工、进入新市场或推出新产品和服务的时间。

- 谷歌趋势（Google Trends，网址：www.google.co.uk > Labs > Google Trends）提供大家任何时候最感兴趣的内容快照。例如，如果你想了解消费者是否真正关心绿色问题（在查看如何推出新产品时非常有用），在搜索栏输入想了解的内容，谷歌趋势就会生成一个图表。该图表显示了自 2004 年 1 月谷歌开始收集数据以来这个问题的搜索次数，这些搜索次数可以用来衡量兴趣的增加（或消退）。
- 人类发展指数（www.undp.org），由联合国每年发布一次，根据一项综合指数对各国进行排名。该综合指数衡量一个国家在人类发展的 3 个基本方面（寿命、知识、体面的生活水平）涉及的 33 个小的方面的平均成就。从主菜单的页面左侧菜单中选择“人类发展数据”，你可以快速了解你的产品和服务的前景。例如，处于人类发展指数底部的国家不太可能出现高端整容手术的市场。
- 专利与发明人协会（the Institute of Patentees and Inventors，网址：www.invent.org.uk）是一个为发明家提供自助和社交服务的协会，每年的会员费为 70 英镑，一次性参加费为 15 英镑。
- 商标律师协会（the Institute of Trade Mark Attorneys，网址：www.itma.org.uk）。尽管该协会的名称听起来很专业化，但它可以在

知识产权的各个方面为你提供帮助，包括给你找一个当地的顾问。

- 互联网公共图书馆（the Internet Public Library，网址：www.ipl.org）由美国大学联盟运营，旨在为互联网用户提供在线信息的查找服务。该网站提供关于商业、电脑、教育、休闲和健康的大量内容。
- 凯利家（Kelly's，网址：www.kellysearch.co.uk）列出了 200 个国家的 20 万种产品和服务的信息，还提供相关的业务联系方式、基本产品和服务的详细资料以及在线目录。这是你寻找销售线索的良好起点。
- 基调（Keynote，网址：www.keynote.co.uk）在 18 个国家开展业务，为 140 个行业提供关于业务比例和趋势的信息，并提供准确评估每个行业的财务状况的信息。利用这项服务，你可以了解一个商业领域的盈利能力，以及在每个领域经营的主要公司的成功程度如何，以此作为你考虑在这些领域扩张业务的前奏。经营综合报告是免费的，但大多数报告的费用预计为 250~500 英镑。
- 律商联讯（Lexis-Nexis，网址：www.lexis-nexis.com）拥有数十个数据库，涵盖了你可以想到的所有领域。但对研究竞争对手的市场营销人员最有用的是公司分析仪，它创建了来自 36 个不同来源的综合公司报告，每个来源有多达 250 个文件。因此，当你厌倦了搜索不同的数据库以找出所有关于竞争对手、客户或供应商的信息时，你可以考虑使用公司分析仪，通过单一搜索访问法律、业务、财务和公共记录源。公司分析仪提供有关母公司和子公司及其董事的准确信息，以突出潜在的利益冲突。

- 图书馆员互联网索引（Librarians' Internet Index，网址：http://lii.org）的任务是为人们提供有序的访问途径，让大家访问图书馆员所选择的可靠和值得信赖的网站。网站包含的信息必须是免费的，网站作者必须经过资格认证，并且提供相关主题的最新的准确信息。
- LibrarySpot.com（www.libraryspot.com）是一个免费的虚拟图书馆资源中心，为所有在网络中搜索有价值的研究信息的人提供服务。福布斯网站（Forbes.com）评选认为 LibrarySpot.com 是最佳参考网站，《今日美国》（*USA Today*）将其描述为"一个非常棒的在线图书馆"。
- 市场研究网（MarketResearch.com，网址：www.marketresearch.com）声称自己有理由成为世界上最大的和不断更新的市场研究集合地，其提供来自 650 多家全球领先出版商的 25 万多份市场研究报告。无论你是在寻找新的产品趋势，还是在对新的或现有的市场进行竞争分析，市场研究网都能让你掌握最新的情报。
- 微软（http://adlab.microsoft.com）正在测试一款产品，该产品可以为你提供大量的市场人口统计数据（年龄、性别、收入等），购买意愿和一个漏斗式的搜索工具可以帮助你了解如何在因特网上搜索市场。使用人口统计学工具，你可以发现，对红色衣服感兴趣的人中有 76% 是女性，令人惊讶的是其中有 24% 是男性；兴趣集中年龄段是 25~34 岁，最低年龄段是 18 岁以下，第二低的年龄段是 50 岁以上。

- 国家统计局（the National Statistics，网址：www.statistics.gov.uk）网站包含大量英国官方统计数据及有关统计数据的信息，你可以免费查看和下载。
- NationMaster.com（www.nationmaster.com）综合了来自中央情报局世界概况，联合国和经济合作与发展组织等来源的数据。使用该网站上的工具，你可以轻松地生成各种统计数据的地图和图表。他们的目标是成为关于所有国家统计数据的一站式网络资源。
- 在线报纸（www.onlinenewspapers.com）。报纸和杂志是你了解一个领域的企业、市场和产品信息的来源。世界上几乎所有的在线报纸都被囊括其中，你可以按洲或国家直接在主页上进行搜索。另外，其还有一个单独的在线杂志网站（www.onlinenewspapers.com/SiteMap/magazines-sitemap.htm）。
- Realtor.com（www.realtor.com）是美国房地产经纪人协会的网站。工商管理学硕士可以使用这个网站来计算在 700 个国际城市使用 162 种不同货币的生活成本，这对你换工作或预约广告来说价值非凡。你可以从屏幕顶部的菜单栏中选择“移动”，然后从左侧菜单中部的“移动工具”栏中选择“工资计算器”。进入“工资计算器”后，选择第一段底部用蓝色突出的术语“国际工资计算器”。

- 托马斯全球登记簿（Thomas Global Register，网址：www.thomasglobal.com）是一个包含11种语言的在线目录，其中有来自28个国家的70多万家供应商的信息。你可以按行业分部门或按国家的名称进行搜索。
- 行业协会论坛（Trade Association Forum，网址：www.taforum.org > Directories >Association Directory）是行业协会的目录，其网站链接行业相关的在线研究资源。例如，你可以找到婴儿产品协会（the Baby Products Association）的网站，在上面你可以找到在该行业运营的238家公司的详细信息和联系方式。
- 透明国际成立于1986年，由遍布全球的90多个本土组织运作的良好网络组成，是一个独立且相当公正的组织，以贪污感知指数而闻名。这是对159个国家进行独立调查的综合结果。在最近的一项调查中，70个国家被评为“腐败问题猖獗，对机构以及社会和政治稳定构成严重威胁”。
- 英国知识产权局（UK Intellectual Property Office，网址：www.ipo.gov.uk）拥有专利、商标、版权或注册设计所需的所有信息。
- 英国贸易投资总署（www.uktradeinvest.gov.uk）是负责帮助英国企业在日益全球化的世界中取得成功的政府机构。它们提供英国企业与各个国家和各个领域进行业务往来的信息，涉及从航空、航天到水务等方方面面的内容。
- 美国专利和商标局（US Patent and Trade Mark Office，网址：www.uspto.gov）。
- 营销情报服务商沃克（Warc，网址：www.warc.com）声称自已能提供全球最全面的营销信息服务。他们的世界广告趋势指南涵盖了 60 多个国家的所有主要媒体的最新年度广告支出数据，概述了过去 10 年媒体投资的主要趋势。

- 世界知识产权组织（www.wipo.org >Resources > Directory of IP Offices）是一个负责世界各地知识产权（专利、商标、标识、设计和版权）的国别目录。你可以在该组织中找到保护知识产权的规则和程序。
- 世界市场研究协会虽然不是遍布全球，却有超过 65 个国家的市场研究协会的网址，还有 100 多个其他机构的网址，例如神秘购物供应商协会（Mystery Shopping Providers Association），该协会在全球拥有 150 多家会员公司。
- 全球税务网站的内容非常全面，涉及大约 70 个国家的大量税收和财务主题。其有对于每个国家的基础性的经济调查，并与会计师、银行、律师、政府等专业服务提供者有联系，也有关于该国使馆的完整和全面内容。
- 黄页世界（Yellow Pages World，网址：www.yellowpagesworld.com > Yellow Pages International）是一个在线黄页和白页的国际目录，其目标是让你可以轻松找到你想要搜索的国家或地区的在线黄页或白页供应商，目前涵盖 31 个国家。